복 있는 사람
오직 여호와의 율법을 즐거워하여 그 율법을 주야로 묵상하는 자로다.
저는 시냇가에 심은 나무가 시절을 좇아 과실을 맺으며 그 잎사귀가
마르지 아니함 같으니 그 행사가 다 형통하리로다.   (시편 1:2-3)

그분의 말씀 우리의 삶이 되어

R. Paul Stevens, Michael Green

Living the Story

그분의 말씀 우리의 삶이 되어

폴 스티븐스·마이클 그린 지음 | 윤종석 옮김

복 있는 사람

그분의 말씀 우리의 삶이 되어

2006년 1월 27일 초판 1쇄 발행
2010년 5월 13일 초판 3쇄 발행
지은이 폴 스티븐스·마이클 그린
옮긴이 윤종석
펴낸이 박종현
도서출판 복 있는 사람
서울특별시 종로구 안국동 163 걸스카웃빌딩 801호
Tel 723-7183 | Fax 723-7184
blesspjh@hanmail.net
영업 723-7734
등록 1998년 1월 19일 제1-2280호
ISBN 89-90353-39-4

Living the Story
by R. Paul Stevens, Michael Green

Copyright ⓒ 2003 Wm. B. Eerdmans Publishing Co.
Originally published in English under the title
Living the Story by Paul Stevens and Michael Green.
Published by Wm. B. Eerdmans Publishing Co.
255 Jefferson Ave. S. E., Grand Rapids, Michigan, 49503, U.S.A.
All rights reserved.
Translated and used by the permission of Wm. B. Eerdmans Publishing Co.,
through the arrangment of KCBS Inc., Seoul, Korea.
Korean Translation Copyright ⓒ 2006 by The Blessed People Publishing Co., Seoul, Korea.

이 책의 한국어판 저작권은 KCBS Inc.를 통해 Wm. B. Eerdmans Publishing Co.와
독점 계약한 도서출판 복 있는 사람이 소유합니다.
저작권법에 의하여 한국 내에서 보호를 받는 저작물이므로 무단전재와 복제를 금합니다.

차례

유진 피터슨 서문	9
한국어판 서문	13
추천의 글	15

머리말_ 성경적 영성이란 무엇인가?　　26

1부_ 삼위일체 하나님을 알고 사랑함
　1. 아바의 예배자들　　38
　2. 예수의 제자들　　57
　3. 성령의 전들　　78

2부_ 구약의 영성

    4. 믿음의 순례자들   98
    5. 불타는 심장을 지닌 사람들   118
    6. 지혜의 길   134

3부_ 신약의 영성

    7. 교제의 동지들   156
    8. 기도의 사람들   174
    9. 성례에 헌신된 삶   195
    10. 고난을 아는 삶   215
    11. 치유와 축사   240
    12. 소망의 자녀들   264
    13. 사랑의 사신들   287

주   308

유진 피터슨 서문

그리스도인들은 영성의 모든 면에서 세상에 베풀 귀한 선물이 있다. 성경이다. 성경 같은 것은 다시없다. 식욕만을 좇아 근근이 연명하는 실존에 질려버린 사람들에게 성경은 우리가 줄 수 있는 최고의 선물이다. 지적 자극만 추구하는 실존에 따분해진 사람들에게 성경은 완벽한 선물이다. 간접 종교로 시들시들해진 사람들에게 성경은 그야말로 안성맞춤인 선물이다.

영성. 뭔가를 약속하는 단어다. 때로 전부를 약속하는 것 같기도 하다. 실망과 불행이 넘쳐나는 세상이고 보면 이 말이 많이 쓰이는 것도 무리는 아니다. 세상에는 눈에 보이는 것 이상이 있으며 어쩌면 그 "이상"이 맛과 멋과 가치를 지닌 삶으로 가는 티켓일지도 모른다는 의미가 "영성"이라는 말에 담겨 있다. 그러나 이 단어 자체는 한낱 힌트, "어림짐작으로 이어지는 힌트"에 지나지 않는다. 그리고 그 어림짐작은 기하급수적으로 난무하고 있다.

반면 그리스도인들에게는 실체의 표를 모두 갖춘 문서, 성경이 있다. 그들은 2천년 가까이 성경을 읽고 묵상해 왔다. 각양각색의 그리스도인들이 각양각색의 생활 조건과 처지 속에서 성경을 시험하여 당당히 그 신빙성을 증거해 왔다. 현실 속 실생활의 시험에 부딪칠 때마다 성경은 영성에 관한 숱한 "어림짐작" 중 또 하나가 아니라 영성 자체로 입증된다. 성경에서 우리는 영성에 관하여 읽는 것이 아니라, 영성에 대한 신중한 정의나 정교한 기술(記述)을 얻는 것이 아니라, 살아 움직이는 영성을 만난다. 성경을 읽을 때 우리는 얽히고설킨 인생 속에 푹 젖어들거니와, 살아 계신 하나님―인생 속에 불어넣어진 하나님의 영―은 바로 그 삶에 들어오셔서 말을 건네시고 대면하시고 구원하시고 치유하시고 복 주신다. 인생 속에 불어넣어진 하나님의 영, 곧 영성이다.

뭔가 참되고 진정한 것을 찾아 잡다한 영성들 속을 정처 없이 헤매는 사람들의 손안에 영성의 이 필수적이고 검증된 원전을 쥐어주는 것이 오늘날 그리스도인들의 커다란 책임이자 특권이다.

본서는 전 세계에서 모인 대학원생들에게 성경을 교재 삼아 팀으로 기독교 영성을 가르치는 두 교수의 살아 꿈틀대는 산물이다. 강의실에 모인 학생들—아프리카, 아시아, 유럽, 북미, 남미 출신—의 국제적 성격 덕에 이 가르침은 무의식중에라도 유복한 중산층 문화 성향으로 좁아들 수 없었다. 그리고 두 교수의 행동주의 성격 덕에 이 가르침은 조금이라도 안일이나 자아도취를 닮은 쪽으로 빗나가지 않았다. 마이클 그린과 폴 스티븐스는 참여를 빼면 남는 것이 없을 정도로 교회와 세상, 기도와 제자도, 공부와 시장(市場)의 복음적 통합에 개인적·직업적으로 헌신된 사람들이다. 성경에서 읽는 대로 기도할 뿐 아니라 자기들이 가르치는 성경대로 살아가는 교수들한테 배운다는 것은 정말 놀라운 일이다.

리젠트 칼리지 영성신학 명예교수
유진 피터슨(Eugene H. Peterson)

한국어판 서문

이렇게 「그분의 말씀 우리의 삶이 되어」의 한국어판 서문을 쓰게 되어 큰 특권이자 기쁨입니다. 그간 몇 차례 한국을 방문하면서 저는 한국이라는 나라와 한국 민족을 사랑하게 되었습니다. 아울러 저는 아시아 그리스도인들이 독자적인 기독교 문서와 신학을 개발할 필요가 있다는 현실을 특히 절감하고 있습니다. 해마다 저는 아시아 여러 나라에 다니고 있는데, 아시아인들이 더 이상 기독교 세계의 중심지라 말할 수 없는 서구의 책에 단순히 의존하는 것이 아니라 문화적 적합성을 살려 신학과 영성에 임하는 것을 보며 마음이 흐뭇해집니다. 아이러니지만 그래서 저는 기독교 영성에 대한 이번 책을 내며 특히 보람을 느낍니다. 비록 저자가 영국인과 캐나다인이긴 하지만 이 책은 서구 영성이나 북미 영성의 책이 아닙니다. 이 책은 참으로 문화를 뛰어넘는 책이며, 저희가 믿기로는 한국 독자들에게 생명을 불어넣어 줄 책입니다. 영적 삶의 모델들과 전체 삶 속에 하나님을 끌어들이는 감화력 있는 원리들을 성경 안에서 찾기 때문입니다. 삼위일체 하나님께서는 성경 안에서 우리를 만나 주시되, 일, 가정, 관계, 권위와의 부딪침, 교회생활이라는 장 속에서 그리하십니다. 그래서 성경은 모든 문화에 손님일 뿐 아니라 도전자이며, 이 경우 우리 영성을 변화시키는 영향력입니다. 이번에 간행되는 한국어판을 위해 공저자 마이클 그린과 함께 기도와 축복을 전합니다.

리젠트 칼리지 시장신학 명예교수

폴 스티븐스

추천의 글

「그분의 말씀 우리의 삶이 되어」는 폴 스티븐스와 마이클 그린 두 저자가 캐나다 밴쿠버에 소재한 리젠트 칼리지에서 공동 개설한 '성경적 영성'을 주제로 한 강의에서 산출되었다. 저자들은 성경적 영성을 삼위일체 하나님과의 영적 일치와 결속으로 정의한다. 그리고 이 같은 영성 이해에 근거하여 구약 영성과 신약 영성을 추적하고 있다. 유진 피터슨이 머리말에서 잠깐 언급했듯이, 이 두 저자가 새롭게 발견한 성경적 영성은, 심리적 환상이나 심층심리적 소원에서 출발하여 심리적·내면적 자아 고양감으로 끝나는 통속적 영성과는 판이하게 다르다. 가장 큰 차이점으로, 성경적 영성은 현실에 뿌리를 두고 있으며 현실에서 능력을 발휘하는 영성이다.

영성을 추구하는 현대인
철학적으로 말하자면, 형이상학적 실재에 대한 부단한 갈망과 불확실한 미래에 대한 선견지명적 예지(叡智)를 얻고자 하는 욕구가 영성의 뿌리다. 불행하게도 현대 과학주의 세계관 아래서는 이 같은 의미의 고전적인 영성 추구가 거의 불가능하게 되어 버렸다. 결국 오늘날의 "영성"(spirituality)에 대한 과도한 관심은 과학주의 세계관이 초래한 황폐해진 인간성에 대한 철학적 반작용이라고 볼 수 있다. 과학주의와 물질주의적 세계관이 초월에 대한 향수와 종교적 상상력을 고갈시켜 버렸기에 인간은 화려한 문명의 성취를 이루고도 정신적 함몰, 곧 삶의 무근거성과 무의미성으로 고뇌어린 탄식에 시달리고 있는 것이다. 태어나고 학교에 다니고 결혼하고 취직하고 사회적인 관계에서 자아를 성취하는 일들의 의미를 하나로 설명해 주는 아늑한 어머니의 품속과 같은 철학적 피난처가 바로 영성으로 등장한 것이다. 어떤 점에서 "영성"이라는 말은 탈근대적 파편주의 정신세계에서 매우 왜소해진 인간을 구원해 줄 메시아적 개념으로 떠오르면서 현대 문명의 유행어가 되어 버렸다.

이 같은 철학적인 영성 이해를 기독교적으로 재해석해 보면, 기독교가 영성에 목마른 현대인에게 줄 수 있는 선물이 얼마나 위대한지를 알 수 있을 것이다. 실상 오늘날 전 세계적으로 물밀듯이 일어나고 있는 영성 추구는, 하나님의 존재를 부정하고 출발한 근대 무신론적 계몽주의와 과학주의 세계관이 조장한 영적 공백에서 분출하고 있는 것이 아닌가? 성경적 영성을 말하는 본서는 현대인의 보편적인 영성 갈증을 결정적으로 해갈시켜 줄 원천(샘물)이 바로 성경임을 아주 설득력 있게 제시하고 있다.

현대인의 가슴속에서 추구하는 "영성"은 본질적으로 아주 왜소하고 파편적인 인생살이 자체에 대한 반성에서 출발한다. 이 경우에 영성은 초월자에 대한 접촉, 사모, 초월적 세계에의 참여를 의미한다. 서구 사회를 매력적으로 유인하고 있는 인도 계통의 뉴에이지 영성(라즈니쉬, 크리슈

나무르티 등)은 서구 신학이 제시해 준 가부장적이고 인격적인 유대-기독교의 신관(神觀)을 비판하며, 기독교가 한물간 시대(the post-Christian era)를 살아가는 서구인들을 위한 영성의 수원지 역할을 떠맡으려고 한다. 이 뉴에이지 영성은 물질적·현실주의적·기계주의적 인간관에 대항하며, 인간의 본질을 우주의 중심 원리의 일부로 보거나 신성의 파편이 갈무리되어 있는 신적 본질의 연장이라고 본다는 점에서 서구 합리주의 철학에 면면히 계승되어 온 휴머니즘과 손쉽게 제휴한다. 미국에서 영성은 흔히 뉴에이지 유(類)의 영성을 의미할 때가 많다.

한때는 세계 최강대국이었던 러시아에서 일고 있는 심령술에 관한 젊은이들의 폭발적인 관심은, 이 세계가 결코 안전한 곳이 아니며 인간 영혼이 정박할 수 있는 항구가 아님을, 공산주의나 사회주의라는 정치 이념이 인간 영혼의 초월자에 대한 향수를 대체할 수 없음을 잘 보여준다. 또한 세계 유일의 초강대국 미국의 거대한 정신적 함몰을 보라. 얼마나 많은 사람들이 인터넷 점(fortune-telling) 사이트에 몰리는가? 미국 ABC의 심야방송에는 심령술사의 충고를 듣기 위해 엄청나게 많은 전화가 폭주하고 있다. 심야에 방송되는 사이킥(psychic, 심령술적 상담) 전화상담 프로그램을 통해 다양한 경력의 심령술사와 영적 중개자들이 시청자들의 미래에 대한 불안을 해소해 주거나 난마처럼 얽힌 현실의 미로를 탈출하도록 도와준다. 전 세계인들에게 인터넷이 상용화되면서 심령술사를 통해 영적 인도를 받고자 하는 욕구가 천문학적으로 치솟았다.

하지만 현대인들의 영적 갈망은 어두운 미로에서 방황하는 경험으로 끝나기 일쑤다. 현대인들은 심지어 천사들, 빛의 존재들, 혹은 우리 안에 잠들어 있는 신적 본질(신성)의 인도를 받고자 갈망한다. 그러나 올바른 영적 인도를 받지 못하고 일순간의 정신적 환각 상태에 빠졌다가 불안과 염려로 가득 찬 현실로 되돌아온다. 어떤 사람들은 과거와의 화해를 시도하는 최면술을 통해서라도 죄책감에서 벗어나고자 한다. 완전한 망각과 전적인 치유를 갈망하며, 용서와 인정에 목말라한다. 그러나 어떤 영적인 세력도 현대인들의 가슴속에 용출하는 영적 갈망을 해소시킬 수 없음을 깨닫게 된다.

그럼에도 불구하고 출판계는 특수한 분야의 영성(사업가 영성, 춤꾼의 영성, 대중오락의 영성), 곧 영성의 하위 범주들을 전문적으로 다루는 책들을 쏟아내고 있다. 아마존이나 기타 인터넷 서점을 클릭해 보라. 영성을 주제로 한 책들이 봇물처럼 터져 나온다. 베스트셀러 목록에 올라간 책은 예외 없이 영성을 다루고 있다. 이같이 세속적이고 대중적인 영성 서적들은 대부분 독자들에게 자신을 발견하도록 도와주겠다는 약속을 내건다. 좀더 나아가면, 자신을 고양시키고 자신의 존엄성을 발견하도록 도와주겠다고 약속한다. 자아를 고양시키고 자존감을 고취하여 자기초월을 맛볼 수 있게 해주려고 한다. 이런 영성 서적들은 일단 자신을 발견하고 나면, 그것을 있는 그대로 받아들이라고 충고한다. 현재 어떤 인격의 소유자가 되었건 어떤 직업을 가졌건 상관없이 자신을 받아들이라고 말한다. 긍정적인 자기암시나 일종의 자기최면을 부추긴다. 자아 발견과 자존감 고취 같은 것이 꼭 나쁘다는 말이 아니다. 어찌 보면 이런 영성 서적들도 다소간 건전하다. 그러나 그것만으로는 불충분하다. 성경적인 영성의 기준이 없다면 이런 평가를 내리는 것이 불가능할지도 모른다. 이런 세속적·심리적 영성 서적들은 독자들로 하여금 자신을 벗어나 살아 계신 하나님과 소통하고 교제하는 데까지 이끌어 주지 못한다. 자연적이고 물질적인 세상 안에서 영이신 하나님과의 교제를 가져다주지 못하는 것이다. 폴 스티븐스와 마이클 그린이 쓴 이 책은 성경적 영성이야말로 세계 만민의 영적 갈망, 초월자에 대한 귀향 욕구를 근원적으로 충족시켜 주는 참 영성임을 역설한다. 이 책의 영성에 대한 정의는, 세상 한복판에서 살아 계신 하나님과 동행하며 연합하고 교제하는 것이다.

성경적 영성이란 무엇인가?
두 저자는 영성이 "자아에 대한 위로"를 탐색하는 것보다 좀더 심오한 그 무엇이라고 본다. 영성은 삶의 다양한 정황 속에서 살아 계신 하나님과의 교류이며 우리를 찾아오시는 하나님 아버지를 생생히 체험하는 것이다.

이처럼 이 책은 성경적 영성의 본질을 탐구한다. 성경적 영성은 하나님의 장엄하고 위대한 구원 이야기 안에서 실연(實演)되고 실행된 영성이다. 성경적 영성은 세상을 향한 사랑 이야기 안에 뿌리를 둔 영성이기에, 성경적 영성을 체득한 그리스도인은 세상 한복판에서 하나님의 영적 임재와 인도를 깊이 경험할 수 있다. 이 책은 세속 사회 한복판에서 제자도를 구현하고 일상 생활의 현장에서 하나님의 임재와 현존을 느끼도록 격려하기 위해 쓰여졌다. 폴 스티븐스와 마이클 그린은 하늘에서 땅으로 이행하는 성육신적 원리에 근거하여 성경적 영성을 설명한다. 성경적인 영성은 이 땅을 지향하고 이 땅에서 통용되는 영성이며 이 세상 안에서 의로운 삶을 살 수 있는 능력을 배양해 준다. 의로운 삶이란 바로 하나님을 예배하고 이웃을 사랑하는 삶이다. 이 책은 이런 원론적인 차원에서 성경적 영성의 다양한 면모를 잘 다루고 있다.

따라서 이 책은 구체적으로 어떻게 살아야 한다는 식의 지침을 제공하지 않는다. 저자들은 성경을 금지와 명령들로 가득 찬 규정집이 아니라 기승전결의 구조를 가진 장편대하 서사시 같은 이야기라고 본다. 그 이야기 안에 작은 이야기들이 포함되어 있으며 우리 자신의 이야기도 그 장대한 이야기의 일부라는 것이다. "본질적으로 성경은 하나의 이야기, 즉 세상을 향한 하나님의 로맨스, 인류를 향한 하나님의 억누를 수 없는 무상의 사랑 이야기다.……성경적 영성이란 단순히 그 이야기대로 사는 삶이다."

두 저자가 말하는 영성의 정의

이 책은 유진 피터슨이 쓴 서문 외에 3부 13장으로 구성되어 있다. 1부는 삼위일체 하나님을 알고 사랑하는 것을 다룬다. 1장은 아바 곧 자애로우신 아버지 하나님의 예배자를 다룬다. 저자는 예배가 무엇인지에 대한 논의부터 시작한다. 그는 "초대 그리스도인들에게 있어 영성의 핵심은 예배에 있었다"고 단언한다. 저자는 오늘날의 자기탐닉적 영성과 대중오락적 예배 행태를 비판한다. 마치 1시간짜리 드라마나 쇼처럼 예배도 한 시간 안에 끝나는 현실을 비판적으로 지적한다. 그는 히브리서를 통해 하나님께 열납될 수 있는 다섯 가지 지표를 말한다. 저자가 보기에 초대 교회를 그토록 강력하게 결속시킬 수 있었던 것은 외형적 조직이나 의식이 아니었다. 오로지 전심으로 하나님을 찬양하고 하나님께 경배하는 예배 경험이 초대 교회를 강철대오처럼 강한 요새로 만들었다. 초대 교회 그리스도인들의 예배에는 융통성이 있었으나 네 가지 특성이 있었다. 그것은 예전적이었고, 은사 중심적이었고, 자발적이었고, 공동체적이었다. "요컨대 우리 시대 각 교단을 구분 짓는 특별한 강조점들이 신약 시대 교회 가운데서는 모두 거뜬히 공존했다." 여기서 우리는 교파별로 다양하게 상속된 예배 전통을 통합할 수 있는 보다 더 포괄적이고 풍요로운 예배 드림에 대한 갈망을 갖게 된다.

2장에서 저자는 예수의 제자들을 연구함으로써 제자도의 개념을 추적한다. 그는 오늘날 "그리스도인"이라는 말이 얼마나 다양하고 애매모호하게 사용되는지를 주목하면서 "그리스도인"이라는 표현 대신에 좀더 성경적인 용어인 "제자"라는 말로 대체하자고 제안한다. 그는 보편적 제자도를 옹호한다. 따라서 "목회 사역으로 부름받았다는 말은 맞다. 그러나 가사(家事)로 부름받았다는 말도 똑같이 맞다"는 것이다.

3장에서 저자는 성령의 전으로서의 그리스도인의 존재와 지위를 다룬다. 저자는 특히 오순절 성령강림 사건과 오순절 성령의 인(印)치심의 파급 효과를 다룬 후, 신자들의 삶 속에서 일어나는 성령의 역사를 논한다. 3장의 요지는 뒤따른 제안에 집약되어 있다. "신약 영성의 심장박동은 정녕코 우리 각자가 성령께서 거하시는 전이라는 사실이다. 성령은 자기 기업인 우리를 소유하려 하시며, 자기가 살려고 지으신 전을 채우려 하신다. 자, 우리가 성령께 그 기회를 드리자."

2부는 구약의 영성을 다룬다. 4장은 족장 이야기와 모세오경에 나타난 순례자의 영성을 다룬다. 저자는 부르심, 약속, 언약이라는 맥락 안에서 아브라함, 이삭, 야곱의 이야기들을 논한다. 5장에서 저자는 불타는 심장, 곧 하나님의 파토스(pathos, 사랑과 진노를 동시에 포함하는 열정)로 불타올랐던 예언자들의 영성을 다룬다. 6장은 삶과 세상의 질서와 부조리, 노동의 보람과 허무주의적인 양상을 관찰하며 질문하는 지혜문학의 영성을 다룬다. 저자에 따르면, 지혜서는 "우리를 불러 생각하고 관찰하고 질문하게 한다." 저자는 잠언서의 전복적 영성과 욥기의 저항의 영성, 아가서의 갈망의 영성, 그리고 전도서의 회의(懷疑)하고 질문하는 영성에 주목한다. "그러므로 여호와를 경외함은—역시 공경과 애정의 관계라는 의미에서—지혜로운 삶의 시작일 뿐 아니라 또한 끝이다."

3부는 신약의 영성을 다룬다. 이 책이 구약의 영성을 장르 중심으로 구분하고 있는 반면에, 3부는 신약의 영성을 중심 주제별로 나누어 다룬다. 기도의 영성, 성례의 양성, 사랑(아가페)의 영성이 바로 신약의 영성이라고 본다.

7장은 성령의 강권적인 역사로, 영과 육에 있어서 온전한 코이노니아를 이룬 사도행전의 영성을 다룬다. 8장은 기도의 영성을 다룬다. 9장은 성례전(세례와 성찬)을 집중적으로 다룬다. 여기서 가톨릭 신자들은 자신들에게는 낯선 개념들을 발견할 수도 있다. 저자는 가톨릭이 일곱 가지 성례전에 매달리는 것을 비판적으로 암시한다. "그리스도께서 제정하시지 않은 다섯 가지 성례를 첨가하는 교단들이 있으나 내가 보기에는 유익하지 않으며, 내적 의미를 지닌 다른 많은 외적 행위들 가운데 일부분일 뿐이다."

10장에서 저자는 이미 시작된 구원과 아직 완성되지 못한 구원 사이의 과도기를 보내는 성도의 영적 분투를 다룬다. 11장에서 저자는 마귀의 속박과 그것으로부터의 치유와 해방의 영성을 다룬다. 12장은 성도의 종말론적인 희망을 다룬다. 13장은 세상을 향한 그리스도의 사신, 곧 그리스도의 화목과 사랑의 메시지를 들고 세상으로 나아가는 사랑의 사신으로서 신자의 신분을 다룬다.

성경적 영성은 하나님의 구원 이야기를 세상 안에서 "살아내는" 능력이다

두 저자에 따르면, 영성의 근본은 삼위일체 하나님과의 바른 관계에서

구축된다. 영성을 구현하고 실현하는 과정은 우리가 아바 하나님을 섬기고 예배자가 되는 과정이고, 주 예수 그리스도의 제자가 되는 과정이며, 성령의 전이 되는 과정이다. 영성은 삼위일체 하나님과의 인격적 친밀성과 계약적인 결속에서 창조되고 자란다는 것이다. 이 책은 독자들을 창세기부터 요한계시록에 이르기까지, 아담과 하와로부터 요한계시록의 어린양의 천상 보좌에 모여든 순교 성도들에 이르기까지, 믿음의 사람들이 치렀던 영적 분투에 깊숙이 참여시킨다.

저자들의 일관된 관심은, 우리가 어떻게 진실로 하나님의 구원 이야기를 삶으로 실연(實演)해 낼 수 있는가이다. 즉 어떻게 우리 자신의 이야기가 하나님의 구원 이야기의 일부로 편입될 수 있는지를 부각시키는 것이었다. 이야기를 "살아낸다"는 말은 하나님의 구원 이야기 속에 우리의 인생 이야기를 접목시키는 것을 의미한다. 하나님이 우리의 인생 이야기 속으로 뚜벅뚜벅 걸어 들어오심으로, 우리의 이야기는 하나님의 장엄한 구원 이야기 속으로 접목되어 가는 것이다. 이 세상 한복판에서 세상을 이기는 삶을 살고자 갈망하는 성도들에게 이 책은 삶의 모든 차원에서 하나님을 전심으로 따를 수 있는 욕구와 거룩한 열정을 불러일으키는 초대장임에 틀림없다.

책 전체에 걸쳐서 두 저자는, 그들의 그리스도인으로서의 삶에서 우러나온 풍성한 영성적 경험들을 독자들과 잘 나누고 있다. 관련 주제에 관한 다른 학자들의 저작물들에 대한 풍성한 각주와 인증(引證)은 독자들의 책읽기를 도와준다. 그러나 (원서의) 문체상의 어려움 때문에 잘 읽히지 않거나 번역하기가 까다로운 문장도 더러 눈에 띈다. 굳이 말하자면 두 저자의 글이 대학 강의실의 강의체 글처럼 읽히거나 주일 강대상의 설교처럼 들릴 수도 있다. 그럼에도 번역자의 글이 이런 어려움들을 잘 극복하고 있다.

마지막으로, 한 마디 조언과 함께 추천자가 얻은 유익 하나를 덧붙이고 싶다. 어떤 좋은 느낌을 가져다주는 영성을 찾으려는 사람은 이 책에서 도움을 얻지 못할 것이다. 자아 고양감이나 자아 존중, 자기 가능성 개발은 성경적인 영성과 아주 거리가 멀다. 성경이 일관되게 강조하듯이, 성령에 대한 부단하고 자발적인 순종과 순복만이 하나님과의 살아 있는 교제, 엄청난 에너지를 공급하는 희락의 코이노니아를 가져다준다. 이 책은 독자들에게 환각적인 위로나 부드러운 음성으로 말하기보다는 꼬장꼬장한 교장 선생님처럼 말한다. 이 책은 전체적으로 우리의 마음과 영혼을 경각시키는 음조로 도전하거나 자극한다. 이 책이 깨우치는 진리는 간결하고 감동적이다. "기독교는 좋은 느낌을 창조하는 종교가 아니라, 실제 삶을 능력 있고 열정적인 동정심과 자비심으로 살아가게 만드는 영적 권능을 매개하는 복음이다." 하나님께서 상처와 배반을 감수하면서 세상을 사랑하시듯이, 그리스도인들도 이 하나님의 아가페 사랑으로 무장하여 세상을 압도하도록 초청받았다는 것이다.

추천자는 이 책을 다 읽고 난 후 아주 평범하지만 그러나 심오한 성경적 영성을 재정의할 수 있었다. "성경적 영성이란 무엇인가?" 성경적 영성은 자아(ego)가 영(zero)이 되려는 성향이자 영(zero)이 될 수 있는 권능이다. 그럼 어떻게 우리 자아가 영(zero)이 되는가? 하나님과 고도로 자발적이고 지속적인 일치를 이루는 분투를 통해 자아가 영이 된다. 영(靈)으로 몸의 행실을 죽임으로써 자아가 영(零, zero)이 된다. 여기서 자아가 영(zero)이 된다는 말은 명징한 주체성과 개체성을 견지한 채 하나님의 영과 의지적으로 이룬 연합 경험을 가리킨다. 다시 말해, 자아가 영이 된다는 말은, 성령에 대한 고도로 자발적인 순종을 의미한다.

즉 하나님의 성령에 인도함을 받아, 그리스도를 닮아 가는 성향이나 품성이 바로 성경적 영성이다. 실로 이 책은 영성의 관점에서 본 성경 통독 효과를 내는 유익을 가져다준다.

숭실대학교 기독교학과 교수
김회권 목사(일산두레교회)

머리말_ 성경적 영성이란 무엇인가?

성경은 이야기다. 성경에는 거대한 이야기(metanarrative)가 있고 그 안에 여러 이야기들이 담겨 있는데, 그중 일부를 본서에서 살펴볼 것이다. 그러나 본질적으로 성경은 하나의 이야기, 즉 세상을 향한 하나님의 로맨스, 인류를 향한 하나님의 억누를 수 없는 무상의 사랑 이야기다. 이야기답게 성경에는 시작과 중간과 결말이 있다. 일정한 방향이 있다. 그런데 성경은 그 이야기에 우리를 함께 데려간다. 성경 이야기는 우리가 누구이고 우리가 대면하는 하나님이 누구이며 이 모두가 무슨 뜻인지에 관한 거대한 이야기다. 보다 거대한 이야기 안에 우리 자신의 이야기들을 감싸 안는 이야기다. 성경은 그 이야기 안에 우리를 포함시켜 우리의 사고와 행동 방식을 변화시킨다.

부득불 우리는 자신의 이야기 중간부에 있다(우리는 자기 삶의 시작과 결말을 다 알지 못한다). 데이비드 제프리(David Jeffrey)는 이를 가리켜 "빠져 나갈 수 없는 중간"이며 따라서 혼란이라 표현했다.¹ 그러나 피조물과 온 인류를 향한 하나님의 아름다운 뜻이 담긴 거대한 이야기(Grand Story)는 우리 자신의 이야기에 시작과 결말을 줄 뿐 아니라 혼란스런 중간부에 의미를 부여한다. 성경적 영성이란 단순히 그 이야기대로 사는 삶이다.

여러 가지 영성과 성경적 영성

여기서 우리가 정의하는 영성은, 우리를 찾으시는 아버지께서 우리를 만나시는 자리인 삶의 복잡한 정황 속에서 하나님을 생생히 체험하는 것이다. 이러한 하나님 체험을 통해 우리는 일, 관계, 교회생활, 세상살이 등 일상생활에 담긴 초월적 의미를 발견할 수 있다. 그러나 오늘날 "영성"은 애매모호한 말이 되어, 자아실현 방법은 거의 무엇이든 "영성"으로 통할 정도다. "사업 영성", "원주민 영성", "금욕 영성", "환경 영성"이 있다. 진실한 체험으로 이끈다는 점에서 모두 진정한 것들이다. 그러나 이런 것들이 우리를 살아 계신 하나님과의 교류, 세상 속의 온전한 삶으로 이끌어 줄까?

바로 여기서 성경이 결정적 역할을 한다. 성경에 계시된 하나님은 참된 영성의 주체요 객체요 매체다. 유진 피터슨이 서문에 말한 대로, 성경은 "영성에 관한 숱한 '어림짐작' 중 또 하나가 아니라 영성 자체로 입증된다. 성경에서 우리는 영성에 관해 읽는 것이 아니라, 영성에 대한 신중한 정의나 정교한 기술(記述)을 얻는 것이 아니라, 살아 움직이는 영성을 만난다." 피터슨은 계속해서 "우리는 얽히고설킨 인생 속에 푹 젖어들거니와 살아 계신 하나님—인생 속에 불어넣어진 하나님의 영—은 바로 그 삶에 들어오셔서 말을 건네시고 대면하시고 구원하시고 치유하시고 복 주신다"고 말한다. 영성(spirituality)의 핵은 성령(Spirit-uality)이다.

말씀이 우선이다

그분의 이야기를 우리 안에 들여놓기가 쉽다는 말이 아니다! 「말씀으로 빚어지다」(*Shaped by the Word*)에서 로버트 멀홀랜드(Robert Mullholland)는 "우리는 자료를 읽을 때 상전 입장에서 읽는 습관이 깊이 배어 있다.……본문은 '저기' 있는 객체이고 우리가 그것을 관리한다"[2]고 설명한다. 성경은 우리에게 정보를 주는 정도(우리가 자료에 정통함으로)를 훌쩍 뛰어넘어 궁극적으로 우리를 빚고 변화시킨다. 성경은 기본 관계—하나님과의 관계, 자아와의 관계, 다른 사람들과의 관계, 세상과의 관계—속에서 우리를 양육한다.[3] 그러나 성경적 영성에 이른다는 것은 구구단을 외우는 학생처럼 성경 본문 몇 개를 모아 줄줄 말하면 되는 간단한 일이 아니다. 이러한 오해에 관하여 유진 피터슨은 "성경적……이란 어떤 교리나 관례를 입증 내지 실증하려고 성경 본문을 모아 땜질한다는 뜻이 아니다"[4]라고 말한다.

성경은 요령을 일러주는 교본이 아니다. 성경은 오늘날 허다한 영성 지도자들이 말하는 것처럼, 이렇게 기도하거나 이것저것을 버리거나 일정한 자세로 앉아 자기 배꼽을 쳐다보면 깨달음을 얻는다고 말하지 않는다. 그렇지 않다. 그보다 성경은 우리를 순전히 하나님께로 끌어들인다. 우리는 삶, 곧 우리 삶에 대해 하나님만한 시각을 얻는다. 그리고 세상, 곧 하나님의 세상에 대해서도 하나님만한 시각을 얻는다. 우리는 이야기 속으로, 이야기는 우리 속으로 들어온다. 성경의 참 저자이신 하나님이 우리에게 주시려는 것은 기성품 신앙이나 규칙 중심의 인생관이 아니라 그분과의 직접적 만남이다.

그래서 우리는 믿어지지 않을 만큼 기쁜 소식에서부터 시작할 터인데, 이는 우리가 삼위일체 하나님을 예배하고 심지어 그분과 연합하도록, 즉 아바를 예배하고 예수의 제자가 되고 성령의 전이 되도록 초대받았다는 사실이다. 우리는 믿음의 순례자인 족장들, 예언자적 영성, 지혜의 길, 교제의 체험, 기도의 사람이 되는 것, 성례, 고난과의 씨름, 치유와 축사, 소망의 자녀가 되는 것, 그리고 끝으로 사랑의 사신이 되는 것 등 신구약에 나타난 성경적 영성의 몇 가지 굵직한 주제들을 살펴볼 것이다. 그러나 우선 물어야 할 질문이 있다. 하나님과 삶에 대한 성경적 체험이란 무엇인가? 체험에도 정통이란 것이 있는가? 그분의 이야기를 탐색해 가는 사이 우리는 신구약에 공히 많은 "영성들"이 있어 하나님과의 풍요로운 생명의 관계에 일제히 기여한다는 사실을 알게 될 것이다.[5]

하나님의 마음을 따르는 마음

정녕 체험은 사람들만큼이나 다양하며, 사랑 많고 창의적인 우리 하나님은 우리 각자의 독특한 성격에 맞게 우리를 만나 주신다. 천편일률적인 길은 없다. 그러나 그와 동시에 공통점도 찾을 수 있다. 하나님이 만나 주신 사람들은 저마다 하나님의 마음을 발견했고, 응답으로 그들을 향한 하나님의 마음 일부를 얻었다. 정통감정(orthopathy)이 존재한다. 이 멋진 단어는 리처드 마우(Richard Mouw)가 아브라함 헤셸(Abraham Heschel)의 저작에 기초하여 만든 것이다. "ortho"는 곧다는 뜻이고(치열교정을 뜻하는 'orthodontics'에서처럼) "pathy"는 정열을 뜻한다. 헤셸은 예언자들이 하나님의 열정(pathos)―하나님의 연민이 아니라 하나님의 깊은 감정과 관심―에 붙들렸다고 역설했다. 그들에게는 공의와 자비를 좇는 하나님의 마음과 열정이 있었다. 그러므로 정통적 체험이란 단순히 우리 마음을 살려내 하나님의 마음―자비와 공의의 마음, 무조건적 사랑과 맹목적 거룩함에 빠진 마음―에 합하게 하시는 하나님을 절실히 체험하는 것이다. 성경 속의 성도들과 죄인들이 이것을 철두철미하게 증언한다. 그러나 이런 시각을 얻으려면 성경의 일부분이 아니라 전체를 보아야 한다.

하나님 말씀 전체에 합한 자

"모든 성경은 하나님의 감동으로 된 것으로 교훈과 책망과 바르게 함과 의로 교육하기에 유익하니 이는 하나님의 사람으로 온전케 하며 모든 선한 일을 행하기에 온전케 하려 함이니라"(딤후 3:16-17). 창세기를 펴면서 우리가 아담과 하와와 함께 발견하는 것은 우리가 **만물의 제사장**이라는 사실이다. 즉 우리는 버금 창조자로서 전체 피조세계 앞에 하나님의 관심과 뜻을 대변한다. 나아가 우리는 일과 그와 관계된 삶을 하나님께 찬양의 제물로 드린다. 인간이 된다는 것은 '호모 아도란스'(*homo adorans*) 곧 본질상 제사장이 되는 것이다. 알렉산더 슈메만(Alexander Schmemann)은 말하기를 인간은 "세상 한복판에 서서 하나님을 송축하는 행위로, 하나님에게서 세상을 받아 다시 하나님께 바침으로써 세상을 하나로 통일한다. 그리고 이 같은 성례로 세상을 가득 채움으로써 인간은 자기 삶, 세상에서 받은 자신의 삶을 하나님 안의 삶으로, 그분과의 교제로 변화시킨다"고 했다.[6]

다음으로 **출애굽**이 있다. 이는 내적·외적 굴레로부터의 해방이다. 위르겐 몰트만(Jürgen Moltmann)은 행위가 아닌 믿음으로 인한 칭의에 대해 구약에 두 가지 커다란 모티프가 있다고 지적했다. 하나는 출애굽, 즉 하나님의 능하신 손으로 애굽의 노예생활에서 벗어난 위대한 해방이다. 또 하나는 안식일이다. 하루 동안 온 나라가 일을 쉬는 것을 보면서 어찌 그들이 행위로 하나님의 수용을 얻어 내려 한다는 주장이 가능하겠느냐고 그는 반문한다. 안식일은 하나님의 일과 하나님의 성취 안에 쉬면서 믿음으로 칭의를 얻는다는 표현이다. 이 주제는 희년—"사회 구원의 관점에서 설명된 출애굽"[7]—을 통해 더 확장된다. 신약에 오면 이것은 하나님 나라의 복음이다.

광야, 하나님의 나라, 공의

하나님은 일부러 백성들을 물리적·정서적·관계적 광야로 인도하신다. 그분은 우리의 믿음을 강건케 하시려 그리하신다. "여호와께서 그를 황무지에서, 짐승의 부르짖는 광야에서 만나시고 호위하시며 보호하시며 자기 눈동자같이 지키셨도다"(신 32:10). 광야에 있다는 것은 하나님께 주목하도록 평소의 애착과 중독 대상들로부터 분리된다는 뜻이다. 거부하기 어려운 매력을 지닌 문명으로부터 사람들을 떼어 놓는 것은 아브라함에서 호세아, 세례 요한에서 예수, 심지어 회심 후 다년간의 사도 바울에 이르기까지 일관되게 흐르는 주제다.

성경 **역사**는 이 세상에 대한 주권자 하나님의 점진적 통치를 보여준다.[8] **율법과 언약**—하나님께의 그 조건 없는 소속—은 섬김과 삶의 기초와 동기를 이룬다. 사역이란 언약의 섬김이다.[9] **예언자**는 앞날을 예언할 뿐 아니라 "내면을 토로한다." 그들은 세상의 의와 공의를 향한 하나님의 열정을 보여준다.

시편과 지혜서

시편은 성경에서 독특한 자리를 점한다. 시편은 하나님의 말씀이자 약간의 예외를 제하고는 인간의 기도이기도 하다.[10] 시편은 우리의 모든 경험—무죄함(17:3-5), 하나님의 부재(22편), 총체적 붕괴(11:1-5), 침체(43:5), 기쁨(126편), 존엄성(8편), 심지어 버러지 같은 심정(22편)까지—을 기도로 하나님께 가져갈 수 있음을 보여준다. 어떤 의미에서 시편이 하나님의 말씀인 것은, 우리 하나님은 우리가 있는 모습 그대로 나오기를 원하시는 분임을 시편이 보여주기 때문이다. 나쁜 기도란 없다. 이에 관해 장 칼뱅(John Calvin)은 통찰력 있는 말을 남겼다.

〔내가 이 책을〕영혼의 전 부위를 해부한 책이라 부르는 이유가 없지 않다. 어느 인간이 느낄 수 있는 어느 감정의 영상도 이 거울에 비추이지 않는 것이 없기 때문이다.……마음이 위선을 벗고……백일하에 드러난다.……시편은 일련의 외침이다. 사랑과 미움의 외침, 고통과 기쁨

의 외침, 믿음과 소망의 외침……시편은 우리를 하나님과의 만남으로 몰아간다. 우리의 삶 전체를 바꿔 주시는 그분이 없이는 우리는 살아갈 수 없다.[11]

욥기, 아가, 잠언, 전도서 등 **지혜서**는 사람들이 하나님과 삶에 의문을 품고 탐색하며 상호작용하는 동안의 "진행중인" 영성을 보여준다. 이 책들은 특히 너저분하거니와(나중에 살펴볼 것이다), 삶의 큰 의문들에 대해 깔끔하게 정리된 해답을 내놓지 않는 것에 일부 원인이 있다.

복음서, 서신서, 묵시록

신약에 오면 복음서는 사람들을 예수의 제자가 되라고 부른다. 달라스 윌라드(Dallas Willard)는 "인류를 위한 진정한 복음은 예수께서 자신의 인생 수업에 지금도 학생들을 받고 있다는 사실이다"고 말한다.[12] 서신서는 우리에게 하나님의 백성으로서 살아갈 길을 가르쳐 주는 것만이 아니다. 직설법(우리의 존재)에서 명령법(우리가 마땅히 해야 할 바)으로 넘어가는 신학적 골격이 서신서에 있다. 이것이 기독교 영성의 틀이다. 그리고 끝으로 **묵시록**(요한계시록)이 있다. 이는 영광스런 결말에 관해 상상에 호소하는 영감의 책인데, 그 결말은 수고로운 역사의 귀결점이자 하나님이 그분의 지상 통치를 완성하기로 정하신 상태다. 하나님이 전체 이야기 속에서 하고 계신 일은, 만물을 예수 그리스도의 통일된 주권 아래 두시는 것이다(엡 1:22). 그리고 그분은 반드시 그 일을 이루실 것이다.

삼위일체 영성

이러한 전체 이야기를 통해 우리가 깨닫는 것은 추상적 하나님과는 관계가 통할 수 없다는 사실이다. 사랑하시고 사랑받으시며 사랑 자체이신 하나님이 하나님 자신의 사랑의 삶으로 우리를 부르신다. 신약에서 이것은 요한의 장엄한 말로 표현된다. "우리의 사귐은 아버지와 그 아들 예수 그리스도와 함께함이라"(요일 1:3). 삼위일체 하나님—아버지, 아들, 성령—안에 우리가 들어 있다. 토마스 토런스(Thomas Torrance)는 이에 대해 대단히 호소력 있게 말했다.

> 성 삼위일체 교리는······하나님을 아는 우리 지식의 근본 문법이다. 왜 그런가? 성육신의 자기계시를 통해 하나님이 우리에게 자기를 열어 주셨고 그래서 우리도 신전 내부 관계 안에 계신 그분을 알게 되고 아버지, 아들, 성령이신 신적 생명 안에서 그분과 교제하게 된다는 사실을 삼위일체 교리가 보여주기 때문이다.[13]

이것이 복음이다. 하나님은 우리를 하나님 자신의 사랑의 교제권 안에, 자신과의 관계로 끌어들이신다. "우리"이신 하나님은 혼자가 아니고 추상적인 "하나"가 아니라 인격적 관계의 통일된 사귐이다. 그런 하나님이 우리에게 하나님 자신의 인격적 삶을 누리게 하신다.[14] 이보다 더 좋은 것이 무엇이랴.

이것을 탐색하기 위해 우리는 먼저 우리와 삼위일체 세 위와의 관계를 살펴본 후 구약의 증거에 이어 마지막으로 신약의 증거로 넘어갈 것이다. 본서의 많은 부분은 마이클 그린과 내가 원래 리젠트 칼리지 영성신학 강좌에서 가르친 내용이다. 독자들도 우리와 합류하여 이 놀라운 이야기를 살게 되기를 우리는 시종 기도한다. 우리는 의당 그래야 하듯 예배로 시작하려 한다. 예배를 통해서만 하나님의 하나님 되심을 알고 그분의 이야기를(그리고 우리 자신의 이야기도) 바로 알 수 있기 때문이다. 그리고 사랑으로 끝내려 한다. 사랑은 하나님의 삶이요 또한 온전히 인간다운 사람들의 삶이기 때문이다.

1부
삼위일체 하나님을 알고 사랑함

1
아바의 예배자들

"예배"의 의미

초대 그리스도인들에게 있어 영성의 핵심은 예배에 있었다. 오늘날 많은 서구인들에게 있어 영성의 재발견은, 자기 내면의 의식으로 파고들거나 땅의 여신 가이아(Gaia)와의 합일에 이르거나 인간 잠재력의 극대화를 시도하는 데 있다. 그러나 초대 그리스도인들에게는 아니었다. 영성은 예배를 뜻했다. 즉 궁극적 가치를, 최신 유행의 우상이 아닌 우주의 창조주께 돌리는 것이었다. 그분은 아브라함과 이삭과 야곱의 하나님이셨고, 그들을 찾아 메시아 예수의 인격으로 시공을 가르고 오신 하나님이었다. 오직 그분만이 예배받기에 합당하신 분이었다.

우선 우리는 너무 의미 없이 남발되는 이 단어를 더 꼼꼼히 뜯어보아야 한다. 오늘날 그리스도인들은 "예배 시간"에 대해 말한다. 이 말은 전문가들이 기록하고 회중들이 따라하는 전례(典禮)—찬송가, 설교, 참석자들의 완전 주목 등이 있든 없든—를 뜻하거나, 아니면 "예배"로의 부름으로 시작하여 몇 곡의 찬송가나 합창곡, 성가대 찬양, 설교로 이어지는 자유분방한 행사를 뜻한다. 어느 경우든 한 시간 내로 끝나야 하며 이는 대서양 양안(兩岸)이 다를 바 없다.

이것은 예배의 서투른 모방일 따름이다. 여기에는 우리를 하나님 앞에 낮아지게 하는 요소가 전혀 없고, 우리 자신으로부터 벗어나게 하는 요소가 전혀 없다. 그런 예배에서 당신은 "경이와 사랑과 찬양에 푹 빠져 본" 적이 언제인가?

참된 예배의 의미를 히브리서에서 조금이나마 엿볼 수 있다. "경건함과 두려움으로 하나님을 기쁘시게 섬길〔예배할〕지니 우리 하나님은 소멸하는 불이심이니라.……우리가 예수로 말미암아 항상 찬미의 제사를 하나님께 드리자. 이는 그 이름을 증거하는 입술의 열매니라. 오직 선을 행함과 서로 나눠 주기를 잊지 말라. 이 같은 제사는 하나님이 기뻐하시느니라"(히 12:28-29, 13:15-16). 여기 "기뻐하시는 예배"의 다섯 가지 특징이 나온다. 예배는 깊은 **두려움과 사모함**에서 드려지는데, 이는 오늘날 찾아보기 어렵다. 예배는 **찬양으로 빛난다**. 예배는 주중에도 계속 하나님을 위해 빛나는, 입술과 **삶의 열매**다. 그렇지 않으면 주일 예배는 위선이다. 예배는 실제적 방식으로 **선을 행한다**. 우리는 "있는 바를 족한 줄로 알"아야 하며(13:5) "서로 나눠 주"어야 한다(13:16). 이는 고대 사회 못지않게 현대 사회의 주요 특징 중 두 가지인, 탐욕과 이기심과 극명한 대조를 이룬다. 진정한 예배는 여기에 도전을 가한다. 예배는 **단순하고 후한 생활방식**을 낳는다. 하나님께 열려 있는 예배는 사람들에게도 열려 있다. 이것이 일요일에 가장 확실히 표현될 수 있으나 실은 주 칠일의 삶에서 비롯된다. "노동이 곧 기도"(laborare est orare)라는 옛 격언의 진실이 여기 있다. 예배와 삶은 뗄래야 뗄 수 없다. 둘은 서로 속해 있다. 행함 없는 예배는 공허하고 예배 없는 행함은 무력하다.

구약에 사용된 두 가지 주요 단어가 진정한 예배의 본질을 상당히 밝혀 주는데, 이는 초대 그리스도인들의 시각에도 분명히 영향을 미쳤다.

하나는 **경외함으로 절한다**는 뜻의 단어다. 히브리어 단어나 헬라어 단어 모두 문자적으로 주님 앞에 "부복하여" 그 발에 입 맞춘다는 뜻이다. 페르시아인들이 왕을 "신"으로 떠받들며 왕들 앞에서 그렇게 했다. 이는 전폭적인 의탁과 헌신의 그림으로, 요한계시록 5:8에 보듯이 기독교 정황에도 전용되었다. 예배하러 나아갈 때 우리는 그렇게 하도록 부름받은 것이다. 이것을 예배에 건성으로 임하는 우리의 태도, 즉 준비도 없고 만나 뵐 분에 대한 예우도 없이 대강대강 주머니에 손을 찌르고는 하나님을 만만하게까지는 몰라도 스스럼없이 대하는 태도와 비교해 보라. 그러나 진정한 예배가 드려지면, 즉 하나님의 신비와 위엄 앞에 깊은 경외심이 내비쳐지면, 사람들은 마치 보이지 않는 자석에 끌리듯 그 예배에 동참하게 된다. 그런 예배에는 깊은 매력이 있다. 어디까지나 인류는 그것을 위해 지음 받았다. "오 하나님, 당신께서 당신 자신을 위하여 저희를 지으셨으니 저희 마음은 당신 안에서 쉼을 얻기까지는 쉼을 모릅니다." 1500년 전에 아우구스티누스(Augustinus)가 그렇게 말했거니와, 맞는 말이다.

히브리어와 헬라어 모두에 예배에 해당하는 단어가 또 있다. 봉사 (service)라는 뜻이다. 히브리어 '아보다'(abodah)는 "종"을 뜻하는 '에베드'(ebed)와 같은 어근에서 왔다. 이것을 가장 잘 보여주신 분이 여호와의 종 예수다. 종에 대한 히브리인들의 시각이 헬라인들과 크게 다르다는 점은 주목할 만하다. 종의 신분에는 굴욕과 멍에가 아닌 특권과 영예의 의미가 들어 있었다. 하나님의 종이 된다는 것은 대단한 특권으로 통했다. 우리에게 천국의 그림을 보여주는 선견자 요한도 "그의 종들이 그를 섬기며"(계 22:3)라고 말할 뿐 더는 나아가지 않는다.

이 두 가지 특징이 예배에 절대 필요하다. 하나님 앞에서 경외감과 경이감도 없고 거기에 하나님께 대한 실제적 기쁨의 봉사가 어우러지지 않는다면 예배는 감격을 잃을 것이고, 불만에 찬 예배자들은 현세적이고 미지근한 교회들을 계속 쇼핑하러 다니거나 아니면 아예 떨어져나갈 것이다. 개신교 복음주의 그리스도인들이 건물의 미관, 경외의 몸동작, 의식(儀式)의 장식을 강조하는 동방정교와 천주교의 특징을 멸시하는 것은 스스로 해를 자초하는 일이다. 또한 동료 개신교인들이 강조하는 사회적 관심과 정의의 추구를 "자유주의"로 일축하는 것도 마찬가지로 과녁을 훌쩍 벗어나는 일이다. 둘 다 하나님을 향한 참된 예배에서 지극히 성경적인 요소다. 초대 그리스도인들은 그것을 알았다.

우리가 예배하는 하나님

예배를 뜻하는 가장 일반적인 헬라어 단어가 신약의 기독교 용어에 유독 빠져 있음은 의미심장해 보인다. 문자적으로 "치유하다"는 뜻의 '테라페우아인'(*therapeuein*)이라는 단어다. 이 말이 "예배"의 뜻으로 쓰인 것은 사도행전 17:25에 딱 한 번인데, 그나마 바울은 그것을 거부하고 있다! 지고하신 창조주께는 사람 손의 "치료"가 전혀 필요 없다. 반대로, 그리스도인의 예배는 하나님 앞에서의 경외심과 즐거운 의탁에서 나온다. 하나님은 모든 우상과 완전히 다른 분이며 예배에도 그것이 나타나야 한다.

그리스도인들이 예배하는 하나님께는 예배의 본질을 규정하는 최소한 다섯 가지의 특징이 있다. 그것을 보면 하나님이 구약성경에 계시하신 당신의 모습을 알 수 있다.

첫째, **그분은 살아 계시다**. 그분은 살아 계신 하나님, 천지를 지으시고 붙드시는 분이다. 모든 생명은 그분에게서 나와 그분에게로 돌아가야 한다. 그분은 구약의 예언자들이 시종일관 통렬히 비난했던, 죽어 말 못하는 우상들과 극명하게 대조된다. 그리고 거기에 우리 회중들에게 주는 깊은 메시지가 있다. 참된 예배에는 기대감, 침묵, 하나님을 기다림이 있다. 우리는 예배드리러 갈 때마다 그분을 뵐 것을 기대해야 한다. 예배는 그분의 살아 계심을 구현할 뿐 아니라 그분께서 개입하실 여지를 드려야 한다.

둘째, **그분은 거룩하시다**. "거룩하다 거룩하다 거룩하다 만군의 여호와여." 그 거룩함에 압도되어 아브라함은 스스로 티끌이라 고백했다(창 18:27). 욥도 하나님의 거룩한 임재의 빛 안에서 자기를 정당화하려는 시도를 버리고 경외함에 젖었다(욥 42:5-6). 이사야도 그 거룩함에 압도되어 자신이 전혀 무가치한 존재임을 깨달았다(사 6:5). 베드로(눅 5:8), 바울(행 9:3-4), 요한(계 1:17)도 마찬가지다. 루돌프 오토(Rudolf Otto)의 말대로, 하나님은 과연 "장엄하고 매혹적인 신비"(*mysterium tremendum et fascinans*)다. 그분은 철저히 "타자"이며 초월자이시다. 그것이 우리 안에 경외심을 불러 일으키며 또한 동시에 호기심을 돋우어 우리를 더 가까이 부른다.

우리의 예배에 이 요소를 구현할 필요가 있다. 그래야 아무도 "하나님을 만만히 여기지" 않으며, 대신 모두가 낮아지고 모두가 높이 들릴 수 있다. 동방정교회가 이 점에 강하다. 그들은 '에피클레시스'(*epiclesis*, 성령의 강림을 구하는 기도)로 엄위하신 성령의 강림을 구하고, '아나포라'(*anaphora*)로 온 회중을 높이 들어 천국 예배에 동참케 한다.

셋째, 그분은 유일하시다. 다른 것은 일절 밀려나고 홀로 그분만 예배 받으셔야 한다. 그분은 "질투하시는 하나님"이시다(출 20:5; 사 42:8). 그분은 자신의 영광을 다른 자와 나누지 않으신다. 그것은 불경스런 일이다. 그분이 이기적이어서가 아니라 다만 진실하셔서 그렇다. 모든 분산된 예배와 모든 분할된 충성은 실체에 어긋난다. 순리에 어긋난다. 그분만이 창조주요 구속자이시다. 따라서 그분만이 자기 백성들의 온맘으로 드리는 예배를 받으시기에 합당하다. 우상숭배는 모욕이자 거짓이다.

우상을 숭배하는 시대가 지났다고 생각하면 큰 오산이다. 우리가 예배드리는 건물이 우상이 될 수 있다. 사역자와 전통과 교단 규칙도 우상이 될 수 있다. 우리가 예배하는 하나님은 자기 백성의 충성을 받는 그분의 왕권에 어떤 라이벌도 용납하실 수 없다.

넷째, 그분은 은혜이시다. 하나님은 은혜로우신 정도가 아니라 은혜 자체다. 즉 전혀 자격 없는 자들에게 자신을 전부 내주신다. 그분은 "모든 은혜의 하나님"이시다(벧전 5:10). 그분은 우리와 온 세상을 만드신 분이다. 그분은 만물을 붙들고 계시며 그 안에 생명을 불어넣으신다. 그분은 우리가 그분을 찾은 적이 없건만 우리를 찾아 오신 분이다. 그분은 우리를 위해 죽으시고 우리를 위해 살아나셨으며 우리 마음에 들어오셔서 우리 길을 지도하시는 분이다. 그분은 길 끝에서 우리를 자신의 영광 안으로 맞아 주실 분이다. 얼마나 놀라운 은혜인가!

그래서 우리 예배는 그분의 은혜를 선포하고 우리의 무가치함을 인정하되, 그러면서도 예수의 이름으로 당당히 나아간다. 찬양이 나올 수밖에 없다. 신약에는 찬양과 경배가 넘쳐난다. 감사, 찬송, 찬미 등의 단어가 끊임없이 등장하며, 요한계시록에는 지금은 물론 장차 하나님의 백성이 드릴 찬송들이 놀랍게 그려진다(계 4:11, 5:9-10, 12-14장 참조). 은혜에 어울리는 유일한 반응은 찬양과 경배다. 바로 이것이 하나님이 찬양 받기 원하시는 이유를 궁금해 하는 사람들에게 줄 대답이다!

성경에 보면 사람들은 삶의 잡다한 것들로 인해 하나님을 찬양한다. 그분은 날마다 우리 짐을 지신다(시 68:19). 그분은 우리에게 땅의 소산을 주신다(행 14:17). 그분은 각양 좋은 은사와 온전한 선물의 근원이신데(약 1:17) 걸핏하면 우상이 되고 마는 돈도 그중에 있다(딤전 6:17). 과연 그분은 "우리에게 모든 것을 풍성히 주사 누리게" 하신다. 그러나 무엇보다도 그리스도인들은 그리스도를 인해 하나님을 찬양한다. 그리스도는 우리를 하나님의 가족으로 삼아 주시고 새 사람이 되게 하신다(벧전 1:3; 엡 2:19). 그러므로 예수는 우리 찬양의 중심이 되어야 한다. 최고의 찬송 작사자들은 그것을 잘 알고 있었다. 성육신하신 예수, 십자가에 못박히신 예수, 부활 승천하신 예수—이것이 천국에서 부를 "새 노래"의 세 가지 주제다(계 5:9-14). 가장 지독한 배은망덕 중 하나는 많은 자잘한 자비를 인하여 하나님께 감사하느라 바빠 정작 최고의 선물은 감사하지 않는 것이다.

다섯째, **그분은 도전이시다**. 은혜란 "그분의 전부를 내게"란 뜻이다. 믿음은 "나의 전부를 그분께"다. 이러한 은혜와 믿음의 화답이 아브라함 시대부터 오늘까지 예배를 지배하고 있다. 은혜는 값비싼 것이다. 믿음도 그렇다. 믿음은 삶을 바꾸는 실제적 방식의 전폭적 의탁을 요한다. 아브라함에게 그랬다. 예수께도 그랬다. 바울에게도 그랬다. 그리고 우리에게도 그렇다. 영적 예배는 일요일의 한 시간이 아니라 우리 몸을 산 제사로 드리는 의탁의 반응이다(롬 12:1). 상황이 어떠하든 일상생활 속에서 계속 "찬양의 제사"를 드리는 것이다. 힘든 시기일 수도 있다. 감옥 안일 수도 있다. 바울이 그랬다. 그러나 그의 반응은? "결박과 환난이 나를 기다린다 하시나 나의 달려갈 길과 주 예수께 받은 사명 곧 하나님의 은혜의 복음 증거하는 일을 마치려 함에는 나의 생명을 조금도 귀한 것으로 여기지 아니하노라"(행 20:23-24). 이것이 예배다. 예배는 내 영혼을 찾아 구속하신 위대한 사랑이신 그분께 내 전부를 사랑의 선물로 바치는 것이다. 의무와 특권이 하나로 만난다. 주의 집에 올라가 성소의 뜰에 참여하는 것은 우리의 합당한 봉사일 뿐 아니라 지고한 기쁨이다(시 84편). 이토록 자비하신 주님께 전적으로 종이 되어 전적으로 자신을 바치는 반응을 부각시키지 못하는 예배는 성경적 영성의 대가(對價)를 잘 모르는 것이며, 성경적 영성의 기쁨도 잘 모르는 셈이다. "그러므로 우리가 진동치 못할 나라를 받았은즉 감사하자." 그리고 그 반응으로 "경건함과 두려움으로 하나님을 기쁘시게 섬길[예배할]지니 우리 하나님은 소멸하는 불이심이니라"(히 12:28-29).

예배의 역학

이 모두를 바탕으로 기독교 예배의 두 가지 주요 역학을 분별하기란 어렵지 않다.

예배를 시작하게 하는 동기는 하나님의 모든 성품과 그분이 우리에게 해주신 모든 일에 대한 감사다. 우리의 예배는 찬양과 경배가 강한 주조를 이루어야 하며, 하나님을 사랑하는 마음에서 오는 동료 인간들에 대한 실제적 섬김이 나와야 한다. 예배가 앞서 말한 그 하나님과 우리를 이어준다면 우리는 변화되지 않은 모습으로 예배당을 나설 수 없는 것이다. 우리는 우리가 예배하는 하나님의 일면을 얼마간 입고 나서게 된다.

예배를 시종 지배하는 동기는 경외와 두려움이다. 여기 단조로움은 전혀 없고 오히려 하나님의 역사(役事)를 기다리는 흥분이 있다. 여기 성직자의 주도는 전혀 없고 오히려 모든 지체가 개입된다. 여기 장황한 다변은 전혀 없고 오히려 침묵이 금이 될 수 있다. 승천하신 예수께서 자신을 드러내시자 "하늘이 반 시 동안쯤 고요" 했다(계 8:1). 성령께서 역사하실 때 회중 위에 거룩한 정적이 임하는 것을 나는 누누이 보았다. 아무도 움직이지 않는다. 아무도 떠날 마음이 없다. 완전한 침묵일 때도 있다. 격의 없는 찬송으로 이어질 때도 있다. 그러나 주께서 그 임재를 느끼게 해주셨음을 모두가 안다.

예배의 스타일

예배의 스타일은 정말 중요하지 않다. 중요한 것은 내면의 실체다. 초대 그리스도인들은 성전에서 예배할 수 있었지만 감옥이나 강가에서도 예배했다. 그들은 형식에 속박되지 않았지만 형식이 있으면 사용했다. 2세기 작가 펠릭스 미누치우스(Felix Minucius)는 "우리에게는 제사장이 없다"며 기뻐했지만,[1] 사도 요한이 대제사장의 옷인 페탈로스(*petalos*)를 입었다는 기록도 있다.[2] 그들은 "우리는 제단이 없다"고 외쳤지만, 초창기 성찬식에서 [구약의] 제사 용어가 쓰였고 2세기 문헌에는 말라기 1:11을 성찬식에 적용한 표현이 즐비하다. 그들은 "우리는 성전이 없다"고 역설했으나 안식일과 유대교 절기들과 심지어 의식상의 서원까지 기쁘게 지켰다. 분명 기독교의 예배 스타일은 매우 융통성이 있었으나 본질만은 아주 신중히 지켰다. 우리 모두를 불러 자기 소유의 백성으로 삼으시는 모든 은혜의 하나님께 전심으로 응답할 따름이었다. 얼마나 놀라운 도전인가!

우리의 예배는 변질될 때가 너무 많다. 우리를 가둔 **전통**이 예배를 변질시킨다. 우리가 떠받드는 **형식**이 종종 내면의 실체는 놓치면서 예배를 변질시킨다. 무언극과 춤과 색상과 의식(儀式)을 두려워하고 감정을 두려워하며, 무엇보다 하나님의 급작스런 개입을 두려워하는 **지성**이 예배를 변질시킨다. 교회론과 무관하게 거의 모든 교회를 망쳐 놓는 **성직주의**가 예배를 변질시킨다. 서구인의 재앙인 **시계**가 예배를 변질시킨다. 우리는 "아프리카인의 시간"에서 뭔가 배워야 한다. 그리스도인들 사이의 진정한 교제를 방해하기 일쑤인 **건물**이 예배를 변질시킨다. 우리의 **몸에 대한** 두려움이 예배를 변질시킨다. 무릎을 꿇거나 손을 들거나, 혹은 춤이나 드라마를 이상하게 여기는 그리스도인들이 많다. 우리는 몸동작을 두려워할 필요가 없다. 결국 우리에게 몸을 주신 분이 하나님이 아닌가!

예배의 특성

초대 그리스도인들의 예배 스타일은 정말 유연했으나 분명히 구별되는 네 가지 특성이 있었다.

전례(典禮)가 있었다. 신약에 남아 있는 기독교 예배는 구약의 말씀들을 다량으로 사용하여 하나님의 능하신 행사를 선포했다. 거기에는 일반 예배자들이 쉽게 따라할 수 있는 형식이 있었다. 따라서 일정한 문구, 주기도문, 찬송가, 신경(信經)의 점진적 출현(주후 150년 이전), 로마서 1:3-5, 에베소서 5:14, 디모데전서 3:16, 요한계시록 4:8, 11, 5:9-10 등에 배어든 찬송가나 신경의 단편은 모두 한방향을 지향한다. 초창기인 그때만 해도 전례는 문구의 형태가 아니라 금방 분간할 수 있는 여러 요소를 나열한 것이었다.

카리스마가 있었다. 예언, 방언, 성령의 개입이 흔하며, 은사를 받은 사람이면 누구를 통해서든 가능했다(행 11:27-30; 고전 12장, 14장).

자발적이었다. 다른 예들도 많지만 사도행전 4:24를 보면 확실하다. "저희가 듣고 일심으로 하나님께 소리를 높여."

공동의 예배였다. 어떤 한 사람이 예배를 주도하지 않았다. 많은 사람들이 참여할 수 있었고 실제로 참여했다. 고린도전서 14:26-33을 보면 분명하다.

요컨대 우리 시대 각 교단을 구분 짓는 특별한 강조점들이 신약 시대 교회 가운데서는 모두 거뜬히 공존했다.

예배의 여러 차원

초대 교회의 예배에는 세 가지 차원이 있었다.

가정 모임이 있었다. 금요일 밤의 '하부라'(*baburah*) 즉 유대인 가정의 예배 모임이 초대 그리스도인들의 "가정 교회"로 이어졌다(롬 16:5 등). 이러한 소규모 가정 모임은 개개 지체들 사이에 사랑과 상호부조를 부추겼다.

지역 회합이 있었다. 토요일 회당이 기독교 예배에 전용되었다. 이는 지역 교회를 여전히 "회당"(헬라어)이라 부르는 야고보서 2:2에 매우 분명히 나타난다. 유대인 회당처럼 정체성, 기도, 교육, 예배를 위해 기독교 신자들의 지역 모임이 필요했다. 덧붙여 말하자면, 회당의 "장로들"은 지역 기독교인 회중의 리더십에 전형이 되었다.

큰 절기가 있었다. 유대인들은 오순절, 속죄일, 장막절 등 나라의 큰 절기에 적어도 몇 번은 의무적으로 참석해야 했다. 이때에 하나님의 백성은 그분의 놀라운 구원의 행위들을 기념했다. 절기 참여는 성민의 소속감을 높여 주었다. "너희가 이른 곳은……하늘에 기록한 장자들의 총회"라는 히브리서 12:22-23 말씀이 금세 떠오른다. 그리스도인들은 이따금씩 이런 큰 절기에 참석하여 유대인의 유산을 이어갔다.

오늘 우리 예배에도 유대인 예배의 세 가지 차원이 모두 필요하다. 회당은 교회 예배와 가깝게 들어맞지만 우리는 소그룹과 큰 절기에 있어서는 딱할 정도로 약하다. 우리의 예배가 균형을 이루려면 그 셋이 다 필요하다.

예배의 원천

초대 그리스도인들에게 있어 예배의 원천 곧 핵심은, 그들이 하나님을 '아바'(*Abba*), 사랑하는 아버지로 부를 수 있었다는 것이다. 이는 충격적인 단어다. 이 단어의 사용은 위험했고 오해를 불러일으켰다. 그러나 하나님을 바로 생각하고 합당히 예배하려 할진대 이 말은 여전히 통찰의 기본이다.

하나님의 아버지 되심

자기 아버지를 우상화하는 자식들도 있고 미워하는 자식들도 있다. 자식을 응석받이로 키우는 아버지들도 있고 무관심하게 내버려두는 아버지들도 있다. 하나님을 아버지로 보아야 한다면 모든 인간 부모상은 부득이 그분의 모습을 어느 정도 왜곡시킬 수밖에 없다. 그러나 하나님은 인간 부모들이 그분의 성품을 본받기 원하신다. 부모를 공경하라는 계명이 십계명의 그 위치—하나님께 대한 본분을 다룬 앞의 네 계명과 인간에 대한 본분을 다룬 뒤의 다섯 계명 사이—에 있는 것이 내 생각에는 그 때문이 아닌가 싶다. 이는 우리 관계의 두 요소, 즉 하나님 요소와 인간 요소를 이어준다. 그러나 그 이미지는 얼마나 많이 왜곡되어 왔던가! 엄한 아버지를 둔 사람들은 하나님이 자기를 벌하려고 있는 줄 안다. 아버지가 늘 집을 비운 사람들은 하나님도 부재하는 줄 안다. 아버지의 사랑을 조건적으로만 경험한 사람들은 하나님의 값없이 주시는 은혜를 온 마음으로 간절히 바라면서도 좀처럼 받아 누릴 줄 모른다. 하룻밤에 다섯 사람과 성관계를 맺은 청소년에게 한 의사가 던진 질문이 생각난다. "너 왜 이러는 거냐?" 그의 마음 아픈 대답은 "날 사랑해 줄 누군가를 찾고 있어요"였다.

수반되는 모든 위험에도 불구하고 성경은 감히 하나님께 "아버지"라는 단어를 쓴다. 구약에는 극히 드물어 열네 번 정도밖에 없다. 구약에서 하나님은 창조주(신 32:6; 말 2:10), 긍휼이 풍성하신 분(시 103:13-14)으로 표현된다. 하나님을 "아버지"로 불러서는 안된다는 페미니스트들의 반발이 나오기 오래 전부터 예레미아스 교수는 통찰력 있게 이렇게 지적했다. "예로부터 동양인들에게 있어 하나님께 붙여지는 아버지라는 단어는 어머니의 의미까지 다분히 아우른다."³ 우리는 양성을 초월하는 하나님의 형상대로 남녀로 지음 받았으니 맞는 말이다(창 1:27).

구약에서 하나님을 아버지로 지칭한 곳은 대부분 인간의 반역의 정황에서 나온다. 우리는 다 탕자다. 비탄에 잠긴 부모처럼 그분은 애처롭게 우시며 우리를 집으로 돌아오라고 부르신다. "울며 올 것이며 그들이 나의 인도함을 입고……나는 이스라엘의 아비요 에브라임은 나의 장자니라"(렘 31:9). 하나님 아버지의 긍휼은 인간의 모든 예상을 뛰어넘는다. "에브라임은 나의 사랑하는 아들, 기뻐하는 자식이 아니냐.……그러므로 그를 위하여 내 마음이 측은한즉 내가 반드시 그를 긍휼히 여기리라. 여호와의 말이니라"(렘 31:20). 이것이 아버지 되신 하나님에 관한 구약의 마지막 말씀이다. 부성 자체가 그분의 긍휼과 용서를 재촉한다. "내가 반드시 긍휼히 여기리라"는 말 속에서 우리는 부모 되신 하나님의 심정을 깊이 들여다볼 수 있다. 이것이야말로 인간이 상상할 수 있는 가장 놀라운 모습이다.

그럼에도 불구하고 구약에 하나님이 일개 개인의 아버지로 지칭된 일은 한 번도 없다. 하나님을 아바라 부른 예도 없다. 생각할 수 없는 일이었다. 아바는 가족들 간의 가장 친밀한 호칭인 까닭이다. 사람이 어떻게 천지의 창조주와 친밀할 수 있단 말인가?

아바의 의미

그래서 유대인들은 절대 하나님을 아바라 부르지 않았다. 그러나 예수는 거의 매번 그러하셨다. 우리는 극한 시련의 때에도 그렇게 기도하시는 그분을 본다. "아바 아버지여, 아버지께는 모든 것이 가능하오니 이

잔을 내게서 옮기시옵소서"(막 14:36). 예수께서 하나님을 아버지라 부르신 일이 복음서에 160번 이상 기록되어 있다. 아람어 단어 '아바'가 신약성경에 살아남았다는 것은, 그것이 예수께서 주장하신 친밀함이요 그분이 습관적으로 하나님을 부르신 방식임을 보여준다. 단 십자가 위에서 세상 죄를 지시던 그 참혹한 시간만은 예외였다. 그때 그분은 하늘 아버지와의 익숙하던 친밀함마저 끊긴 채 시편 기자의 말로 부르짖으셨다. "나의 하나님, 나의 하나님, 어찌하여 나를 버리셨나이까"(막 15:34).

이 호칭의 중요성은 아무리 강조해도 지나치지 않다. 모든 문서를 통틀어 어떤 유대인이고 하나님을 아바라 부른 사례는 일찍이 없다. 그러나 여기 항상 그러시는 예수가 있다. 만인 중에 홀로 그분만이 감히 하나님을 "아빠"라 부르셨다. 그런데 이제 그리스도인 예배자들도 하나님을 "아빠"라 부르게 되었으니 상상 못할 특권이다. 이 호칭은 바울이 세운 교회에도 나오고(갈 4:6) 바울이 세우지 않은 교회에도 나온다(롬 8:15). 그리스도인들은 하나님을 아바라 부를 수 있다. 예수께서 하나님과 누렸고 그분 이전에 누구도 누린 적이 없는 친밀한 인격적 관계를 우리가 누릴 수 있다. 하나님을 그렇게 불러도 좋은 정도가 아니다. 주기도문 서두는 아예 그렇게 부르도록 명하고 있다. 헬라어 주기도문의 첫 단어는 아람어에서 빌어온 이 기막힌 단어 곧 '아바'다. 얼마나 엄청난 특권인가! 우리는 예수 그분과 나란히 아들딸로 하나님께 나아가 우주의 창조주를 아바라 부를 수 있다! 유일한 차이라면 예수는 본래부터 그 신분이시지만 우리는 은혜로 얻었다는 것이다. 예수는 본질상 하나님의 독생자이신 반면 우리는 양자다. 유대 전통에는 없으나 주변 세상에는 흔했던 입양 개념을 신약의 기자들이 원용한 것은 의미심장하다. 이 개념은 생득권이 전무한 우리에게 하나님 아버지께서 자녀의 신분을 값없이 아낌없이 주셨음을 밝히려는 그들의 목적에 딱 들어맞았다. 입양은 그분의 표현 못할 배려로 우리가 들어선 관계의 친밀성과 영원성을 표현해 주는 멋진 단어다.

요아킴 예레미아스(Joachim Jeremias)가 「신약의 중심 메시지」(*The Central Message of the New Testment*)라는 짧은(그러나 강력한) 책에서 아주 명확히 본 것처럼, '아바'라는 단어는 우리를 복음의 심장으로 데려간다. 이 말에는 모두 독특한 세 가지 의미가 담겨 있다.

첫째, **독특한 관계다**. 유대인들은 탈무드에 "아이는 젖을 떼면서 '아바'(*abba*)와 '이마'(*imma*)라는 말을 배운다"고 했다. 아버는 아기가 발음하는 첫 단어 중 하나다. 친밀한 단어다. 가족의 언어다. 예수는 하나님과 더불어 그 관계를 누리셨고, 자기를 따르는 자들에게도 그것을 나누어 주신다. 신약성경은 모든 사람이 하나님의 자녀라고 가르치지 않는다. 예수는 가르치실 때 자신과 하나님의 관계와 자기를 따르는 자들과 하나님의 관계를 애써 구별하셨다. 그분은 "내 하나님 곧 너희 하나님, 내 아버지 곧 너희 아버지"라고는 하셨어도 자신과 그들을 통칭하여 "우리 아버지"라고는 한 번도 말하지 않으셨다. 정말 차이가 있다. "자기 땅에 오매 자기 백성이 영접지 아니하였으나." 이것은 지금도 우리 세상의 허다한 사람들에 관한 서글픈 진실이요 하나님과 그분의 보내신 예수께 대한 거부가 굳어진 모습이다. 두 분의 이름은 기껏 욕설로 변했고, 두 분의 사랑은 멸시되어 왔고, 두 분의 존재 자체도 부인되었다. 그러나 "영접하는 자 곧 그 이름을 믿는 자들에게는 하나님의 자녀가 되는 권세를 주셨으니"(요 1:12). 잘 보라. 그들은 하나님의 자녀가 되는 것이지, 그분의 피조물이라는 일반적 의미를 빼고는 처음부터 "하나님의 자녀"였던 것은 아니다. 복음서 기자는 다음 말로 이 입양의 기이함을 통감케 한다. 그들은 "혈통으로나 육정으로나 사람의 뜻으로 나지 아니하고 오직 하나님께로서 난 자들"이었다(13절). 인간의 혈통과 인간의 수고와 인간의 중재로 절대 할 수 없는 일을 하나님이 하셨다. 그분은 우리를 자기 가족으로 들이셨다. 우리는 '아바'라 부르짖을 수 있다! 예배자들에게 보장된 이런 친밀함의 소망, 하나님과의 어린아이 같은 관계─엄마 품이나 아빠 무릎의 아기처럼 푸근하고 안심인─는 세상 어느 종교에서도 찾을 수 없다. 그야말로 타의 추종을 불허한다.

둘째, **독특한 계시다**. 대부분의 아빠들은 자녀에게 가르치기를 좋아한다. 그러나 유대인들은 한결 유난했다. 아들에게 율법을 가르치는 것은 아버지의 신성한 의무였다. 예수는 하나님 아버지께서 자기에게 똑같이 해주셨다고 주장하신다. "내 아버지께서 모든 것을 내게 주셨으니 아버지 외에는 아들을 아는 자가 없고 아들과 또 아들의 소원대로 계시를 받는 자 외에는 아버지를 아는 자가 없느니라." 마태복음 11:27의 주장이다. 자기 외에는 하나님을 이렇게 친밀하게 가족처럼 아는 자가 없다는 말씀이다. 이는 "나로 말미암지 않고는 아버지께로 올 자가 없느니라" 하신 요한복음 14:6에 대한 흥미로운 간접 설명이다. 예수는 또 아버지께서 자기에게 당신을 참으로 계시하신 것처럼 자기도 믿고 순종하는 자들에게 그것을 전해 줄 수 있다고 말씀하신다. 아바라는 말 속에서 우리는 아버지가 누구이며 어떤 분인가에 대해 최고의 확실한 계시를 주장하시는 예수를 본다.

셋째, **독특한 권위다**. 예수께서 제자들에게 주기도문이라는 기도를 가르치셨기에 아바에 대한 우리의 이야기는 아직 끝나지 않았다. 숨이 턱 막힐 듯 과감하게, 사실상 그분은 그들에게 이렇게 이르시는 셈이다. "나 이전에 누구도 불러보지 못한 방식으로 하나님을 부르는 특권을 내가 너희에게도 주겠다. 기도할 때 하나님을 아바라 부를 수 있는 권리를 내가 너희에게 준다."

그들은 정말 그렇게 불렀다! 헬라어를 쓰던 초대 교회 공동체의 기도 언어 속에 꽉 박혀 있던 외래 아람어 단어 "아바!". 그들은 그 말을 크게 기뻐했다. 그리스도인들이 예배하는 이 하나님은 허구도 아니고, 부재자도 아니고, 너무 바빠 신경 쓰실 겨를이 없는 분도 아니고, 우리 기도에 귀를 막으시는 분도 아니고, 우리가 두려워할 대상도 아닌 것이다. 그분은 우리의 사랑하는 아바다. 많은 성찬식 전례에서 크게 기뻐하며 "그러므로 **우리는 담대히** 말합니다. '우리 아버지……'"라고 말하는 것은 당연하다. 많은 전례의 중심에 성찬을 받은 뒤 주기도문이 이어지는 것은 당연하다. 가족의 식사와 가족의 기도는 짝과 같다.

그렇다. 이 짧막한 아바라는 단어는 우리를 복음의 심장으로 데려간다. 그것은 예수께서 하나님과 맺으신 아들로서의 독특한 관계를 보여준다. 그것은 그분과 하나님과의 비할 나위 없는 친밀함을 보여준다. 그리고 그것은 자기를 따르는 자들을 동일한 관계로 이끌어 들이시는 그분의 권위를 계시해 준다.

당신과 나는 다시 두려움과 도덕적 굴레로 끌어가는 종의 영을 받지 않았다. 대신 우리는 예수의 영, 우리를 하나님의 자녀 삼으신 그 영을 받았다. 우리 안의 그 영에 힘입어 가족 가운데 있는 아기는 "아바, 아빠!"라고 첫 울음을 터뜨린다. 그렇게 성령은 우리가 진정 하나님의 자녀임을 우리 영으로 더불어 증거하신다. 자녀이면 또한 상속자, 하나님의 상속자요 그리스도와 함께한 상속자다. 물론 우리는 그분과 함께 고난받을 것이다. 그러나 그와 똑같이 확실하게 우리는 그분과 함께 다스릴 것이다. 그분의 영광에 참예할 것이다. 그것이 사도 바울의 가장 뜨

겁고 진솔한 외침 중 하나인 로마서 8:15 이후의 진의다. 우리가 그리스도인일진대 그것이 우리 신분이다. 바로 하나님 아버지 집안의 자녀인 것이다. 아바, 그것이 우리의 당당한 부르짖음이다. 이는 우리를 향한 그분의 과거의 입양, 현재의 친밀함, 미래의 운명을 보여주는 말이다.

아바의 예배자가 되는 특권을 주신 하나님을 찬양하자! 이 확신이 우리의 모든 예배, 모든 기도와 고백, 모든 경배와 섬김의 기초가 된다. 어떤 피조물도 우리의 이 귀한 신분을 빼앗아 갈 수 없다. 같은 로마서 8장에 사도 바울의 말은 이렇게 이어진다. "내가 확신하노니 사망이나 생명이나 천사들이나 권세자들이나 현재 일이나 장래 일이나 능력이나 높음이나 깊음이나 다른 아무 피조물이라도 우리를 우리 주 그리스도 예수 안에 있는 하나님의 사랑에서 끊을 수 없으리라"(38-39절).

2
예수의 제자들

우리는 마음속에 예수의 영을 받아들임으로 난생처음 기도와 자비와 평화의 사람, 예수의 참 제자가 되거나, 아니면 모든 것이 혼돈 속에 사라지거나 둘 중 하나다. 오늘은 예수의 순간이다. 장바니에(Jean Vanier)

기독교의 이상은 시도된 적도 부족함이 드러난 적도 없다. 그것은 다만 어렵다고 여겨져 시도되지 않은 채로 남아 있을 뿐이다. 체스터튼(G. K. Chesterton)

콜로라도 주 볼더에서 노숙자들을 가르치던 중에 나는, 하나님 아버지를 아는 것과 예수의 제자가 되는 것과의 관계에서 말문이 막혔다. 마약 중독과 무의미한 삶으로 고생하는 수십 명의 젊은 노숙자들을 위해 몇몇 친구들이 음식과 숙소를 마련했다. 몸의 양식 외에 그들은 영의 양식도 베풀었다. 저녁 때, 자유로이 참석하는 성경 교육시간이 있었다. 젊은이들 대다수가 일부러 남아 영의 양식을 받았다.

그중에 막 예수를 따르기 시작한 에디가 있었다. 디트로이트 길거리에서 자란 그는 부모가 누구인지 몰랐다. 가정도 없고 신분증도 없고 집도 없었다.

교육 도중 에디가 옆에 앉은 남자들에게 시비를 걸었다. 그는 폭력 이력이 있었고 그리스도의 손길을 겨우 경험하기 시작한 터였다. 그들은 교육을 중단하기보다는 그를 바깥 현관으로 데리고 나갔다. 그들은 몸으로 드잡이하는 그를 땅에 눕힌 뒤 세 사람이 위에 올라탔다. 아랑곳없이 계속 가르치던 내게 그들이 현관문 밖에서 에디를 "상담하는" 소리가 들렸다.

에디가 대답했다. "기도하고 싶어요." 그러더니 가정도 없고 신분증도 없는 그가 기도했다. "하나님! 아주 오래 전부터 당신을 아빠라 부르고 싶었습니다. 오늘밤 제가 당신을 아빠라 불러도 되겠습니까?"

제임스 패커(James Packer)는 그리스도인을 가장 간단히 정의하면, 하나님을 아버지로 알게 된 사람이라고 했다. 예수는 아버지의 마음을 계시하고, 자기를 따르는 자들을 자기와 아버지의 관계 속으로 인도하신다. 따라서 아버지께 가는 길은 예수를 따르는 제자도로 가능하다. 이유는 충분하다.

진실로 예수는 그냥 한 인간으로도 따를 가치가 있는 단연 최고의 인물이다. 그러나 그의 주장들을 보면 예수라는 존재를 인간 이상으로 생각할 수밖에 없다. 그는 자신이 하나님과 본질적·절대적 연합을 이루고 있다고 주장했다. "나와 아버지는 하나이니라"(요 10:30). 그는 자신과의 관계가, 우리의 영원한 운명을 둘 중 하나로 결정짓는다고 주장했다(마 10:32-33). 그는 애정과 의미의 필요를 포함하여 우리의 가장 깊은 필요들을 자기가 채워 줄 수 있다고 주장했다(마 11:25-30). 자신에 대해 그렇게 말함으로써 예수는 자기가 미쳤거나(과대망상증 환자) 악하거나 (사기꾼) 아니면 하나님이라고 계시한 것이다. 그러나 삶의 질을 보면 그는 역사상 가장 제정신인 사람이었다. 또 그의 주장들은 자신의 말과 삶으로 입증되었을 뿐 아니라 자신의 행위―특히 사람들을 해방시킨 행위들, 십자가의 죽음과 부활이라는 궁극적 행위―로도 입증되었다. 이런 사람을 누군들 따르고 싶지 않겠는가?

왜 제자도인가?

개발도상국이나 신흥공업국의 교회들, 타오르는 불처럼 성장하고 있는 교회들은 이 점에서 서구에 가르쳐 줄 것이 많다. 달라스 윌라드는 이렇게 말한다.

> 지금 세상 도처에서 허다한 사람들이 그리스도께 나아오고 있다. 그러나 아시아, 남미, 아프리카의 수많은 사람들이 만일 그리스도의 도(道)에서 기대할 수 있는 것이 기껏 오늘날 유럽과 미국이 보여주는 기독교 수준이라고 믿게 된다면 이 얼마나 견딜 수 없는 비극인가.……오늘날 기독 교회의 가장 큰 위험은 메시지를 너무 낮게 끌어내린 것이다.[1]

기독교의 도에 매력이 느껴지고 마음이 끌리는 나라들에 가서 그 유익한 불길에 부닥칠 때마다 나는 자꾸만 이런 의문이 든다. 후기 기독교 시대를 사는 우리 서구인들은 왜 제자도 없는 기독교에 안주했는가?

오늘날 "그리스도인"이란 호칭은 복잡한 문제다. 이 단어는 교회 다니는 사람들한테 사용될 수도 있고, 이슬람교도나 무신론자로 분류되고 싶지 않은 사람들한테도 사용될 수 있다. "비기독교인"이란 비참한 용어를 써서 자기처럼 믿지 않는 사람들과 자기를 구분하는 그리스도인이 많다. 과격하지만 흥미로운 제안을 내놓고 싶다. 1년 동안 "그리스도인"이라는 용어 사용을 중단하고 대신 "제자"라는 보다 성경적인 용어를 써 보는 것이다. 몇 가지 이유를 들자면 이렇다.

제자와 도

곧잘 간과되는 것이지만, 사도행전의 초대 그리스도인들을 그리스도인이라 부른 이들은, 그들의 삶이 완전히 예수 그리스도를 중심으로 돌아가는 것을 본 그리스도인 아닌 사람들이었다. 예수를 따르는 자들을 유대교의 한 분파로 간주할 수 없어 그들은 "그리스도인"이란 단어를 새로 만들어 그리스도의 사람들에게 붙여 주었다(행 11:26). 신앙과 생활방식에 관해 누가 물어 올 때 신자들 스스로 그렇게 자칭하지는 않았던 것 같다. 자기들은 "안에" 있고 남들은 "밖에" 있다는 암시를 풍기는 말들을 사용하기보다는 오히려 그들은 자신들을 "제자"(행 1:15, 6:1, 9:1, 13:52)와 "도를 좇는 자"(행 9:2, 19:9, 23, 22:4, 24:14)로 지칭하여 사람들의 시선을 주께로 돌렸다. 두 표현을 합하면 자연히 이런 의문이 생긴다. "누구의 제자란 말인가? 어느 목적지로 가는 길[도]인가?" 예수를 바짝 따르든 멀리 따르든, 우리는 구경꾼들에게 우리 주를 가리켜 보일 수 있다. 또 "거의 다 왔다"고 으스대거나 "이제 겨우 시작했다"고 절망하지 않고도 바른 방향으로 가는 "도상에" 있을 수 있다. 헬라어 단어 "제자"에 동일한 진리가 담겨 있다. 제자란 "배우는 자, 학생, 도제, 따르는 자"라는 뜻이다. 내 제안대로 우리가 한 해 동안 "그리스도인"이란 용어 사용을 중지했다고 하자. 그리스도인의 충정을 표현하고 싶은 우리들이 "당신은 누구입니까?"라는 질문에 단순히 "나는 예수를 따르는 자입니다"라고 답한다면 어떻게 될까? "그리스도인"이라는 말이 신약에 세 번밖에 나오지 않는 반면 "제자"는 269번이나 사용되고 있다는 사실만으로도 제자도라는 주제를 논할 이유는 충분하다. 하지만 그보다 더 나은 이유가 있다.

기독교 도의 핵심은 평범한 사람들과 살아 계신 그리스도와의 관계, 포괄적이고 생명을 주는 관계다. 죽으시고 부활하신 그리스도는 먼 옛날 문둥병자들을 만져 주실 때 못지않게 오늘도 살아 계시다. 예수는 우리와 동시대인이다. 그러므로 제자가 된다는 것은 교회에 다니는 것, 바른 신념을 갖는 것, 기독교 전례를 지키는 것보다 훨씬 의미가 깊다. 그리스도인이 된다는 것은 한때 살다가 지금은 무덤에 묻힌 스승의 가르침을 따른다거나 기독교 원리대로 산다는 것 이상이다. 본질상 제자도란 변화를 낳는 그분과의 관계다. 그분은 초대 기독교 제자들이 세상을 뒤엎던 그때 못지않게—아니 그때보다 더—오늘도 영향력이 있으시다. 기독교는 그리스도다. 그리고 그리스도인이 된다는 것은 단순히 예수 그리스도의 제자가 되는 것이다. 제자도에는 성장, 양육, 교육, 깊어지는 친밀함, 공동의 목표와 인생 방향이 들어 있다. 모두 한 인격과의 관계에 담긴 여러 단면들이다.

하나님께 속함

안타깝게도 대다수 사람들은 예수를 따른다고 하면 교회에 속하는 것을 연상한다. 나중에 보겠지만, 교회에 소속하는 것은 우리가 예수께서 사랑하시는 사람들을 사랑하는 한 부분이지만 첫걸음은 사뭇 다르다. 본질적이고 일차적인 부름은 하나님께 속하는 것이다. 우리는 예수께 붙어 있음으로 하나님께 속한다. 예수는 아버지와 자신의 관계 속에 우리를 넣어 주신다. 이는 교회에 속하는 것 훨씬 이상이다. 사실 우리가 사람들에게 하나님께 속하기 전에 먼저 교회에 속하도록 권한다면 그것은 잘못이다. 예수의 추종자가 되지 않은 상태에서 교회의 추종자가 되면, 십중팔구 예수 자신을 따르는 것이 아니라 예수의 추종자들을 따르게 된다.

추종자들을 따르는 것은 거의 언제나 실망스런 경험이다. "모델" 추종자들도 결국 약점이 있게 마련이어서, 고백과 삶이 일치되지 않거나 기독교 지도자의 3대 재앙인 돈이나 섹스나 권력에 빠질 때가 있다. "모델" 추종자가 실족하면 그 추종자를 따르는 자들도 우상과 함께 실족한다. 이 환멸은 가히 견딜 수 없는 고통이며, 영영 회복되지 못하는 사람들도 있다. 그보다는 예수 자신께 속하여 그분이 사랑하시는 사람들을 품는 것이, 그들이 아무리 잘 따르고 있든 형편없이 따르고 있든, 단순히 예수께서 우리 같은 사람들과 교제하기로 뜻하셨기에 얼마나 더 건강한가.

그러므로 예수와의 관계는 우리 영성의 목표를 위한 수단이 아니다. 예수와의 관계가 곧 기독교 영성이다. 예수께 붙어 있음으로 우리는 예수께서 성령으로 말미암아 아버지와 함께 누리시는 그 삶 속으로 들어간다. 예수의 야망은 아버지를 계시하고 아버지 뜻을 행하는 것이었기에, 예수께 배우고 붙어 있고 교육받는 사람도 노숙자 에디처럼 세상에서 가장 위대한 고백을 하게 된다. 자기가 아바 아버지와 서로 아는 사이가 되었고 하나님 자신의 가정에 영원히 속하게 되었다는 고백이다. 이것이야말로 자기를 따르라는 예수의 초청의 구심점이다. 그러나 그분의 초청은 알고 보면 항거할 수 없는 부르심이다.

제자도로 부르심

복음서에는 이 가장 놀라운 인물을 중심으로 한 동심원들이 나오는데, 각 동심원은 그분의 부르심에 대한 점차적으로 더 깊은 반응을 나타낸다. 가장 큰 원은 그분의 가르침을 즐겨 듣고 그분의 이적과 기사를 지켜본 무리들에 해당된다. 그중 다수는 나중에 변화가 거의 혹은 전혀 없는 삶을 살았다. 그 다음 안쪽의 원은 그분을 대신하여 단기간 사명을 수행했던 70문도였다. 그 다음은 열두 제자였다. 이들에 대해 마가는 이렇게 기록했다.

> 또 산에 오르사 자기의 원하는 자들을 부르시니 나아온지라. 이에 열둘을 세우셨으니 이는 자기와 함께 있게 하시고 또 보내사 전도도 하게 하며 귀신을 내어쫓는 권세도 있게 하려 하심이러라(3:13-15).

이 열둘 안에 특별한 "측근들"인 즉 베드로, 야고보, 요한이 있었다. 이들은 야이로의 딸을 살리실 때, 변화산에서, 겟세마네 동산에서 예수와 함께 있었다. 이 동심원들로 미루어보건대, 사람은 자기가 원하는 만큼 예수와 가까워질 수 있다. 그러나 제자도에는 인간 역사의 무대를 지나가신 가장 중요한 인물과 자원하여 가까워지려는 마음 이상의 것이 있다.

마가의 명쾌한 요약이 도움이 된다. 제자들은 자기가 부름받은 것을 아는 자들이다. 그들은 예수와 "함께 있도록" 그리고 **예수의 보냄을** 받아 사람들을 해방시키고 힘을 주시는 그분의 지속적 사역에 동참하도록 부름받았다. 우정으로 그리고 사명으로 예수와 함께 있는 것이야말로 기독교 제자도의 본질이다. 하나는 내면의 묵상과 관계적 쉼이고 하나는 외면의 행동이다. 둘 다 예수를 따르는 제자도의 다른 차원이다. 그러나 두 차원—그분과 함께 있는 것과 보냄 받는 것—모두 예수의 주도권에 달려 있다.

제자들은 하나님 아들과의 친밀함을 자원하는 자들도 아니고 흥미진진하고 위험한 모험을 자원하는 자들도 아니다. 1세기에 예수는 멋모르고 자원하여 들어오려는 어떤 이들을 물리치셨다. 그들의 유익을 위해 하신 일이다! 제자도가 시작되고 지속되는 것은 제자의 선한 의도가 아니라 예수의 부르심에 달려 있다. 그래서 복음서에서 열두 제자를 부르심은 모든 시대의 제자들에게 모델이 된다.

모두가 부름받았다

열아홉 세기 동안의 성직주의 탓에 우리는 모든 사람이 부름받았다는 것을 이해하기 어렵게 되었다. 그동안 우리는 교회 내의 성직자/평신도의 이분법 문화에 젖어 왔기 때문이다. 통상적 주장은 이런 식이다. 마가복음 3:13-15에 증거된 바와 같이, 열두 제자를 부르심은 1세기의 특별한 12인과 각 세대의 소수에게만 주어진, 대표격의 특별한 부르심이다. 1세기의 대다수 사람들은 직업과 가정을 버리고 예수를 따른 것이 아니라 이 뛰어난 랍비의 영향력에 감사하며 계속 평소대로 살았다. 마찬가지로, 이런 주장에 따르면, 오늘날의 대다수 사람들도 첫 제자들과 같은 정도의 헌신으로 부름받은 것이 아니라, 평소 경험하는 가정과 사업 생활의 현장에서 힘닿는 대로 예수의 가르침을 지키도록 부름받았을 뿐이다. 반면에 열두 제자처럼 정말 부름받은 사람들은, 사역의 길에 들어서 수사나 수녀가 되거나 선교지의 희생적 봉사를 자원해야 한다.

애석하게도 위대한 개혁가 장 칼뱅은 "은밀한" 소명이란 개념을 퍼뜨렸다. 이는 일부 특별한 그리스도인들이 받는 것으로, "유일한" 사역에 들어서는 선결 조건이다. 대다수 교단들은 지금도 안수 전에 그런 소명의 증거를 요구한다. "이 존귀는 아무나 스스로 취하지 못하고 오직 하나님의 부르심을 입은 자라야 할 것이니라"(히 5:4)고 말씀한 구약 제사장직의 모델을 근거로, 칼뱅은 "모든 사역자가 하나님 앞에서 의식하되 교회를 증인으로 삼지 않는 그 은밀한 소명"을 내세웠다.[2] 이 특별한 소명 없이는 우리 사역이 하나님께 인정받을 수 없다고 칼뱅은 주장했다. 모든 신자의 만인 제자상직을 주창한 급진적 종교개혁 지도자들까지도 본의 아니게 두 차원의 기독교를 부추긴 것이다. 차원 1은 평범한 방식으로 그리스도를 따르기로 한 평범한 사람들의 몫이다. 차원 2는 교회나 선교지의 사역으로 부름받은 우월한 그리스도인들의 몫이다. 바울 서신에서 "부르심"이란 언어는, 살아 계신 하나님이 모든 사람을 불러 삶 전체에서 하나님의 영광을 높이며 살라는 의미로 시종일관 사용되고 있다. 모든 사람이 부름받았고, 모든 사람이 자기가 받은 부름에 합당하게 행해야 한다(엡 4:1). 문제는 그들이 부름받았는지 여부가 아니라 들을 귀가 있는지 여부다!

    이 일반적이고 보편적인 제자도의 부르심 안에서, 예수는 각 사람을 인도하여 자기 은사에 맞는 특별한 방식으로 하나님을 섬기게 하신다. 그러므로 목회 사역으로 부름받았다는 말은 맞다. 그러나 가사(家事)로 부름받았다는 말도 똑같이 맞다. 마르틴 루터(Martin Luther)는 이 문제를 예리하고 명확하게 이해했다. 그의 가르침에 비록 중세 수도원 제도에 대한 과잉반응이 종종 보이기는 하지만, 루터는 신약성경에 두 차원의 소명 시스템이란 없음을 파악했다. 그의 말을 들어보자.

> 수도생활을 다짐하는 서원은 특별한 부르심과 소명이 존재한다는 잘못된 전제에 기초한다. 즉 우월한 그리스도인들은 완덕(完德)의 권고를 지키도록 부름받는 반면, 평범한 그리스도인들은 지시에만 따르면 된다는 전제다. 그러나 특별한 종교적 소명이란 애초에 없다. 하나님의 부르심은 일상사에 임하는 모든 사람에게 주어진다.[3]

이후 세대들은 칼뱅을 따르기로 했다. 칼뱅은 직접적인 특별한 소명의 교리를 정립했고 복음서의 열두 제자의 부르심을 그 확실한 선례로 믿었다. 열두 제자의 소명에 대해 칼뱅은 이렇게 말했다. "말씀 사역자들은, 특정 방식으로, 이 선례를 지침 삼아 다른 모든 직업을 버리고 자신이 세움받은 직분과 교회에 자신을 전적으로 바쳐야 한다."[4] 안타깝게도 칼뱅과 그의 추종자들은 열두 제자의 부르심이 기록된 본래의 **취지**를 오해했다.

    복음서에 첫 열두 제자의 부르심이 기록된 이유는 교회 지도자와 수사들의 특별한 부르심을 적법화하기 위해서가 아니라, 그때나 오늘이나 모든 제자들에게 있어 예수를 따르는 것의 의미가 무엇인지 상세히 보여주기 위해서다. 그때나 오늘이나 제자들이 깨닫는 것은, 예수를 따르려면 우리를 붙잡는 모든 것들을 예수의 주도권 아래 완전히 버려야 한다는 것이다. 간단히 말해, 구원받는 것에 제자가 되는 것도 포함된다. 첫 열두 제자의 경험은 보통 그리스도인의 경험이다. 디트리히 본회퍼(Dietrich Bonhoeffer)는 예수의 엄한 말씀을 특별한 부류의 제자들에게 해당되는 것으로 해석하기를 거부한 몇 안되는 현대 저자들 중 하나다.

> 그리스도는 사람을 부르실 때 와서 죽으라고 부르신다. 집과 일을 버리고 그분을 따라야 했던 첫 제자들과 같은 죽음일 수도 있고, 수도원을 떠나 세상으로 들어가야 했던 루터와 같은 죽음일 수도 있다. 그러나 매번 같은 죽음이다. 예수 그리스도 안의 죽음, 그분의 부르심에 따른 옛 사람의 죽음이다.……하지만 우리는 죽기를 바라지 않는다. 그래서 예수 그리스도와 그분의 부르심은 반드시 우리의 삶뿐 아니라 또한 우리의 죽음에 대한 부르심이다.[5]

사도 바울도 예수를 따르라는 만인 보편의 부르심을 똑같이 기술한다. 그는 친구들에게 "너희도 그들 중에 있어 예수 그리스도의 것으로 부르심을 입은 자니라"(롬 1:6)고 했다. 바울 서신의 이곳과 다른 곳에서 부르심이란 구원과 동등하다. 로마서 1:1-7에서와 같이 이방인의 사도가 되라는 자신의 독특한 부르심을 기술할 때면, 바울은 자신을 예수 그리스도의 종이 되게 한 부르심(모든 참 제자들의 통상적 경험)과 바울 자신에게 위임된 독특한 단번의 사도직의 부르심을 애써 구분한다. 바울이 자신의 사도직의 부르심을 한번도 교회 지도자들의 은밀하고 직접적이고 특별한 소명의 모델로 삼은 적이 없다는 사실은 대단히 중요하다.

직업 중의 직업

간단히 말해, 이는 이류 제자란 없다는 뜻이다. 우리 앞에 풀타임(사역으로 부름받은 성직자들)과 파트타임("부름받은" 사람들의 사역을 받은 평신도들)이란 두 길이 놓인 것이 아니다. 모두 예수와 함께 있고 그분과 함께 보냄 받도록 부름받았다. 나사렛 예수의 가청권 안에 있는 모든 사람은, 예수의 주도권 아래 철저한 포기와 풍성하고 충만한 삶으로 부름받는다. 영어단어 '직업'(vocation)이 라틴어의 '소명'(call)에 해당되는 단어에서 왔으므로 제자도야말로 직업 중의 직업이라는 말은 전적으로 옳다.

브리티시 컬럼비아 대학교에서 박사과정을 밟고 있는 한 젊은 학생이 자기 침대 맡에 무릎 꿇고 앉아 그리스도께 인생을 드렸다. 그는 똑똑하고 인도에서 유망한 장래가 보장된 학생이었다. 기도를 마친 그에게 내가 해준 말은 미리 준비된 것이 아니었다. "자네는 이제 인도의 수상이 되는 것보다 더 큰 직업이 생겼네."

"어떻게 아셨습니까?" 그가 물었다.

"뭘 말인가?"

"제 인생의 꿈이 인도 수상이 되는 것이라는 걸 말입니다."

"꿈대로 되든 그렇지 않든, 이제 자네한테는 정치로부터 가정생활까지 모든 것을 아우르는 더 큰 직업이 생겼네. 자네는 예수의 제자로 부름받은 걸세." 나는 말했다.

그 의미를 풀어내느라 몇 주간 만나 함께 성경을 펼쳐야 했다. 이 문제의 정리는 매우 중요하다. 누가 부름받았느냐는 문제뿐 아니라 부름받은 자로서 안쪽에서 살아간다는 의미에 대해서도 오해가 있기 때문이다.

안에서 본 제자도

예수의 제자로 산다는 것은 무엇인가? 언젠가 한 학생이 "안쪽에 있는 것이 무엇인지 알고자" 며칠간 나를 따라다니게 해달라고 부탁한 적이 있다. 그러나 이 질문은 가장 흔히 나오는 "우리는 어떻게 예수의 제자가 되는가?"라는 질문과 관계된다. 많은 대답들이 있지만, 그중에는 매력은 있으나 위험한 우회도 있다.

예수를 본받음
그중 한 대답은 예수를 닮음으로 예수의 제자가 된다는 개념이다. 토마스 아 켐피스(Thomas à Kempis)의 고전 「그리스도를 본받아」가 이 길을 권하는 것 같다. 켐피스는 말한다. "그러므로 우리는 예수 그리스도의 삶을 최고의 공부로 삼아야 한다.……그리스도의 말씀을 밝히 깨닫고 음미하려는 자라면 누구나 자기 삶 전체를 그분의 삶처럼 만들려고 애써야 한다."[6] 모든 상황에서 우리에게 "예수라면 지금 어떻게 할 것인가?"를 묻도록 권하는 어느 인기 서적도 있다. 좋은 질문이다. 그러나 힘 빠지는 질문이기도 하다.

한편으로 제자도에는 본받는다는 개념이 암시되어 있다. 누구나 자신이 따르는 대상처럼 된다는 것은 말 그대로 사실이다. 예수께서 그렇게 말씀하셨다. "제자가 그 선생보다 높지 못하나 무릇 온전케 된 자는 그 선생과 같으리라"(눅 6:40). 자녀는 필시 부모를 닮게 되어 있어 부모 자신에게는 그것이 부끄러운 거울이 된다. 제자 양육처럼 자녀 양육도 말 그대로 모방의 과정이다. 대체로 학생은 스승이 아는 것을 알게 되는 것이 아니다. 그보다 중요하게, 학생은 스승**처럼** 된다. 우리는 자신이 어울리는 사람처럼 된다. 그러나 인간 역사를 장식한 유일하게 무흠한 인물을 본받는다는 것은 불가능한 이상이다. 제자들을 부르신 예수 특유의 부르심은 "나를 본받으라"가 아니라 "나를 따르라"였다.

예수는 그분 삶의 허점을 노리는 자들을 향하여 "누가 나를 죄로 책잡겠느냐?"고 되물으셨지만 우리는 어느 한 시점에라도 그럴 수 없다. 예수의 완전한 삶을 본받으려는 수고는 일종의 "행위"나 의(義)의 성취마저 될 수 있다. 우리는 극도로 감당 못할 짐이 되어 버린 불가능한 이상을 향하여 애쓰는 것이다. 예수가 우리에게 최고의 해방자 아니면 최고의 짐이라고 한 신학자 포사이스(P. T. Forsyth)의 말은 옳았다. 만일 그분이 우리에게 자기를 본받으라고 요구하신다면 그분은 우리의 모범이자 최고의 짐이다. 그때에는 그분이 선뜻 우리를 통하여 자신의 삶을 살아 주신다는 가망성만이 우리의 유일한 희망이 될 것이다. 그것을 더 깊이 살펴보기 전에 우리가 짚고 넘어가야 할 오해가 하나 더 있다.

예수께 순종함

제자란 스승을 닮는 자가 아니라 스승의 명대로 행하는 자라고 생각하는 사람들이 있다. 여기에는 심오한 진리가 있다. 예수를 따른다는 것은 체험인 **동시에** 윤리다. 그러나 우리는 이것을 제자도의 본질로 주창하는 사람들이 복음서를 제대로 이해했나 하는 의문이 든다. 산상수훈(마 5-7장)은 제자들을 1)비범한 의(서기관들과 바리새인들의 의보다 나은 5:20),

2)비범한 인간 존중(미움을 버리는 5:21-26), 3)비범한 성적 정절(마음에 정욕을 허용하지 않는 5:27-30), 4)비범한 언약 엄수(이혼이 없는 5:31-32), 5)비범한 정직(맹세가 필요 없을 만큼 말 자체로 철저히 확실한 5:33-37), 6)비범한 관용(의무 이상을 행하며 일체 복수가 없는 5:38-42), 7)비범한 대접(원수와 박해자를 반기고 사랑하는 5:43-48), 8)비범한 베풂(은밀히 후히 베푸는 6:1-4)의 삶으로 부른다. 이것을 읽은 후 그리스도인이 아닌 어느 사람은 이런 결론을 내렸다. "지금처럼 돌아가는 사회에서 예수의 명령에 문자적으로 순종하다가는 당장 죽는다. 온유한 자는 땅을 받지 못한다. 적어도 우리가 말하는 땅은 아니다." 물론 과장된 표현이지만, "산상수훈대로만 살면" 된다는 짐짓 경건한 말보다는 진리에 가깝다.

예수의 가르침이 미래의 이상적인 하나님 나라 시대를 위한 것이라는 입장을 피난처 삼아 예수의 급진적 윤리를 피할 수 있는 길은 없다. 예수는 산상수훈을 이러한 준엄함 말로 마무리하신다. "나의 이 말을 듣고 행치 아니하는 자는 그 집을 모래 위에 지은 어리석은 사람 같으리니 비가 내리고 창수가 나고 바람이 불어 그 집에 부딪히매 무너져 그 무너짐이 심하니라"(마7:26-27). 예수의 윤리는 온전한 변화를 요구한다. 이 생에서는 결코 완전함에 도달할 수 없으나 그래도 우리는 하나님의 자녀이기에 최소한 완전해지기 시작이라도 해야 한다(5:48). 사실, 변화를 낳는 예수와의 관계에 들어감으로 하나님의 자녀가 되지 않는 한 우리는 시작조차 할 수 없다. 그러나 요지는 이렇다. 예수와의 관계가 없이는 예수의 명령은 불가능한 짐일 뿐이다.

제자가 되지 않고도 우리는 예수를 열심히 닮으며 그분 명령에 순종하려 애쓸 수 있다. 두 탕자의 비유에 나오는 형처럼 우리는 자기 의에 젖어 아버지께 "내가 여러 해 아버지를 섬겨 명을 어김이 없거늘"(눅

15:29)이라고 말할 수 있다. 이 "착한" 사람의 일대 비극은 그가 열심히 일했고 아버지의 명대로 살았으나 **아버지를 몰랐다**는 것이다. 제자도란 닮음과 순종 이상임을, "거의 그리스도인 같지만 아닌 사람"의 본보기인 이 형이 보여주고 있다. 서로에게 속한 관계에는 서로를 아는 것이 빠질 수 없다. 인생 끝에 이르러 우주의 하나님의 이런 참담한 말씀에 부딪치는 것보다 더 큰 비극을 나는 생각할 수 없다. "내가 너를 도무지 알지 못하노라"(마 7:23).

예수를 경험하는 삶

제자도는 예수와의 관계이며, 그 안에서 우리는 그분의 경험 일부를 맛보고 우리의 경험을 그분께 나눈다. 그분의 삶이 우리의 삶을 빚는다. 그분이 우리 안에 사시기에 우리도 산다. 제자에게 이것은 성육신, 변화산의 변화, 십자가 죽음, 부활을 맛보는 것으로 이루어진다.

성육신으로 하나님은 인간이 되셨다. 말씀이 육신이 되어 우리 가운데 거하셨다. 예수 안의 하나님은 잉태부터 부활까지 인간의 경험을 총체적으로 겪으셨다. 그래서 예수는 우리의 육체적 삶, 일, 여가, 가정, 심지어 잠의 현실 속에서 우리를 만나 주신다. 기독교 영성은 세상의 투명성을 분간하며, 성(聖)과 속(俗)으로 단절된 삶을 거부한다. 우리 삶의 종교적 주변부가 아닌 한가운데에서, 우리는 예수를 위해 살고 예수는 우리 안에 사신다. 예수는 돌이킬 수 없이 자신을 우리의 임의 처분에 맡기셨다. 오죽하면 우리가 가난한 자, 나그네, 옥에 갇힌 자에게 마음을 열 때 사실상 **그분을** 섬기는 것이라고 말씀하셨겠는가(마 25:31-46).

"아버지께서 나를 보내신 것 같이 나도 너희를 보내노라"(요 20:21). 이는 제자도의 외향적 차원의 내면적 영성이다. 제자들이 부름받음은 "그분과 함께 있고" 또 "보냄을 받기" 위해서다. 그러나 보냄을 빚어내는 것은 성육신이다. 예수께서 삼위일체의 모든 자원을 가지고 나가 살을 입고 몸이 되어 이 땅에 사신 것처럼 그분은 자기와 함께 우리를 보내시어 우리 삶 전체를 영적 산제사로 드리게 하신다(롬 12:1-2). 예수께서 권세와 특권을 버리고 자기를 비워 지극히 작은 자, 나중 된 자, 잃어버린 자와 동화하신 것처럼, 그리스도인 제자들도 그리스도 안에 살면서 자기를 비우는 것을 경험한다(빌 2:1-11). 그러나 몇 가지 중요한 차이가 있다.

예수는 우리와 동화하실 때, 내려오셨다. 죄 없는 신이신 그분이 인류와, 곧 죄인들과 동화하셨다. 그러나 우리가 다른 사람들과 동화하고자 할 때는 더 내려갈 곳이 없다. 우리는 이미 인간이며 죄인이다. 몬트리올 도심에서 나와 함께 일한 한 친구가—우리는 거기서 가난한 자들과 "동화하려" 했다—이 차이를 감동적으로 표현했다.

> 우리에게 동화란 다른 사람의 차원으로 올라가거나 내려가는 것이라기보다는 그리스도의 마음에 합하는 것이다. 우리는 사람들과의 동화가 아니라 그리스도와의 동화를 구해야 한다.······그리스도인은 그분의 얼굴을 들여다보며 그분처럼 변화된다(고후 3:18).······인간 계층과의 동화를 말하는 한 우리는 그리스도의 멍에를 회피하는 것이다. 인간과의 동화는 동화라기보다 생색과 자화자찬에 가깝다. 그렇다면 문제는 동화가 아니라 겸손이다.······ 우리 안에서 우리를 통해 일하시는 그리스도의 사랑의 권능으로 우리의 교만은 그분의 겸손으로 변화될 수 있다.[7]

성육신은 제자도의 첫 틀이다. 둘째는 변화다. 변화산에서(눅 9:28-36) 예수는 그 존재 자체가 찬란한 빛을 발할 정도로 아버지와 친밀하게 말씀을 나누셨다. 이 역시 우리와 예수의 조화로운 관계를 위한 틀이다. 예수를 따르면서 우리는 안에서부터 밖으로 우리 인격의 변화를 경험한다(롬 12:1-2; 고후 3:18). 우리는 그런 일이 벌어지고 있는지조차 모를 때가 많다. 이는 우리가 그분의 영광을 볼 때 이루어지며, 다른 사람들은 우리를 **통하여** 그분의 영광을 본다. 빛이 투명지로 투과하는 것과 같다. 사람들이 우리를 본다면, 컬러 투명지를 볼 때 볼 수 있는 것 이상은 보이지 않을지 모른다. 그러나 우리가 가면이나 가식 없이 살고 그리스도의 빛을 받으면, 사람들은 우리를 **통하여** 조금이나마 그리스도의 형상을 볼 수 있다. 바울은 고린도후서 3:18에서 그것을 이렇게 말했다. "우리가 다 수건을 벗은 얼굴로 거울을 보는 것 같이 주의 영광을 보매 저와 같은 형상으로 화하여 영광으로 영광에 이르니 곧 주의 영으로 말미암음이니라." 예수의 제자는 잠깐 하나님의 임재로 얼굴이 빛났던 시내 산의 모세 같기보다는(출 34:29-35) 오히려 변화산의 예수 같다. 정교회 전통에서는 변화산의 성상들이 신앙생활의 모델을 이루며 가장 귀하게 여겨진다.

십자가 죽음으로 예수는 우리 모두의 죄를 직접 대신 지시고 다른 사람들을 위해 목숨을 버리셨다. 예수를 따를 때 우리는 "그리스도의 남은 고난을 채우며"(골 1:24) 그분의 몸을 대신하여 그분의 고난에 동화된다. 십자가를 진다는 것은(마 16:24) 그리스도인이 죽음을 통해 삶을 경험하는 것이다. 물론 이 죽음은 순교도 아니고 자살도 아니다. 오히려 그것은 예수와 그분의 관심사에 동화함으로 약함 중에 하나님의 힘의 실체를 발견하는 것이다. "그리스도께서 약하심으로 십자가에 못 박히셨으나 오직 하나님의 능력으로 살으셨으니 우리도 저의 안에서 약하나 너희를 향하여 하나님의 능력으로 저와 함께 살리라"(고후 13:4, 12:9-10). 제자들은 "자기 십자가를 지는 삶으로" 세상의 성공 기준을 뒤집는다(빌 3:10; 골 1:24).

토마스 아 켐피스는 제자의 삶에 있어 십자가의 자리에 대해 깊이 묵상한다.

> 예수께는 하늘나라를 사랑하는 자는 많았으나 십자가를 지는 자는 적었다. 위안을 바라는 자는 많았으나 환난을 바라는 자는 적었다. 식탁의 동지는 많았으나 금욕의 동지는 적었다.
> 모두가 그분 안에서 기뻐하기 원할 뿐 그분을 위해 조금이라도 고통을 당하려는 자는 적다.
> 떡을 뗴는 자리까지는 예수를 따르는 자가 많아도 그분의 수난의 잔을 마시는 자리까지 따르는 자는 적다.
> 그분의 기적을 숭배하는 자는 많으나 십자가의 견책을 따르는 자는 적다.[8]

십자가의 죽음은 부활, 승천, 보좌의 좌정으로 이어진다. 예수를 따를 때 우리는 그분의 주권을 경험하며, 그분의 능력이 우리를 통해 역사하도록 자신을 내드린다(엡 1:19-21). 이렇게 우리는 새 시대가 이미 시작되었음을 표출하고, 우리 자신의 부활과 오는 세대에 예수 안에서 만물이 새롭게 될 것을 기대한다. 부활하신 예수의 몸의 영광스런 상처는, 그리스도께서 만물을 새롭게 하실 때 그 부활의 권능으로 우리 자신의 인격적·정서적 상처에 해주실 일에 대한 강력한 상징이다. 높임 받으신 그리스도에 대한 이 비전이야말로(세상의 필요 자체가 아니라) 그리스도인의 사역과 사명의 주된 근원이다(사 6장; 행 26:19, 7:56).

제자가 품도록 부름받은 삶은 얼마나 혁명적인 삶인가! 호킹(Stephen Hocking) 박사는 한때 하버드 대학교 철학 교수였다. 그의 술회에 따르면, 그가 야심만만하게 윤리학을 가르칠 때 한 학생이 그를 이렇게 일깨웠다. "교수님은 인간이 이웃을 사랑해야 한다는 것을 입증할 수 없습니다. 설령 입증할 수 있다 해도 그것은 인간의 이웃 사랑에 조금도 도움이 못됩니다." 이어진 문제 제기는 훨씬 더 예리한 일침이었다고 호킹 박사는 시인한다. 학생은 계속해서 이렇게 말했다. "예수가 또는 니체 같은 사람이 어떻게 세상을 뒤집을 수 있는지는 이해가 됩니다. 하지만 일개 대학 교수가 어떻게 세상을 뒤집을 수 있는지는 이해가 안 갑니다." 호킹 박사는 그 학생의 말이 절대 맞다고 인정했다. 동기에 대한 혁명적 요구로 세상을 뒤집는 것이 곧 기독교의 사명이다.[9] 이번 장에서 우리가 배운 것은, 이 혁명적 요구가 규범이나 모본이나 명령으로 되지 않고 새로운 애정의 폭발력으로, 즉 우리의 평범한 실존이 살아 계신 예수의 임재 속에 침잠함으로 된다는 사실이다. 내가 추종자를 따르는 자나 기독교 원리의 지지자가 아니라 예수의 제자임을 확신할 때에만, 나는 예수를 본받으라는 토마스 아 켐피스의 도전의 말을 들어도 안전하다.

놀라울 정도로 예의를 갖춰 예수는 우리 삶의 마지막 성소인 의지의 문 앞에 서 계신다. 그분은 우리에게 요구하지 않고 초청하신다. 일정한 한계 내에서 우리는 인생을 마음대로 살 수 있다. 다른 모든 직업에 뛰어나며 우리의 지·정·의에 혁명적 요구를 내놓는 직업에 몸담는 것도 우리 자유다. 문 앞에 계신 이 분을 무시하기로 결정할 수도 있다. 다만 예수는 우리에게 경고하시기를, 우주의 창조주와의 조화를 잃어버린 삶에는 십자가를 지고 따르라는 초청 못지않게, 실은 그보다 더 큰 대가가 따른다고 말씀하신다. 일찍이 키에르케고르(Søren Kierkegaard)는 "인간이 지옥에 가는 데에에도 천국에 가는 것 못지않거나 그보다 더 큰 대가가 따른다. 멸망으로 가는 길은 좁아도 너무 좁다!"고 말했다.

그러면 우리가 예수를 따름으로 얻는 것은 무엇인가? 제자의 최고 소득은 단순히 예수와 함께 있고 또 그분과 함께 보냄 받는 것이다! 낮은 삶 대신 높은 삶을 얻고(마 16:25), 하늘의 보화를 얻고(19:21), 예수의 리더십에 동참하고(19:27-30) 영생을 얻는다는(막 10:28-31) 모든 말씀은, 예수와 함께 있다는 유익의 다른 표현이다. 제자의 소원은 그리스도를 알고 그분을 알리는 것이다.

본회퍼는 이것을 값비싼 은혜라 부르며, 편의주의 기독교의 값싼 은혜와 대비시킨다.

> 값싼 은혜는 제자도 없는 은혜, 십자가 없는 은혜, 살아 계시고 성육신하신 예수 그리스도가 없는 은혜다.
>
> 값비싼 은혜는 밭에 숨겨진 보화다. 그것을 위해 사람은 즐거이 가서 자기의 모든 소유를 판다. 그것은 상인이 자기 재산을 다 팔아 사는 값진 진주다. 그것은 왕 되신 그리스도의 통치다. 그분을 위해 사람은 비록 넘어지게 되더라도 눈까지 뽑을 것이다. 그것은 예수 그리스도의 부르심이다. 그 부르심에 제자들은 그물을 버려두고 그분을 좇는다.
>
> 이런 은혜가 **값비싼** 까닭은 우리를 불러 따르게 함이요, 그것이 은혜인 까닭은 우리를 불러 **예수 그리스도**를 따르게 함이다. 그것이 값비싼 까닭은 인간의 생명을 대가로 요구함이요, 그것이 은혜인 까닭은 인간에게 유일한 참 생명을 줌이다.[10]

3

성령의 전들

때는 주후 49년일 것이다. 사도 바울은 아마도 신약의 첫 서신이었을 편지를 쓰고 있다. 그는 예수를 믿는 갈라디아 사람들, 유대인과 이방인이 섞여 있는 그들에게 극히 인상적인 질문을 던진다. "내가 너희에게 다만 이것을 알려 하노니 너희가 성령을 받았느냐"(갈 3:2)

바울은 그리스도인이 된다는 것의 본질을 분명하게 말하고 있다. 당신은 성령을 받았는가? 확신이 있는가? 많은 현대인들은 여기에 전혀 확신이 없을뿐더러 이 질문 자체를 부적절하게 여긴다. 갈라디아 사람들은 그들대로 미혹에 넘어갔다. 분명 그들은 뭔가를 **함으로써** 그리스도인의 삶을 살 수 있다고 생각했다. 바울은 그것을 "율법의 행위"라 부른다. 그들은 예배를 거르지 않았고 정통 신앙이 있었고 도덕적으로 행동했다. 정녕 그거면 되리라. 틀림없이 그것이 그들의 심정이었다. 현대에도 그런 교인들이 많다. 바울은 아니라고, 그것으로 안된다고 일갈한다.

어리석도다, 갈라디아 사람들아. 그리스도인이 된다는 것은 근본적으로 뭔가를 하는 것이 아니다. 그것은 누군가를 받는 것이다. 곧 생명을 주시는 하나님의 영을 받는 것이다. 성령은 아무도 일하여 얻어 낼 수 없으나 참된 그리스도인이라면 반드시 소유해야 하는 필요 불가결한 선물이다.

바울은 이 문제를 대충 넘어가지 않는다. 내주하시는 성령은 그리스도인 개인과 그리스도인의 모임 둘 다의 품질 보증서다. 고린도전서 6:19에서 그는, 과거가 매우 어두웠던 회심자들에게 그들의 몸이 곧 성령께서 거하시는 전이라고 말한다. 3:16에서는 교회가 성령의 내주하시는 처소라고 기술한다. 로마서 8:9에 따르면, 누구든지 하나님의 영이 없으면 그리스도인이 아니다. 이렇듯 개인은 성령께서 거하시는 처소다. 그러나 똑같이 "건물마다〔에베소 교회 전체〕……주 안에서 성전이 되어 가고 너희도 성령 안에서 하나님의 거하실 처소가 되기 위하여 예수 안에서 함께 지어져 〔간다〕"(엡 2:21-22). 성령의 내주는 그리스도인 개인에게나 교회에나 한가지 필요 불가결한 본질이다.

이는 헬라인에게나 히브리인에게도 몹시 난해한 주장이었다. 헬라인들은 하나님의 영의 의미를 가히 헤아리지 못했다. 유대인들에게도 그것은 가장 무모한 상상조차 초월했다. 그러나 그리스도인에게는 그것이 핵심이었다. 어떻게 그럴 수 있을까? 우선 처음부터 시작해 보자.

구약에서의 성령

성경에 사용된 "성령"에 해당되는 단어는 히브리어와 헬라어 모두 중요하다. '바람', '호흡', '성령'에 동일한 단어가 쓰였다. 성령은 생명을 주시는 하나님의 호흡이다. 그것이 없는 인간은 부동의 물체다. 성령은 하나님의 능하고 신비로운 바람이다. 당신과 나도 니고데모처럼 그것을 동력화하거나 체계화하기는 고사하고 이해할 수조차 없다. 그러나 그 영향력을 느끼고 인식할 수는 있다.

무엇이 성령이 아닌가를 보면, 구약에 나타난 성령의 그림이 보다 선명해진다.

성령은 인간의 영과 다르다. 인간의 영에 대해서는 히브리어에 꼭 맞는 단어가 있다. 살아 있는 사람과 시체를 구분해 주는 '네페쉬'(*nephesh*), 즉 "영"이라는 단어다. 그러나 '루아흐 아도나이'(*ruach Adonai*), 즉 "하나님의 영"은 그것과 전혀 다르다.

성령은 또한 다른 종교에는 없다. 있다는 가설이 많은 사람들에게 매력 있겠지만, 성경 어디에도 그런 가르침은 없다. 다른 종교에도 약간의 빛이 있음을 성경이 부인하지는 않지만 그 빛을 절대 "성령"이라고 부르지는 않는다.

아니, 성령은 살아 계신 하나님, 여호와 자신의 영에 다름 아니다. 창세기 1:2, 시편 104:30과 같이 성령이 창조 시의 여호와와 연결될 수 있는 곳들이 더러 있으나 모두 논란의 여지가 있다. 구약에서 성령에 대한 주요 강조점은 다음과 같다.

성령은 언제나 하나님의 선물이다. 성령은 절대 인간 자신의 고유한 특성이 아니다. 성령은 **바깥**에서, 외부에서 인간에게 온다.

따라서 성령은 **능력을 주시는** 분으로 나올 때가 많다. 기드온은 여호와의 신이 강림하기 전에는 지극히 평범한 사람이었다(삿 6:34). 삼손의 힘도 여호와의 신이 임하기 전에는 전혀 남다를 바 없었다(삿 14:6). 브살렐도 전혀 특기할 만한 것이 없었으나 하나님의 신이 임하자 굉장한

장인이 되었다(출 31:3).

그러나 성령의 역사는 능력으로만 아니라 계시로도 나타났다. 여호와의 말씀 '다바르'(*dabar*)와 여호와의 영(*ruach*)은 서로 협력한다. 하나님의 영은 의사소통을 원활하게 하신다. 그래서 "여호와의 신이 나를 빙자하여 말씀하심이여, 그 말씀이 내 혀에 있도다"(삼하 23:2). 예언자들이 하나님의 말씀을 전하면서 성령의 영감을 주장한 것도 바로 말씀과 여호와의 영 사이의 필연적 고리 때문이다(사 48:16; 미 3:8; 슥 7:12).

구약에서 성령의 활동에는 예수와 교회를 둘 다 내다본다는 점에서 특히 우리와 관계되는 세 가지 측면이 있다.

첫째는 **종됨**이다. 여호와의 영은 이사야서의 위대한 4편의 종의 노래에서 특히 여호와의 종에게 약속되었다. "내가 붙드는 나의 종, 내 마음에 기뻐하는 나의 택한 사람을 보라. 내가 나의 신을 그에게 주었은즉"(사 42:1). 종의 노래 이외의 유사한 본문에도 나온다. "주 여호와의 신이 내게 임하셨으니 이는 여호와께서 내게 기름을 부으사 가난한 자에게 아름다운 소식을 전하게 하려 하심이라"(사 61:1). 예수는 이 두 말씀 모두 자신의 사역으로 성취되었다고 주장하셨다. 여호와의 최고의 종이신 그분은 남다르게 하나님의 영으로 무장되었다.

둘째는 **왕됨**이다. 이스라엘의 왕은 하나님의 신을 받는 일이 가능했다(삼상 10:1, 6, 16:13). 비록 일부 왕들이 이 부분에서 현저히 부족했지만, 이스라엘의 소망은 장차 놀라우리만큼 하나님의 영으로 무장된 위대한 왕이 나온다는 것이었다. 이 소망은 그리스도가 오시기 1천 년 전부터 있었고(삼하 7:14-16은 애지중지된 본문이었다), 예언자들을 통해서만 아니라(사 11:1 참조) 신구약 중간기까지 지속되었다. 주전 1세기 「솔로몬의 시편」(*Psalms of Solomon*)은 "하나님이 메시아를 성령으로 능하게 하시리라"고 노래했다.¹ 이스라엘의 왕들은 종종 실망시켰으나 이 왕은 그렇지 않을 것이었다.

셋째는 *사람들*이다. 구약 시대에는 특별한 사람에게만 성령이 주어졌다. 제사장, 왕, 뛰어난 현자 정도였다. 보통 사람들은 성령을 받을 수 없었다. 그러나 하나님의 백성 모두에게 성령의 선물이 부어지기를 바라는 갈급함이 있었다. 많은 유대인들이 "여호와께서 그 신을 그 모든 백성에게 주사 다 선지자 되게 하시기를 원하노라"(민 11:29)고 말한 모세의 소망이 실현될 수 있다면 정말 좋겠다고 생각했음에 틀림없다. 그리고 정확히 그것이 일부 예언자들이 내다본 "말세"의 일면이었다. 그래서 성령의 선물이 만민에게 임한다는 요엘의 예언(2:28)은 오순절 날 그대로 성취되었고, 그 자리에 있던 사람들은 그것을 익히 알았다(행 2:17-18). 예레미야도 에스겔처럼 동일한 소망을 조심스럽게 품었다. 이스라엘을 향한 하나님의 언약은 이스라엘이 계속해서 어기는 바람에 수포가 되었다. 그러므로 예레미야와 에스겔은 하나님 쪽에서만 언약을 지키실 뿐 아니라 이스라엘 쪽에도 지킬 수 있는 능력을 주실 그 날을 사모했다. 그 날은 그들 모두가 하나님을 인격적으로 아는 날, 죄가 정말로 사해졌음을 깨닫는 날, 성령을 선물로 받아 성령께서 하나님의 법을 마음에 새겨 주심으로 하나님께 순종하는 것이 제2의 천성처럼 될 날이었다(렘 31:31 이하; 겔 36:25 이하). 그것이 꼭 필요한 새 언약이었다. 즉 우리 안에 성령을 새롭게 체험함으로 마음이 따뜻해져 하나님의 길로 가고 싶어지고 실제 그렇게 할 의지력이 생길 것이었다. 때가 차매 그 모두가 성취되었다.

그러나 그때까지 구약 사람들의 성령 체험에는 세 가지 커다란 불리한 점이 있었다.

첫째, 성령은 아직 완전히 인격적이지 않았다. 사막의 물줄기에 휘몰아치는 바람처럼 성령은 거칠고 길들여지지 않은 적나라한 힘이었다.

둘째, 성령은 영속적이지 않았다. 삼손과 사울이 경험한 것처럼 성령은 임하시기도 하고 떠나시기도 했다(삿 16:21; 삼상 15:26, 16:14).

셋째, 성령은 제한적이었다. 성령은 하나님의 백성 모두가 아닌 일부에게만 주어진 선물이었다. 하나님이 자기 백성을 돌아보실 큰 구원의 날에 만민에게 임하실 성령은 아직 소망이었다.

성령과 예수

예수는 성령에 대한 구약의 모든 기대와 갈망을 성취하셨다.

예수는 **남달리 성령의 사람**이었다. 성령은 예수의 세례 때 그분 위에 "머물러" 평생 그분과 함께하셨다(요 1:32 참조). 세례 받으실 때 예수는 하나님의 아들과 하나님의 종의 소명을 동시에 받았다. 그리고 이 이중 역할을 위해 그분은 비둘기처럼 자기 위에 임하시는 성령의 선물로 능하게 무장되셨다. 성령은 그분 위에 제한적으로 머무신 것이 아니다. 그분은 성령으로 충만하셨다(눅 4:1). 당연히 이는 전례가 없는 일이었다. 그분은 메시아 왕이었고, 고난받는 종이었고, 모세 같은 예언자였던 것이다. 구약 예언의 세 요소가 모두 그분 안에서 절정에 달했다. 예수의 인격 자체는 율법 시대에 주로 성령을 받았던 예언자, 제사장, 왕의 구현이었다.

예수는 또한 **남달리 성령을 주시는 분**이었다. 세례 요한은 이것을 보았다. 그는 예수께서 사람들에게 성령으로 세례를 주실 것을 알았다(막

1:8 및 병행 구절들). 요한복음 20:22에서 예수는 제자들에게 "성령을 받으라"고 하셨다. 그토록 눈에 띄게 예수 안에 충만했던 성령이 이제 그분의 제자들에게도 주어진다. 아버지께서 예수에게 위임하신 사명이 이제 그들의 사명이 되며, 그래서 그들에게도 성령이 필요하게 된다. 성령이 없이는 감히 나설 수 없는 일이다. 사명과 성령은 서로 속하기 때문이다. 방식만 전혀 다를 뿐 요한복음 20장과 사도행전 2장이 강조하는 바가 바로 그것이다. 성령이 우리 안에 없으면 우리는 전도할 수 없다. 성령이 있으면 우리는 전도하지 않을 수 없다.

성령과 교회

오순절 날 성령이 초대 교회에 임하시자, 옛 언약 아래의 제약과 불리한 점들이 폐기된 것이 분명해졌다.

구약 시대에 아직 완전히 인격적이지 않게 거의 적나라한 능력으로 나타났던 성령이 이제 나사렛 예수의 인격의 옷을 입은 모습이었다. 성령은 "예수의 영"이었다.

구약 시대에 특별한 사람들에게 국한되었던 성령이 이제 누구에게나 임할 수 있게 되었다. 오순절 날 현장에 있었던 세계 각처의 온갖 다양한 사람들은 그 사건의 주목할 만한 특징이다. 제약의 시대는 끝났다.

구약 시대는 받는 자의 영적 상태에 따라 오시기도 하고 가시기도 했던 성령이, 이제 그분께 마음을 여는 사람들의 삶 속에 영원한 거주자가 되셨다. 그분은 절대 떠나지 않으신다.

바로 이 성령—인격적이며 떠나지 않으며 누구에게나 임하실 수 있는 하나님—이 승천하신 예수의 이별의 선물이었다. 제자들에게 성령을 주심은 예수의 죽음과 부활과 승천의 열매였다. 그분이 육체로 계실 때는 "예수께서 아직 영광을 받지 못하신 고로 성령이 아직 저희〔신자들〕에게 계시지 아니"하셨다(요 7:39). 그러나 그분의 수난과 오순절 후에는 성령께서 먼 옛날 예레미야와 에스겔과 요엘이 예언한 대로, 모든 신자들의 마음과 삶 속에 선물로 오셔서 거하시게 되었다.

거기에 함축된 의미를 생각해 보자.

- **당신의 몸이 하나님이 거하시는 성소라는 뜻이다.** 둘째 성전에 부재했던 '쉐키나'(*shekinah*, 영광)은 예수 안에 놀랍게 존재했고(요 11:4), 당신과 내 안에서도 점진적으로 빛을 발한다(고후 3:18). 이는 예배하는 기독 교회가 성령께서 자신을 알리기 원하시는 장이라는 뜻이다(엡 2:22).
- **인간들을 향한 하나님의 새롭고 영원한 언약이 시행되어 옛 예언자들의 소망이 성취되었다는 뜻이다**(렘 31:31-34). 죄는 사해졌고 하나님은 인격적으로 알려졌고 그분의 토라(*torah*, 율법)는 내면화되었다. 우리의 스승께서 우리 안에 거하신다!
- **성령께서 예수를 우리와 동시대인이 되게 하신다는 뜻이다.** 그래서 예수는 첫 제자들 못지않게 우리에게도 실체가 되신다. 예수는 인간을 향한 하나님의 최후 말씀이다. 성육신을 통한 인격적 자기 계시에 하나님이 무엇을 더 더하실 수 있으랴. 성령의 기능은 새로운 독자적 계시를 주는 것이 아니라(자칭, 계시라고 말하는 것을 우리는 믿어서는 안된다) 예수를 증거하는 것, 예수를 우리에게 실체 되게 하는 것, 하나님의 최후 말씀인 예수의 함축 의미를 밝혀 주는 것이다. 그러

므로 성령은 제자들에게 예수께서 하신 모든 일을 행하신다. 성령은 그들과 함께 있어 그들을 지도하시고(요 14:16-18), 그들을 모든 진리 가운데로 인도하시며(요 14:6, 17), 계속 그들을 가르치신다(요 15:26, 16:13). 나아가 성령은 예수께서 그리하신 것처럼 제자들을 계속 위로하실 뿐 아니라 세상에 도전을 던지신다. 예수께서 예언하신 대로 성령은 인간들에게 그들의 잘못을 지적하신다. **죄**를 도덕주의로 생각하는 잘못을 지적하신다(죄란 하나님의 법을 어기는 것이라기보다 하나님의 아들을 거부하는 것이다). 의에 대한 그들의 잘못된 개념을 지적하신다. 예수는 부활하여 아버지 곁에 앉으심으로 비할 데 없는 의로 입증되셨다. 그리고 심판을 허구 내지는 전적인 미래의 일로 생각하는 잘못을 지적하신다. 오히려, 결정적 전투는 치러졌고 사탄은 패배한 적이다(요 16:7-11). 한마디로, 그때 예수의 존재와 행위가 곧 지금 성령의 존재와 행위인 것이다.

- **또한 우리가 첫 제자들보다 못한 것이 아니라 오히려 더 낫다는 뜻이다.** 예수는 제한된 시간 동안만 그들과 함께 계셨다. 그러나 성령은 항상 우리와 함께 계신다(요 14:17-18). 그만큼 우리는 예수와 동시대를 살지 못한 우리의 운명을 슬퍼할 필요가 없다. 성령께서 그분을 우리의 동시대인으로 만들어 주신다.

- **뿐만 아니라 우리가 천국을 미리 조금 맛보고 있다는 뜻이다.** 하나님의 미래 중 이미 현재가 된 바로 그 부분이 성령이다. 성령은 하나님이 우리를 위해 예비해 두신 모든 것의 일차 보증금이다(엡 1:13-14). 성령은 우리가 기업을 다 얻을 그날까지 우리 기업의 인(印)이요 보장이다. 그러므로 우리는 멍하니 재림만 고대하며 살 필요가 없다. 오히려 우리는 선물로 주신 성령 안에서 기뻐할 수 있다. 성령은 예

수의 초림으로 시작된 말세가 그분의 재림으로 완성된다는 보증수 표다.

성령의 사역

왜 하나님은 굳이 성령으로 제자들 안에 거하시기로 하셨을까? 이 질문에 최소한 일곱 가지 대답이 가능하다.

우리로 예수를 닮게 하신다
이것이 궁극적 목표다. 하나님은 우리가 철저히 변화되어 예수의 얼굴을 닮기 원하신다. 성령이신 주께서 우리를 성자 하나님을 닮은 자로, 곧 그분의 생명과 능력과 사랑과 기쁨이 충만한 모습으로 변화시키신다. 하지만 성령은 이 엄청난 일을 어디서부터 시작하실까?

세례로 우리를 그리스도 안에 들이신다
이는 고린도전서 12:13에 명시된 그분의 목적이다. 신약에서 세례는 언제나 입문 의식이다. 성령 세례, 즉 성령 "안에서" 또는 성령 "으로" 받는 세례는(헬라어로 같은 전치사에 두 가지 의미가 다 있다) 일부 사람들만 입문하는 고차원적인 영성이 아니라 모든 그리스도인들의 입문 경험이다. 신약에 "성령으로 세례 받는다"는 말이 일곱 번 나오는데, 모두 명백히 입문을 일컫는다. 마태복음 3:11, 마가복음 1:8, 누가복음 3:16, 요한복음 1:33은 모두 요한의 물세례를 예수의 임박한 성령 세례와 대비시키고 있다. 사도행전 1:5에는 신자들이 성령의 통치에 처음으로 흠뻑 젖어들게 될 오순절에 대한 암시가 물씬 풍긴다. 그리고 그것은 예수 위에 "임하셨던" 성령께서 며칠 후 그들 위에도 "임하심"으로 성취되었다. 이는 새 생명 곧 성령 안의 생명의 시작이었다. 여섯번째 언급된 사도행전 11:16도 동일하게 입문을 나타낸다. 즉 세례 요한의 예언이 그대로 성취되어 유대인 신자들이 받았던 동일한 선물을 이방인들도 받는다. 예수는 그들에게 성령으로 세례를 주신다. 고린도전서 12:13도 똑같다. 오직 성령만이 세례로 우리를 그리스도 안에 들이신다. 그래서 요한복음 3:3, 5에 거듭남을 "물과 성령으로" 난다고 표현한 것이다. 예수의 영이 하나님의 생명을 우리 영혼에 "입문"시키시는 것처럼, 세례는 그리스도인이 외적으로 몸에 받는 입문 행위다. 이렇듯 신약성경에서 성령 세례는 일부 그리스도인들에게만 해당되는 일종의 "다음 단계"의 입문으로 그려진 적이 한 번도 없다. 성령 세례는 그리스도인 자체가 되는 데 필요 불가결한 선결조건이다. 하나님은 죄인들을 취하여 성령의 강에 빠뜨려, 우리 삶의 쩍쩍 갈라진 땅에 그분의 생수를 대신다.

우리 안에 성품의 열매를 맺으신다

물론 이는 성령께서 맺으시는 열매의 질에 관한 유명한 본문인 갈라디아서 5:22-23의 요지다. 그것이 개별적 열매들이 아님에 주목하라. 그것은 하나의 "열매" 내지 "수확물"이다. 단수인 것이 중요하다. 우리가 성령께 허락하기만 하면 그리고 불순종이나 태만으로 성령을 소멸하지 않는다면, 성령께서는 언제나 우리 안에 그 하나의 수확물을 맺으신다. 네댓 가지 다른 품종의 사과가 열리는 사과나무를 본 적이 있는가? 줄기에 가지를 접붙였지만 그 모두를 결실케 하는 수액은 똑같다. 성령께서 그분의 수액으로 우리 안에 키우려 하시는 다양한 덕목의 수확물도 마찬가지다.

예배할 능력을 주신다

죄 많은 인간들에게 예배란 이질적인 것이다. 예배(worship)란 영원히 자기를 드리는 것이요 삼위일체 하나님의 핵심인 "가치"(worth)를 바로 돌리는 것이다. 그래서 성령의 기능의 일부는 우리에게 그 예배 속에 들어갈 능력을 주시는 것이다. 최고의 예배는 성령께서 감화하시는 예배다(요 4:24). 그럴 때 예배자들은 진정으로 "성령의 전, 하나님이 영으로 거하시는 곳"이 된다. 예배에 기도가 그토록 중요한 까닭이 거기 있다. 성령께서 자기 집에 드셔서 우리 예배를 인도하실 길이 기도로 열리기 때문이다. 변화를 향한 열린 마음이 그토록 중요한 까닭도 거기 있다. 성령께서 우리와 우리 예배를 빚으실 여지가 그 마음에서 생겨나기 때문이다. 그리고 예배에 나아올 때 기대감이 그토록 중요한 까닭도 거기 있다. 오셔서 우리를 살려 달라고 성령을 모시는 마음이 곧 기대감이기 때문이다. 그런데 기도도 별로 없고 유연한 마음도 별로 없고 기대감도 별로 없는 교회들이 얼마나 많은가. 결과는? 성령의 증거도 별로 나타나지 않는다.

사명을 불어넣어 주신다

사명과 성령은 불가분의 관계다. 다른 사람들에게 나아가는 것이 우리의 본성에 너무나 반하는 일임을 주님은 아시기에, 우리에게 자신의 사랑과 능력 곧 자신의 영을 주셔서 능히 그것을 감당케 하신다. 마가복음 13:9-13, 요한복음 15:26-27, 사도행전 1:8 같은 말씀에 그것이 아주 분명히 나타나 있다. 세상을 향한 그분의 사명을 위해 "하나님이 나사렛 예수에게 성령과 능력을 기름 붓듯 하셨다"고 한 사도행전 10:38도 마찬가지다. 이는 다시 우리를 예수께서 친히 성취하셨다고 선포하신 이사야 61:1로 데려간다. "복음을 전하게 하시려고 내게 기름을 부으시고"(눅 4:18). 구원의 날인 메시아 시대에 오시도록 된 성령은 예수 안에서, 예수를 통하여 오셔서 머무셨다. 그분은 예수께 그리하신 것처럼 제자들을 무장시켜 사명을 감당케 하신다.

우리가 사도행전에서 보듯이 매번 그리스도인들에게 사명을 주시는 분은 성령이다. 때로 회의(會議)를 통하여(15:28), 때로 예언자를 통하여(11:28), 때로 환상을 통하여(10:19), 때로 예배 중인 공동체를 통하여(13:2) 성령은 교회에 사명을 불어넣어 주신다. 처음부터 끝까지 중심은 그분이다. 그분만이 죄를 지적하신다. 그분만이 예수를 영화롭게 하신다(요 16:8, 14). 사람들로 예수를 주라 고백하게 하시는 분도 성령이다(고전 12:13). 성령은 세례로 사람들을 그리스도 안에 들이신다(고전 12:13). 성령은 사람을 거듭나게 하신다(요 3:8). 어린 그리스도인에게 그가 하나님 가족의 일원이라는 확신을 주시는 분도 성령이다(롬 8:15). 성령은 우리 연약함을 도우시고 우리 기도를 도우신다(롬 8:26-27). 처음부터 끝까지 모두가 성령의 사역이다.

모두 좋다. 그러나 성령과 사명(전도와 선교)의 그 끈끈한 고리에서 두 가지 괴로운 결과가 나온다. 현대 서구 교회는 성령께 꽉 막혀 있다 보니 전도를 거의 모른다. 거꾸로, 그들은 전도를 잘 모르다 보니 성령을 거의 모른다. 성령은 본래 그 목적을 위해 주어졌기 때문이다. 전도가 없는 곳에 성령도 없고, 성령이 없는 곳에 전도도 없다. 냉엄한 진실이다.

은사를 주신다

성령은 선물이시자 선물을 주시는 분이다. 예수를 따르는 모든 자들에게는 반드시 영적 전투가 뒤따르고 그 전투에 임하려면 장비가 필요하다. 우리에게 그 장비를 주시는 분이 성령이다. 신약성경에 은사의 예가 많이 나온다. 방언, 치유, 귀신 쫓음, 영분별, 행정, 리더십, 설교, 각종 실제적 선행 등 성경에 열거된 은사들이(고전 12:7-11, 28-30; 롬 12:4-13; 엡 4:10-12; 벧전 4:7-11) 사명에 임한 초대 그리스도인들을 통해 실제로 역사하는 것을 우리는 사도행전에서 볼 수 있다. 베드로가 "하나님의 각양 은혜" 곧 은사를 기뻐한 것도 당연하다(벧전 4:10).

성령의 은사라는 주제 전체는 지난 수십 년간 "카리스마"라는 단어의 사용으로 혼란에 빠졌다. 명쾌한 사고는 자리를 잃었다. 세 가지 분명히 짚어 둘 것이 있다.

첫째, "카리스마가 있는" 은사와 "카리스마가 없는" 은사의 구분은 신약성경 어디에도 없다. 그런 구분은 시기와 교만과 분열이라는 판도라의 상자를 여는 일이며, 은사를 주시는 분과 더 가까이 살려 하기보다는 특정한 은사들을 얻으려 애쓰는 것이다.

둘째, 그동안 우리가 충분히 주목하지 않은 사실이지만, 바울은 '카리스마'(*charisma*)라는 헬라어 단어를 결혼과 독신에도 사용한다(고전 7:7). 이 두 상태는 우리에게 주신 "하나님의 은사"로 표현되며, 우리들 대부분은 그 둘 중 하나에 해당된다. 그보다 더 인상적인 것은 로마서 6:23이다. 거기 보면 죄의 삯인 사망과 대비하여 하나님의 은사 곧 거저 주시는 선물인 카리스마는 영생이라고 되어 있는데, 이 생명은 그리스도인이라면 누구나 공유한 것이다. 그러므로 "카리스마"야말로 어떤 운동의 슬로건이 되지 말았어야 할 단어다!

그러므로 단어에 대한 논쟁은 그만두고 대신 성령이 임하셨을 때의 권능과 생명력에 집중하자. 사도행전 2장은 어느 곳 못지않게 살펴보기 좋은 본문이다.

- 성령이 임하시자 제자들은 새로운 능력을 받아 하나님을 찬양하고 그분께 담대히 기도했다(2:11, 42, 47).
- 성령이 임하시자 제자들은 새로운 능력을 얻어 이기심을 뛰어넘었다(2:44-45). 그것은 두 가지 확연한 형태로 나타났다. 그들은 각자 제멋대로 하지 않고 함께 뭉쳐 연합했다. 그리고 자기 소유를 움켜쥐지 않고 전대미문의 방식으로 서로 나누었다.
- 성령이 임하시자 제자들은 성경의 통일성과 시의성에 대해 새로운 통찰을 얻었다. 베드로의 설교에 온갖 다양한 구약의 말씀이 인용되는데, 핵심 요지는 성취다. "이는 곧 선지자로 말씀하신 것이니……"(2:16).
- 성령이 임하시자 방언의 은사가 주어졌다(2:4). 이 은사는 교회 안에 계속되었고 지금도 계속되고 있다.
- 성령이 임하시자 제자들은 치유의 능력을 얻었다. 적어도 수시로 그랬다(3:7). 바울이 비록 "육체의 가시"를 고침 받지 못했고 또 드로비모를 병든 채 밀레도에 두어야 했으나, 그래도 하나님의 치유의 능력이 초대 그리스도인들을 통해 흘러나간 예는 많다. 이 역시 지금도 계속되며 우리 시대에 놀랍도록 만개하고 있다.
- 성령이 임하시자 오래 전 예언자들에게 불어넣어 주신 예언의 은사를 새롭게 열어 주셨다. 이 은사는 사도행전에 증거가 많으나(예: 11:27 이하) 그 일반화가 가장 잘 나타난 곳은 2:17 이하다. 여기서

베드로는 요엘의 말을 인용하고 있으나 "저희가 예언할 것이요"라는 말은 구약 본문에는 없다. 그럼에도 베드로는 그것을 밝아온 새 시대의 본질적 일부로 보고 지극히 자연스럽게 그 말을 포함시킨다!

- 성령이 임하시자 예수의 제자 무리에 든다는 사실에 새로운 기쁨과 자부심이 생겼다. 이는 사도행전 2장에 구구절절이 빛나고 있다.
- 성령이 임하시자 평범한 어부들과 기타 비슷한 부류의 사람들이 용기를 얻어 길거리로 뛰쳐나가 담대히 확신에 차서 예수를 증거했다. 이는 대다수 교인들이 죽기보다 어렵게 생각하는 일이다. 첫 제자들은 맹렬한 박해를 기쁘게 당했다.

사도행전을 쭉 더 읽어 나가면 다른 은사들의 역사(役事)가 나온다. 사도들의 판결에 지혜의 은사가 아주 분명히 나타나는데, 그 기원이 특히 성령께 돌려진다(15:28). 16:18과 19:18 이후에는 귀신 쫓는 은사가 강력히 역사한다. 성령을 통한 영적 지도의 은사는 16:6-10에 아주 분명히 보인다. 10:1-23에 확연한 것처럼, 꿈이나 환상을 통한 지식의 은사도 때로 주어진다.

여기 성령의 능력 주심 가운데 오늘날 우리가 말하는 "카리스마가 있는" 것과 "카리스마가 없는" 것들이 한데 섞여 있다. 이 모두는 성령의 은사란 더도 덜도 아닌 아홉 가지가 있어 고린도전서 12장에 전부 명시되어 있다는 생각이 얼마나 어리석은지 보여준다! 그만큼 오순절의 본질은 곡해되었다. 그래서 기독교계 전체는 교회 안에 거하시는 성령의 절대적 임재와 날마다 성령 충만해야 할 우리의 필요성은 뒷전으로 한 채 온통 은사에 매달리게 되었다.

우리를 충만케 하신다

우리 몸이 성령의 전이라면 그분이 완전 소유를 원하심은 당연하다. 우리가 성령의 밭이라면 그분이 우리에게 물을 대 비옥하게 만들기 원하심은 당연하다. 우리가 2세기 일부 저자들의 표현처럼 "성령의 수금"이라면 그분은 우리를 가지고 갖가지 아름다운 곡조를 뜯기 원하신다. 우리는 마땅히 성령으로 충만해야 한다. 그 이하로는 안된다. 사실 성경이 우리에게 그렇게 명한다(엡 5:18). 헬라어 표현에 요지가 선명히 드러난다. 이것은 현재시제 명령형으로, 성령으로 **계속 충만케 되어야** 한다는 뜻이다. 일회성 사건이라기보다는 지속적 의존이다.

성령 충만하면 어떤 모습이 될까?

에베소서의 문맥이 시사하는 바가 크다. 성령 충만한 사람은 기쁜 사람이다. 즉 만나서 유익한 사람(5:19), 그윽한 자족의 빛을 발하는 사람이다. 그런 사람은 하나님께는 물론 다른 사람들을 향해서도 칭송과 감사가 넘친다(20절). 그는 늘 다른 사람들을 먼저 앞세우는 겸손한 사람이다. 가장 가깝고 가장 친한 사람들에게 겸손하기가 가장 어렵지만 특히 그 부분에서 그리한다(21절 이하). 성령 충만한 사람은 늘 다른 사람들을 주께 인도할 기회를 살핀다(16절). 그리고 성령 충만한 사람은 도덕적 어두움에 조금이라도 틈을 주지 않으려 조심하며, 그리하여 예수의 빛 가운데 거하는 자기 삶이 어두워지지 않게 한다(14절). 이것이 성령 충만한 사람의 모습일 것이다.

또 다른 접근으로, 사도행전에 사람들이 성령 충만하다고 되어 있는 다섯 부분을 살펴보는 것도 좋다. 그 본문들이 깨우쳐 주는 바가 많다.

첫째는 오순절이다(2:1 이하). 주요 특징 가운데 깊은 찬송과 방언의 은사를 꼽을 수 있다.

둘째는 베드로에 관한 부분이다(4:8). 위험한 상황과 담대한 증거를 앞두고 그는 성령의 새로운 채우심이 요긴했고 실제로 채우심을 받는다.

셋째는 어린 교회와 관련된 경우다(4:31). 간절히 기도한 후 그들은 새롭게 성령으로 충만해져 암울한 시대에 담대히 증거했다.

넷째는 다소의 사울의 예다(9:17). 성령께서 그의 먼 눈을 뜨게 하시고 공허한 삶을 채워 주신다.

다섯째는 엘루마 사건이다(13:9). 이 박수, 즉 무술(巫術)의 지독한 앞잡이를 쳐서 증거할 때 바울은 하나님의 능력으로 충만해져 그에게 심판을 선고한다.

이 모든 것을 보건대, 성령 충만함이란 재현될 수 없는 단번의 체험이 아님이 분명하다. 우리는 그리스도인의 삶을 살면서 자주 성령 충만해질 수 있고 또 그래야 한다. 예수께서 그러셨고(눅 4:1) 스데반이 그랬고(행 6:5) 바나바가 그랬고(행 11:24) 일곱 집사가 그랬던 것처럼(행 6:3), 그리스도인들은 항상 성령으로 충만해야 한다. 이생에서 우리가 죄 없이 완전해질 수 있는 길은 없으나, 성령 충만이 우리의 평소 상태로 자리 잡아야 한다. 그러나 우리는 그렇지 못하다. 우리는 죄를 범한다. 메말라진다. 눈이 멀어 그분이 베푸시는 은혜를 보지 못하기 일쑤다.

놀랍게도 주님은 우리를 불러 돌아오라 하시며 은혜의 성령으로 다시 채워 주신다. 앞에서 보았듯이, 성령은 절대 우리를 떠나지 않으신다. 그러나 성령은 우리 삶이라는 집의 거실에 손님처럼 얌전히 갇혀 있을 수 있다. 그분의 충만을 구할 때 우리는 내용물이 아무리 창피할지라도 집 안의 모든 방을 여는 열쇠 꾸러미를 그분께 내드리는 것이다. 만년필을 생각해 보라. 잉크가 마르면 더 이상 쓸 수 없다. 나도 그럴 때가 많다.

문제는 내가 너무 눈이 멀어 잉크가 떨어졌다는 사실조차 보지 못한다는 것이다. 만년필에 필요한 것은 완전한 새 출발이 아니다. 만년필이 전혀 무용지물이 된 것은 아니다. 잉크만 다시 채워 주면 된다. 우리도 마찬가지다. 또한 돛이 축 늘어져 멈춰 버린 배를 생각해 보라. 돛이 바람으로 채워져야 한다. 우리도 매일 매시간 하나님의 바람, 은혜의 성령으로 채워질 필요가 있다. 신약 영성의 심장박동은 정녕코 우리 각자가 성령께서 거하시는 전이라는 사실이다. 성령은 자기 기업인 우리를 소유하려 하시며, 자기가 살려고 지으신 전을 채우려 하신다. 자, 우리가 성령께 그 기회를 드리자.

2부
구약의 영성

4

믿음의 순례자들

신학자가 있기 전에 이야기꾼이 있었다. 레이 앤더슨(Ray Anderson)[1]

구약은 두 부분으로 나뉠 수 있다. 하나는 짧고 하나는 길다. 창세기 1-11장에서 하나님은 자기 형상의 피조물을 지어 그들에게 명하시기를, 하나님과 교제하며 살고, 인간 공동체를 세우고, 만물을 개척함으로 하나님의 공동 창조자가 되게 하셨다. 이것은 이 땅을 통치하여 점진적으로 변화시키려는 하나님 계획의 1단계다. "땅에 충만하라, 땅을 정복〔관리〕하라"(1:28). 창세기 12장부터 말라기까지(두번째 부분) 하나님은 이 땅을 통치하여 변화시키는 일을 계속하시는 방편으로 한 민족을 택하신다. 그 민족을 통하여 지상의 모든 민족과 모든 만물을 복 주시려는 것이 그분의 계획이며, 이 통치는 메시아의 강림으로 완성될 것이다. 이 모두가 이야기 형태로 펼쳐진다.

아브라함, 하나님의 벗

아브라함과 사라가 적절한 사례다. 우리 자신의 신앙 이야기 형성에 있어 아브라함의 중추적 역할에 의심이 가거든, 아브라함에 관한 신약의 언급을 세 곳만 읽으면 해결된다. "[아브라함은] 믿는 모든 자의 조상이 되어"(롬 4:11). "아브라함은 우리 모든 사람의 조상이라"(롬 4:16). "그러므로 믿음으로 말미암은 자는 믿음이 있는 아브라함과 함께 복을 받느니라"(갈 3:9).

아브라함 이야기의 골자는 이렇게 진행된다. 아브람의 아버지 데라는 갈대아 우르(현재의 이라크)에서 가나안으로 가는 이주에 합류하도록 하나님의 부르심을 받았다. 그러나 데라는 중도에 하란이라는 곳(현재의 터키 국경 남동쪽)에 정착했다. 데라는 거기서 죽지만 여호와는 아브람과 태가 마른 그의 아내 사래를 다시 부르셨다. 부르심과 함께 하나님은 몇 가지 내용의 약속도 주셨다. 첫째, 아브람은 나라의 아비가 될 것이다(후손이 번창한다는 뜻인데, 이는 자식이 없는 부부에게는 놀랄 일이었다). 둘째, 아브람은 넘치는 복을 받을 것이다(영적 행복의 확실한 전수). 셋째, 지상 모든 민족이 아브람을 통해 복을 받을 것이다(그는 세계 선교의 일원으로 선택받았다).[2] 아브람은 하나님을 믿고 조카 롯을 비롯한 측근들을 데리고 아내와 함께 떠난다. 어디로 가는지 확실히 모르나 하나님이 인도하심은 안다. 아브람은 잠시 세겜에 머물다 벧엘 근처에 장막을 쳤으나 기근이 닥치자 애굽으로 내려간다. 그곳 사람들이 자기를 죽이고 사래를 취할까 두려웠던 그는, 자기 목숨을 건지려고 미모의 불임증 아내를 시켜 "아브람의 누이"라고 말하게 한다. 사래를 취하려 했던 바로는 이 일로 혼쭐이 난다.

그래서 그들은 애굽을 떠나는데, 이번 망동으로 더 부유해졌으나 더 지혜로워진 것 같지는 않다. 가나안에 돌아온 그는, 목초지를 놓고 양쪽 목자들이 권리 다툼을 벌이는 바람에 조카 롯과 갈라선다. 아브람은 롯에게 좋은 땅의 선택권을 준다. 키번(E. F. Kevan)은 "아브람이 너그러웠던 것만큼이나 롯은 물질주의자였다"고 본다.³ 이 너그러운 행동 직후에 하나님은 아브람에게 자손을 주리라고 확언하신다. 이어 하나님은 땅도 아브람의 것이라고 덧붙이신다. 인근에 전쟁이 벌어진다. 롯이 포로로 잡혀가자 아브람은 적국의 왕들을 쳐부수고 조카를 구해 온다. 놀랍게도 그는 소돔 왕이 주는 전리품을 거부한다. 여기서 우리는 또 예루살렘(살렘)의 왕이요 "지극히 높으신 하나님의 제사장"인 멜기세덱을 만난다. 아브람 일행은 멜기세덱이 주는 떡과 포도주를 받는다. 이 일 직후에 하나님은 아브람에게 하나님이 아브람의 "방패"요 아브람의 "상급"이라고 말씀하신다. 얼마나 놀라운 상급인가!

그 격려로도 모자란 듯 아브람은 아직도 자기가 무자함을 일깨우며 하나님을 "붙들고 늘어진다." 아브람은 그런 자기가 어떻게 큰 나라의 아비가 될 수 있겠느냐고 여쭙는다. 하나님은 밤중에 그를 밖으로 데리고 나가 그의 자손이 하늘의 뭇별보다 많을 거라고 말씀하신다. "아브람이 여호와를 믿으니 여호와께서 이를 그의 의로 여기시고"(15:6). 아브람의 믿음을 굳게 하시려고 하나님은 그와 일방적인 언약을 맺으신다. 절반으로 쪼갠 아브람의 제물 사이를 지나신 한밤중의 의식으로 계약에 영원히 인을 치신 것이다. 다 좋았다. 그러나 사래는 믿지 않고 아브람을 시켜 자기의 애굽인 여종 하갈을 통해 아이를 갖게 한다. 그렇게 이스마엘이 태어난다. 그럼에도 불구하고 하나님은 아브람을 포기하지 않으시고 이번에는 그에게 언약의 행위를 요구하신다. 모든 남자들로 할례를 받게 하신 것이다. 의미심장하게도 아브람은 즉각 시행한다. 그와 동시에 (의미심장하게도) 하나님은 명년에 사래가 아기를 낳을 거라고 약속하신다. 당연히 아브람은 웃는다. 익살의 연장으로—실은 우주적 예언이다—하나님은 아브람의 이름을 아브라함(많은 무리의 아버지)로, 사래의 이름을 사라(많은 이의 왕비)로 바꿔 주신다. 이 시점에서 아름다운 일이 벌어진다.

하나님이 다시 한번 나타나시는데 이번에는 세 천사 손님을 통해 오신다. 처음에 아브라함은 그들이 나그네인 줄 알고 대접한다. 정교회 전통의 유명한 성상의 소재인 세 손님은 삼위일체 하나님의 임재다.[4] 우리는 복음의 영토에 들어와 있다. 상호간에 영접이 있다. 아브라함은 손님들을 영접하며 그리하여 여호와를 자기 집에 모셔들인다. 여호와는 아브라함과 사라를 영접하시며, 그것은 사라가 1년 내로 아이를 낳을 것이라는 손님들의 확약으로 나타난다. 아브라함과 사라는 하나님의 사랑의 가정에 받아들여진다. 이번에는 사라가 웃지만, 막상 지적받고는 부인한다. 나중에 어린 이삭이 태어나 "웃음"으로 이름 지어진 것은 의외가 아니다. "이삭"의 뜻이 웃음이다.

그러나 온통 하나님으로 가득한 위대한 출생은 아직 일어나지 않고, 그전에 또 한번 아브라함은 죄악의 도성 소돔에 다만 얼마라도 있을지 모를 의인들의 보전을 위해 간구한다. 여호와의 천사가 그에게 성적으로 타락한 이 사회의 임박한 운명을 알려준 것은, 그의 친척 롯이 거기 살고 있어서가 아니라 세상 열국이 그를 통해 복을 받을 것이기 때문이다. 롯과 그 딸들은 구원받지만 롯의 아내는 뒤돌아보다 멸망을 자초한다. 이로 보건대 우리에게 필요한 것은 물리적으로 악을 버릴 뿐 아니라 마음을 완전히 돌이키는 것이다. 그러다 아브라함 자신도 악습이

도져 다시금 미모의 (그러나 불임의) 아내를 누이라 속이고 내준다. 이번에는 상대가 아비멜렉이었는데 그 역시 집안의 재앙을 가까스로 피한다. 아비바 존버그(Avivah Zornberg)가 주목한 것처럼, 유대교 미드라쉬(유대인적 사고에 따른 일종의 성경 주석–편집자)에 보면, 아비멜렉의 궁에서 강간을 앞둔 사라는 자신의 곤경을 이렇게 특이하게 표현한다. "밤새 사라는 얼굴을 묻고 말했다. '우주의 주재시여, 아브라함은 약속으로 살지만 저는 믿음으로만 삽니다. 그는 감옥 밖에 있지만 저는 감옥 안에 놓여 있습니다.'" 사라의 믿음은 아브라함의 믿음보다 더 어려웠다.[5]

이윽고 사라는 아기를 갖는다. 동정녀 잉태가 아니었다. 폐경기를 지난 이 노부부가 사랑을 나눈 것이 틀림없다. 믿음의 행위였다. 그 결과로 사라는 이제 하갈과 이스마엘(아브라함이 하갈에게서 난 자식)을 내쫓는다. 그러나 쫓겨나는 그들에게 하나님은, 하갈에게서 난 아브라함의 자손도 큰 민족(아랍 민족)을 이룰 것이라는 약속을 주신다. 사라는 죽어 아브라함이 소유한 한 뙈기 땅에 묻힌다. 그가 헤브론 근처에서 매입한 밭과 굴이다. 아브라함은 아들 이삭이 그 땅 여자와 혼인할까 걱정되어 고향 하란으로 종을 보내 리브가를 얻는다. 그리고 나서 아브라함 자신도 죽는다.

이것이 아브라함의 이야기다. 아니, 이야기의 껍데기다. 응어리에 담긴 것은 하나님의 계시와, 아브라함처럼 하나님의 벗이 되라는 초청이다.[6] 다음 족장에 가면 얼핏 삶의 초반을 빼고는 퇴보를 맞는다.

이삭, 감각적 성자

창세기에서 이삭의 이야기를 읽노라면, 우리 머릿속에 새겨진 지울 수 없는 이미지는, 자기를 죽여 제물로 바치려고 칼과 불을 들고 가는 아버지를 따라 장작을 지고 모리아 산으로 올라가는 십대 아이의 모습이다. 이삭은 아버지가 자기를 묶어 제단에 놓도록 잠자코 있는다. 아버지와 아버지의 하나님을 그만큼 믿었던 것이다. 그러나 이삭의 가장 중요한 믿음의 순간은 이때가 아니다. 믿음의 순례자들을 열거하는 히브리서 11장의 저자는 묘하게도 이삭의 생애 말기의 한 사건을 고른다. 이삭이 믿음으로 "장차 오는 일에 대하여" 야곱과 에서를 축복한 사건이다(히 11:20). 이 일이 속임수와 사리사욕에 물들어 있다는 점에서 한층 충격을 더해 준다. 이삭과 리브가는 저마다 편애하는 아들이 있었다. 이삭은 "사냥한 고기를 좋아하므로" 사냥꾼인 에서를 사랑한 반면, 리브가는 야곱이 "종용한 사람인고로 장막에 거하니" 야곱을 사랑했다. 하나님이 관행을 뒤집어 형 대신 동생을 가문의 지도자와 약속의 주인공으로 세우실 것을 예언적으로 밝히셨건만, 어쨌거나 이삭은 자기가 편애하는 아들을 축복하려 꾀한다. 야곱은 형 옷을 입고 형의 살갗처럼 동물가죽으로 털을 입힌 뒤 형인 척하고 가서 "실수로" 비는 복을 받는다. 의미심장하게도, 눈이 침침하던 이삭은 야곱의 목소리에 반신반의하면서도 에서의 냄새와 촉감을 느끼고는 자신의 코와 손을 따라간다. 그제야 사냥에서 돌아온 에서는 간교한 동생한테 당했음을 깨닫는다. 그 순간 이삭은 자기가 엉뚱한 동기로 한 행동이 실은 하나님께서 정말 원하시는 일, 곧 큰 자가 어린 자를 섬기는 것임을 깨닫고 심히 크게 떤다(창 27:33).

    이삭은 방종에 빠진 감각적인 사람이다. 사냥한 고기에 대한 애착이 그의 영적 식욕을 삼켜 버렸다. 그의 마음에 이르는 길이 배를 통해 나 있다고 해도 과언이 아니다. 그는 쾌락을 위해 살았다. 그의 삶의 정점은 아버지의 비상한 순종에 자원하여 따랐던 어린 시절에 있었던 듯 보인다. 즉 아브라함은 주어진 약속이 성취될 유일한 가시적 통로인 이삭을 산 위에서 바쳤던 것이다(창 22:18). 그 시점부터는 계속 내리막길이었다. 오죽하면 성경인물 전기작가로 유명한 알렉산더 화이트(Alexander Whyte)가 이런 결론을 내리겠는가. "이삭의 성품의 서글픈 하향 길을 끝까지 따라가 보면, 차라리 여호와의 사자가 아브라함의 쳐든 손을 막지 않았더라면 이삭과 그와 관련된 모든 사람들에게 더 좋았겠다는 생각을 떨칠 수 없다."[7] 화이트의 말은 이렇게 이어진다.

> 시선을 대상에 고정시키고 이삭의 전체 이야기를 다시 읽노라면 햇살처럼 내게 분명해지는 것이 있다. 가인의 시기심, 노아의 포도주, 함의 음란, 롯의 재물, 사라의 교만과 조급증—이 모두에 해당되는 것이 이삭에게는 맛좋은 사슴고기였다는 것이다.[8]

아버지처럼 이삭도 제 목숨을 건지려고 아내를 누이라 속이고 내준다. 그러나 이삭에 대해 좋게 말할 것도 많다. 이삭은 자기가 하나님의 철회할 수 없는 축복의 매개자이며, 하나님의 능력으로 하나님의 뜻을 위해 말한 것이라(에서한테 하는 줄 알았으나 사실은 야곱에게) 믿는다. 축복은 물릴 수 없다. 이삭은 "야곱을 에서의 주로 세우고" 야곱에게 곡식과 포도주를 공급했다(27:37). 여기에 아이러니가 있다.[9] 월트키(Bruce K. Waltke)의 말처럼 "이삭과 그의 악덕은 코미디로 처리되지만 최후의 웃음은 하나님과 미덕에서 터진다."¹⁰ 우리는 이 감각적 성자에게서 감각적 쾌락을 좇는 삶의 영적 위험 이상의 것을 배울 수 있을까? 다음 세대는 기막힌 전복을 보여준다. 야곱은 둘째가라면 서러운 죄인이지만 하나님의 복에 대한 욕심이 대단하여 끝내 거짓말과 속임수를 써서라도 받아낸다. 그 과정에서 그는 하나님의 계시를 얻어낸다.

야곱, 발꿈치를 잡은 자

의미심장하게도, 하나님은 야곱을 복 주기 원하시지만 그가 제정신을 차릴 때까지는 그리하실 수 없다. 야곱은 또한 형과도 화해해야 한다. 그 두 과정에서 그는 하나님과 바른 관계에 이른다. 모두가 그의 출생 방식에서부터 출발했다.¹¹

그는 태에서 나올 때부터 쌍둥이 형 에서의 발꿈치를 잡고 나왔다. 그래서 그의 이름은 상대의 발꿈치를 잡아 넘어뜨리는 씨름선수처럼 "발꿈치를 잡는 자"라는 뜻의 야곱이 되었다.¹² 사기꾼. 협잡꾼. 간신배. 당신이 그런 이름을 가진 자신을 어여쁜 아가씨에게 소개한다고 상상해 보라. 이름값이라도 하듯 야곱은 형을 속여 장자권을 빼앗았다. 이는 장자가 유산의 3분의 2를 물려받도록 되어 있는 권리였다. 나중에는 형의 축복까지 속임수로 빼앗았다. 하나님 가문의 약속을 후손에게 이어줄 축복이었다. 그는 기발한 유전 조작으로 장인의 가장 좋은 양과 소를 계획적으로 가로챘다. 그는 사이가 멀어진 형을 선물로 누그러뜨리려 했다. 야곱은 계획과 술수가 끊이지 않았다.

그러나 하나님도 계획이 있다. 이 이야기 속에 복음이 있다. 하나님은 야곱을 복 주기 원하시지만 야곱이 자기 자신의 참모습을 알기까지는 그리하실 수 없다. 야곱을 준비시켜 그 선물을 받게 하시려고 하나님은 그의 삶을 거울처럼 비추어 줄 일련의 장면들을 연출하셔야만 한다.

장면 1. 하나님은 "내 아들아, 네가 누구냐?"라는 아버지 이삭의 질문을 통하여 야곱에게 자기 자신의 정체를 대면케 하신다. 야곱은 "나는 아버지의 맏아들 에서로소이다"(창 27:19)라고 대답한다. 그는 어머니 리브가가 꾸며낸 완벽한 옷차림으로 연극을 한다. 어머니의 도움으로 아버지를 속여 축복을 받아낸 것이다. 축복을 도둑맞은 에서는 동생을 죽이려 한다. 야곱은 퇴장한다.

장면 2. 야곱이 도망간 땅의 우물가에 아리따운 아가씨 라헬이 등장한다. 야곱은 라헬에게 자기 이름은 밝히지 않고 다만 자기가 그녀의 아버지의 친척이요 리브가의 아들이라고만 말한다(29:12). 만일 내 이름이 사기꾼이라면 나도 이름을 밝히지 않을 것이다. 야곱은 아무에게도 자기 정체를 밝히지 않는다. 아직은 아니다.

장면 3. 라헬의 아버지 라반이 등장하는데, 그의 행동은 야곱을 그대로 빼어 닮았다. 야곱은 자기가 라반의 둘째 딸 라헬과 결혼하는 줄 알지만 라반은 안력이 부족한 레아의 얼굴을 가려 들여보낸다. 감쪽같이 속이려고 야곱에게 억지로 술을 먹였을지도 모른다. 야곱이 자기 살을 덮어 형처럼 꾸민 것 같이 라반은 레아를 덮어 야곱이 라헬과 결혼한 것처럼 꾸민다. "어찌하여 내게 이같이 행하셨나이까"(29:25)라는 야곱의 항변은 "당신이 어찌하여 내게 야곱처럼 했나이까?"라는 말에 다름 아니다. 야곱이 또 하나의 야곱을 만난다. 형의 축복을 훔치던 장면의 재연이다. 아무리 가출을 해도 원수는 외나무다리에서 만나는 법이다. 결혼으로 도피하려는 사람은 다시 생각해 볼 일이다.

장면 4. 야곱에게 올 것이 오고야 만다. 하나님은 그에게 고향으로 돌아가라고 명하신다(31:13). 에서와 재회해야 한다는 뜻이다. 이십 년 전에 야곱을 죽이려 했던 에서가 사백 명을 거느리고 온다. 야곱은 기도한다! 그러나 역시 야곱답게 계략도 세운다. 밤중에 홀로 야곱은 인간의 형체로 오신 하나님과 씨름한다. 그는 하나님이 자신에게 축복하기까지 하나님을 놓아주지 않는다. 그 과정에서 하나님이 그의 넓적다리를 건드리신다. 이제 야곱은 깨어진 사람이다. 자신의 참모습을 안 것이다. 인간으로 오신 하나님은 야곱에게 그가 이십 년 동안 피해 온 질문을 던지신다. "네 이름이 무엇이냐"(32:27). 그러자 야곱은 전체 기록을 통틀어 처음으로 자기 이름을 댄다.

"그가 가로되 야곱이니이다"(32:27). 너무 당연해 보인다. 그러나 야곱은 하나님 앞에서 자기 형도 아니고 자기가 원하는 야곱도 아닌 참 자아가 되어야만 한다. 더 이상 연극은 필요 없다. 서원이나 약속도 없고 잔꾀나 계략도 없다. 그저 "야곱"이다. 그는 하나님이 참 야곱을 다루시도록 해야만 한다. 그 자아를 보여주시려고 하나님은 갈등의 이십 년 세월을 그토록 인내로 이끌어 오셨다. 예수의 비유에 나오는 탕자처럼 야곱도 제정신을 차려야만 아버지께 올 수 있다. 그리고 신약의 탕자처럼 야곱도 돌아갈 수 있는 아버지가 있기에 제정신이 들 수 있다. 그래서 발꿈치를 잡은 자는 더 이상 이름이 야곱이 아니라 이스라엘이다. 더 이상 "사기꾼"이 아니라 "하나님과 겨루는 자"다. 이는 새 이름, 새 인격이다. 비록 깨어져 다리를 절지만 자기가 하나님께 속한 자임을 아는 자다. 상처조차도 변하여 날마다 야곱에게 일깨워 준다. 그것은 하나님의 능

믿음의 순례자들 107

력은 약한데서 온전해지며 야곱 자신도 연약함 덕에 오히려 하나님과 가까워진다는 사실이다. 야곱은 복음을 경험했다.

이 이야기에는 우리의 영성을 조명해 주는 네 가지 차원이 있다. 선교, 약속, 언약, 복음이다.

선교의 사람들

아브라함은 어떤 의미에서 성경 최초의 선교사다. 또한 예수를 믿음으로 아브라함의 자손이 된 사람은 누구나 거대한 선교 사업의 일원으로 부름받았다. 목사와 선교사만이 아니라 주부, 기업체 간부, 변호사, 증권업자, 경찰관, 군인도 다 포함된다. 성경적 영성은 선교의 영성이다. 그 이유는 하나님 자신의 본성에 있다. 삼위일체 하나님 안에는 보내시는 분, 보냄 받는 분, 그리고 보냄의 행위가 있다. 아우구스티누스가 말했듯이, 하나님은 사랑하시는 분, 사랑받으시는 분, 그리고 사랑 자체이신 것과 마찬가지다. 하나님이 하나님 안에서 하나님으로부터 보내는 이 보냄은, 아버지께 기도하신 예수 자신의 말씀 속에 잘 나타난다. "아버지께서 나를 세상에 보내신 것 같이 나도 [제자들을] 세상에 보내었고"(요 17:18). 그래서 세상은 딴 세상이 된다!

선교는 마태복음 28:19-20의 지상명령 같은 명령에 대한 인간의 순종에서 시작되지 않는다. 이는 때로 선교를 의무로 전락시킨 결과다. 선교는 하나님 자신, 나아가시는 하나님의 본성, 희열에 찬 하나님의 삶에서 시작된다. 아브라함처럼 우리도, 명령과 방법론이 담긴 카세트테이프 뭉치를 손에 쥐고 보냄 받는 것이 아니라 삼위일체 하나님의 자원을 가지고 보냄 받는다. 하나님이 우리 앞서 가신다. 하나님이 우리를 통해 가신다. 하나님이 우리 안에서 가신다.

사정이 그러할진대, 누구든 하나님의 벗된 자는 가깝고 먼 이웃에게 다가가 피조세계를 돌보는 일에 가담하며 세상의 변화에 참여하게 마련이다. 그것이 태초부터 하나님의 의도였다. 아담과 하와가 동산에서 쫓겨난 것은 "땅에 충만하고 땅을 정복하기" 위함이었다. 바벨탑을 쌓은 사람들이 부득불 흩어진 것도 "땅에 충만하기" 위함이었다(그들은 자기들끼리 동질화된 작은 세계를 만들어 싱거운 연합을 이루려 했다). 그리고 바벨탑 이야기 바로 다음에(여기가 성경 제2부의 시작이다) 하나님은 전체 인류 가족과 모든 만물에게 나아가 복 주시려는 목표로 한 가족(아브라함), 한 민족(이스라엘)을 선택하신다. 그로부터 한참 후의 일이지만, 그리스도를 따르는 사람들, 만국의 하나님 백성들도 모두 하나님의 선교 소명에 동참한다.

이 소명에 응하려면 창세기 12:1의 말씀처럼 떠나야 하고("너의 본토 친척 아비 집을 떠나") 또한 가야 한다("내가 네게 지시할 땅으로 가라"). 족장들의 아내들도 모두 "떠나서 가라"는 부르심을 받았다. 사라는 고국과 일가를 떠났고, 리브가는 생판 모르는 사람과 함께 하란을 떠나 생면부지의 남자와 결혼했고, 라헬과 레아는 하란을 떠나 약속의 땅으로 갔다. 성경적 영성은 떠나서 가라고 우리를 부른다. 즉 우리는 편하고 안전한 삶을 떠나, 우리 이웃에게 가야 하는 것이다. 먼 이웃일 수도 있고 가까운 이웃일 수도 있다. 복음을 모르는 머나먼 타국의 종족일 수도 있고 옆 사무실 직원일 수도 있다. 다만 이 부르심의 중심점은 전도이지만, 창조세계를 돌보는 청지기직에는 삶 전체, 창조세계, 사회·문화·조직의 사고방식이 두루 포함된다. 그러나 거기서 끝나지 않는다.

약속의 사람들

우리는 약속을 받은 사람으로 살아간다. 처음에 아브라함을 거쳐 이삭과 야곱에게 주어진 약속은 이제 예수를 믿는 모든 사람들의 것이다. 다시 말해, 우리는 하나님이 복 주시기로 작정하신 자들이요 하나님이 다른 사람들을 복 주시는 통로로 정하신 자들이다. 아브라함의 경우, 약속은 세 부분으로 이루어진다(하나님과의 잦은 만남을 통해 확장되었다). 가족, 땅, 열국의 복이다.

결국 이 약속은 예수 안에서 잠정적으로는 그분의 초림을 통해, 궁극적으로는 하나님 나라가 충만하게 완성되는 그분의 재림을 통해 완성된다. 가족의 복은 그리스도 안에서 유대인과 이방인의 신인류로 구성된 하나님 백성이 된다(엡 2:15-16). 땅의 복과 유업은 그리스도 안에서 창조 명령의 회복, 성령의 복(갈 3:14), "모든 신령한 복"(엡 1:3)이 된다. 이는 궁극적으로 새 하늘과 새 땅에서 완성되며(히 11:13-16), 인간과 피조세계에 두루 임하는 복이다. 열국(아브라함의 경우 이스마엘이 포함된다-창 16:10, 17:20)의 복은 그리스도 안에서 머리 되신 그리스도 아래 만물을 모으시는 하나님의 원대한 계획에 동참하는 것이 된다(엡 1:22). 이는 국가와 인종을 초월하여 온 세계와 만물과 우주에까지 두루 미치는 전도의 사명이다.

약속 받은 사람들의 근본은 순종, 즉 하나님의 말씀과 뜻에 맞추는 것이다. 순종이 계시의 기관(器官)이라는 금언은 아브라함의 경우에 여실히 드러났다. 순종의 발걸음마다 이 믿음의 순례자는 하나님을 더 얻었다. 약속과 복과 성숙이 더해 갔다. 그러나 유독 괴로웠던 순종의 걸음이 하나 있었다.

아브라함의 궁극적 시험은 아들 이삭을 바치라는 부르심이었다(창 22:1-19). 하나님의 첫 부르심은 그 땅으로 가라는 것이었다. 하나님의 마지막 부르심은 모리아 산으로 가라는 것이었다. 당연히 이것은 이야기의 가장 난해한 부분 중 하나다. 어떻게 하나님이 아브라함에게 약속 성취의 유일한 가시적 통로로 허락하신 이삭을 바치라고 명하실 수 있는가? 하나님은 그에게 십계명에 엄금된 무죄한 인명의 살상을 명하셔도 되는가? 아브라함은 자신에게 금지된 일을 하라고 부름받았다.

탈무드는 하나님이 어떻게 아브라함에게 그런 일을 시키실 수 있는지를 두고 끙끙대던 끝에, 마치 사탄이 욥을 시험하던 것과 흡사하게 이것도 사탄의 아이디어라는 식으로 설명한다. 유대인 철학자 아비바 존 버그는 그것을 이렇게 표현한다.

> 사탄이 하나님께 아뢰었다. "당신은 일백 세 된 이 늙은이에게 태의 열매를 허락하셨습니다. 하지만 그는 그렇게 잔치를 많이 벌이면서도 당신에게는 비둘기나 새 한 마리 제물로 바친 적이 없습니다!" 하나님이 그에게 대답하셨다. "그가 한 일은 모두 자기 아들을 위한 것이었다. 그런 그이지만 내가 만일 '네 아들을 내게 제물로 바쳐라' 명한다면 그는 즉시 순종할 것이다." 그 직후 하나님은 아브라함을 시험하셨다.[13]

이 본문과 씨름하던 키에르케고르는 하나님의 명령이 비논리적이고 불합리하다고 보았다. 그것은 적당한 믿음이 아닌 철저한 신뢰를 요했다. 일리가 있는 생각이다. 마이크 메이슨(Mike Mason)은 또 하나의 철저한 순종과 믿음의 사람 욥에 대한 통찰력 있는 묵상에서 그 문제를 깊이 숙고했다.

그분을 안다는 것은, 모순을 안고 살아가는 역량에서 지속적·기하급수
적 성장을 이루는 것이다.……그러나 바로 여기, 거룩한 모순의 사나
운 풍랑 속에서 믿음은 낯선 항해에 나서야 한다. 진퇴양난의 상황, 곧
전적으로 모순되는 주님의 두 말씀 사이에서 뱃길을 열어감으로 아브
라함은 믿음의 조상으로 세움을 입었다.[14]

요컨대 "시험"이란 사람을 잘못된 길로 유인하는 것이 아니라 그의 마음이 순전한지 살피는 도전과 검증이다. 시험의 목표는 믿음을 깊어지게 하는 것이다.[15] 의미심장하게도 아브라함은 산으로 가면서 사환들에게, "우리"가 경배한 다음 "우리"가 그들에게 돌아오겠다고 말한다(22:5). 그런 이유로 히브리서 11:17-19에는 아브라함이 부활신앙의 전형을 보여준 것으로 나온다. 어쨌든 그는 이삭이 죽었다 살아나거나 혹은 대리 제물의 공급으로 자신의 위기가 수습될 것을 믿었다(실제 후자대로 되었다). 신약성경은 아브라함을 죽은 자 가운데서 살아나신 예수께 대한 부활신앙의 모범으로 밝히 제시한다(롬 4:16-25).[16]

그리고 이삭은? 이 이야기는 한편으로 우리에게 사람이 육욕에 집착하면 영적 분별력이 흐려지고 믿음이 부패할 수 있음을 보여준다. 그러나 다른 한편으로, 약속 받은 자로 산다는 것은 설령 우리도 이삭처럼 정녕 실패할지라도 하나님은 여전히 하나님이심을 보여준다. 하나님은 절대 우리를 버리지 않으신다.

언약의 사람들

언약은 서비스 계약과 다르다. 계약이란 일정한 조건하에 상품이나 서비스를 교환한다는 협약이다. 조건을 지키지 않으면 계약이 깨진다. 하나님과의 관계를 계약으로 보는 사람들이 많다. 즉 하나님이 평생의 희생적 서비스를 대가로 영원한 구원을 주신다는 식이다. 대개는 무의식의 차원이지만, 이렇게 생각하는 사람들은 절대 "충분히 다했다"는 기분이 들지 않는다. 교회 회중석은 이런 사람들로 가득하다. 이와는 대조적으로 언약이란 뭔가 하는 것이라기보다는 되는 것이다. 하나님과 신자의 관계는 혼인 언약과 의미가 비슷하다. 즉 나는 당신을 내 남편이나 아내 될 사람으로 취하는 것이지 집안일을 하고 내 성적 욕구를 채워 주고 가족을 부양할 사람으로 취하는 것이 아니다. 본질상 이는 소속의 문제다. 언약은 관계적 감옥이 아니라 오히려 우리가 실패할 때도(아브라함이 아내 사라에게 그랬고 이삭이 연신 그랬고 야곱이 끈질기게 그랬던 것처럼) 소망을 준다. 데이비드 앳킨슨(David Atkinson)이 정의하는 언약은 "약속에 근거한 양자 간의 협약으로, 다음 네 요소를 포함한다. 첫째, 한 쪽이 다른 쪽에게(또는 양쪽이 서로에게) 정절의 헌신을 다짐한다. 둘째, 다른 쪽에서 그 다짐을 수락한다. 셋째, 그 다짐과 수락을 공적으로 알린다. 넷째, 그 헌신에 기초하여 그 헌신의 표현으로 인격적 관계가 자라간다."[17]

아브라함과 하나님 관계의 중심에, 하나님 편에서는 희생제물 사이를 지나가는 연기와 불꽃의 임재로 인치시고(15:17), 아브라함 쪽에서는 집안 모든 남자의 할례라는 순종으로 인친(17:23) 언약이 있다. 이삭은 자기가 하나님께 속한 것과, 자신의 모든 흠에도 불구하고 여전히 언약에 힘입어 하나님의 은혜와 뜻 안에 놓여 있음을 알았다. "내가 너와 함께 있다"(창 28:15)는 하나님의 음성을 듣고도 평생 발버둥 친 야곱도 마침내 하나님의 값없는 사랑 곧 언약의 사랑을 믿게 되었다.

하나님은 돌이킬 수 없이 자신을 우리에게 내주셨다. 우리가 하나님의 사랑을 멈추게 할 수 있는 길은 전혀 없다. 그분은 절대 우리를 버리지 않으신다. 우리는 언약 백성이다. 체임 포톡(Chaim Potok)이 유대인을 가리켜 말한 것처럼, 우리는 "언약의 오합지졸"이다.[18] 하나님은 그리스도 안에서 우리에게 "내가 너희를 취하노라"고 말씀하신다. 그리고 우리는 "저희도 하나님을 취합니다"라고 대답한다. 우리의 구원은 혼인이다. 이는 성경의 로맨스다. 하나님의 언약은 "나를 놓아주지 않는" 사랑이다.

마르틴 루터는 이것이 우리의 영적 삶에 지니는 심오한 함축적 의미를 탁월하게 설명했다. 진정 사랑하는 남편과 아내에게 서로 어떻게 처신하고 무슨 선물을 줄지 누가 가르쳐 주느냐고 그는 반문한다. 확신만이 그리한다. 부부는 둘의 관계에 확신이 있으므로 남편이 큰 일을 하든 작은 일을 하든, 선물이 크든 작든 중요하지 않다. 그러나 만일 이런 확신이 없다면 남편은 아내의 애정을 얻어낼 행위나 선물을 찾아내려 애쓰는 괴로운 남자다. 마찬가지로 루터는 하나님께 확신이 있는 사람은 매사가 확신에서 나오기 때문에 무엇이든—구두 수선공이 되든 사도가 되든 설교를 하든 국을 끓이든—할 수 있다고 역설한다. 그러나 복음의 확신이 없는 사람은 괴롭다. "그래서 하나님을 향하여 이러한 확신 가운데 사는 그리스도인은 모든 것을 알고, 모든 것을 할 수 있고, 꼭 할 일이면 무엇에나 과감히 뛰어들고, 매사를 자원하는 마음으로 기쁘게 한다. 공로와 선행을 쌓기 위해서가 아니라 그런 일들로 하나님을 기쁘시게 하는 것이 그의 즐거움이기 때문이다.……그는 자신의 섬김이 하나님을 기쁘시게 하는 것으로 만족할 뿐 보상을 바라지 않는다."[19] 성경적 영성의 핵심은 복음의 확신이다. 이것이 야곱의 이야기에 확연히 드러난다.

복음의 사람들

의미심장하게도, 언제나 야곱을 하나님께로 이끈 것은 약점과 짐이었는데 히브리서 기자는 믿음의 모범 사례로 고른 사건에 그것을 포함시킨다. 야곱의 생애 끝 무렵이다. 그는 들짐승에게 찢겨 죽은 줄로만 알았던 아들 요셉이 실은 살아 있고 이집트의 제2인자의 자리에 올라 있음을 알게 된다. 그래서 그는 이집트로 내려가 거기 정착하며(역시 하나님의 명을 따라), 죽을 때에 요셉의 아들인 두 손자 므낫세와 에브라임을 축복한다. 그런데 축복할 때 그는 히브리서의 표현대로 "그 지팡이 머리에 의지하여" 경배한다. 그는 여태 절름발이다. 더 놀라운 것은 히브리서 기자가 지적한 대로, 야곱이 그들을 믿음으로 축복한 것이다. 즉 그는 이집트인의 피가 섞인 두 자손을 가문에 받아들여 축복함으로써 복음을 표현한다. 결정적인 순간에 요셉이 장자 므낫세를 권위의 자리인 야곱의 오른손으로 향하게 하자 야곱은 자기 손을 교차시켜 차자 에브라임에게 오른손을 얹는다. 요셉은 므낫세가 장자라며 반발한다. 그러나 야곱은 "나도 안다, 내 아들아, 나도 안다"(48:19)고 말한다. 야곱은 무엇을 알까? 그리고 복음으로 물든 이 파격에서 우리는 무엇을 배울 수 있을까?

"나도 안다"는 말은 온통 아이러니다. 야곱은 눈먼 이삭을 속여 이삭 "몰래" 축복을 받아냈다. 그러나 이제 야곱은 비록 눈은 침침해졌으나 "인습을 초월하는 하나님의 계획을 알고서 일부러 따른다." 브루스 월트키의 말대로 "이삭의 본의 아닌 축복을 되돌릴 수 없을진대 이 고의적 축복이야 오죽하겠는가."[20] 야곱은 은혜가 선천적 신분, 타고난 재능, 집안의 위치, 인간적 지위를 따르지 않음을 안다. 하나님은 편벽 없이 사랑하신다. 그분의 사랑은 거저이며 인간 쪽의 원인도 없고 예측할 수도 없다. 야곱은 차자의 신분이 불이익의 자리가 아님을 경험으로 안다. 야곱은 하나님이 특별한 신분을 보시지 않고 성품을 보심을 아신다. 야곱은 하나님의 길이 인간의 길과 다르며 우리가 하나님을 통제하거나 은혜를 조종하거나 하나님의 손을 강요하거나 축복을 유발할 수 없음을 안다. 하나님은 전혀 예측을 불허하시는 분이다. 하나님은 아름답다.[21] 야곱은 복음을 안다. 그의 어긋맞긴 손이 상징하는 바는 예수의 새 언약 아래서 "우리가 아직 연약할 때에 기약대로 그리스도께서 경건치 않은 자를 위하여 죽으셨도다"(롬 5:6)로 표현된다.

　이런 사랑은 우리를 놓아주지 않는다. 우리도 야곱처럼 하나님이 복 주시지 않는 한 그분을 놓지 않겠다고 말하지만, 하나님은 탕자 자녀들을 영원히 지키겠다고 우리에게 힘주어 말씀하신다. 그분은 우리의 일상생활과 삶의 모든 길목에서 계속 우리를 찾으신다. 캘빈 시어벨드(Calvin Seerveld)는 2차 세계대전과 유대인 대학살이 한창이던 1941년에 유대인 제이콥 엡스타인(Jacob Epstein)이 조각한 "야곱과 천사" 석고상을 묵상하면서 그것을 아름답게 표현했다. 천사와 야곱은 불끈불끈한 근육질의 몸으로 꼭 달라붙어 있다. 둘은 발가락과 발가락, 어깨와 어깨, 머리와 머리, 뺨과 뺨이 맞닿아 있다. 치열한 싸움이다. 그러나 동시에 깊은 포옹이다. 꽉 움켜쥔 천사의 손은 강하다. 그러나 야곱의 팔은 이제 기운이 빠져 축 늘어져 있다. 항복이다. 그래서 시어벨드는 "성경은 배반과 사기에 능한 우리 인간들을 불러 하나님을 붙잡고 늘어져 복을 받아내라고 말한다. 마침내 우리가 내 힘으로 다 된다는 교만을 버릴 때 하나님의 천사는—우리가 예수 그리스도로 알고 있는—사랑의 포옹으로 우리를 꽉 끌어안을 것이고 거기서 우리를 끊을 수 있는 것은 아무것도 없다"[22]고 말한다.

이 믿음의 순례자들의 이야기를 통하여 레슬리 뉴비긴(Lesslie Newbigin)은 이렇게 말한다.

> 그리스도인이 살아가는 삶의 그림은, 우리가 성경 공동체의 일원으로서 성경 이야기 **속에서** 살아가는 삶, 하나님의 성품이 이야기 속에 밝히 드러나기에 그분을 알아가는 단서를 이야기 속에서 찾는 삶, 그렇게 이야기 속에서 살아가면서 우리 시대의 사건과 주변 세상을 이해하고 거기 대응하며 그리하여 미래로 그 이야기를 전수하는 삶이다.[23]

부르심과 약속, 언약과 복음은 믿음의 순례자들의 경험의 표지다. 아브라함, 이삭, 야곱의 믿음이 없다면 우리는 아주 세련되고 경건해 보이는 한낱 종교적 일 중독자일 수는 있어도 하나님의 벗은 될 수 없을 것이다.

5

불타는 심장을 지닌 사람들

하나님이 부르시는 일은 보통 당신이 해야만 하는 일이자 세상이 가장 필요로 하는 일이다.……그러므로 하나님이 당신을 부르시는 자리는 당신의 깊은 즐거움과 세상의 깊은 굶주림이 만나는 곳이다. 프레드릭 뷰크너(Frederick Buechner)[1]

대주교 버나드 말랑고(Bernard Malango)는 동성 간 결혼을 축복하려는 어느 주교를 비롯해 여러 교회들이 개입된 교회의 위기를 도우려고 중앙아프리카에서 밴쿠버 우리 교구까지 왔다. 일요일 아침 짧은 인터뷰 때 우리 목사가 물었다. "어떻게 오시게 되었습니까?" 그는 대답했다. "이웃집에 불이 난 것을 보면 우리는 이웃집 사람에게 가서 '당신 집에 불이 났습니다!' 라고 말해 줄 책임이 있습니다." 그는 생각에 잠긴 듯 한참 말을 끊었다가 다시 이었다. "만일 이웃집 사람이 '나는 우리 집에 불이 난 게 **좋습니다**'라고 한다면 우리는 최소한 그 자녀들이라도 구합니다!" 그리고는 이렇게 덧붙였다. "우리는 불을 못 본 체할 수 없습니다. 당신 집이 다음 차례일 수도 있습니다!" 이것이 선지자적 영성이거니와, 그 근원은 하나님의 열정이요 그 관심은 하나님 백성과 세상의 의에 있다. 이는 하나님 백성을 향한 사랑과 열정이다.

예언자들

"예언자"(선지자)라고 하면 사람들은 부유하고 힘센 사람들에게 살벌한 비난을 퍼붓는 고행자 차림의 기인(奇人) 상을 떠올린다. 이스라엘을 향해 다림줄을 들고서 이스라엘이 기울어진 벽이라 곧 쓰러질 것이라고 말하는 아모스 같은 사람들 말이다. 읽기가 쉽지 않다. 듣기도 쉽지 않다. 그들 곁에 있거나 그들과 친구가 되고 싶은 사람이 누가 있겠는가? 그들처럼 되고 싶은 사람이 누가 있겠는가? 아합 왕은 엘리야를 "이스라엘을 괴롭게 하는 자"라 불렀다. 어느 땅 주인을 죽이고 그의 청청한 포도원을 차지한 아합의 행위를 엘리야가 비난했기 때문이다. 예언자들이 하나님의 심판을 선고한 것은 사실이다. 그러나 그들은 하나님 백성과 세상을 향한 깊은 우려에서 그리했다. 그들의 마음은 딱딱하지 않고 놀랍도록 부드러웠다. 비단결을 두른 바위였다. 구약의 예언서를 읽다 보면, 예언자들이 살가죽이 얇아 다른 사람들보다 깊이 느끼는 정도가 아니라 아예 살가죽이 없다는 생각이 들 때가 있다. 그들은 신경 줄이 겉으로 나와 있었다. 호세아의 마음은 창녀가 된 고집스런 아내 때문에 무너졌고, 동시에 그의 마음은 행음하는 이스라엘 때문에 무너졌다. 예레미야는 어찌나 민감했

던지 모든 현실에서 벗어나 "나그네의 유할 곳", 사랑하는 동족의 부정(不貞)을 상대할 필요 없이 혼자 있을 수 있는 곳으로 가고 싶었다. 중심이 번뇌하였으므로 가히 그의 우려가 지나쳐 보일 정도였다(렘 8:18-9:2). 엘리사는 수시로 오가는 자기에게 "예언자의 방"을 지어 준 고마운 여인을 끔찍이 생각하여 그녀의 죽은 아들을 살려 주었다. 본문으로 미루어 볼 때 입과 입을 마주하여 인공호흡을 한 것 같다.

예언자들의 일은 쉽지 않았다. 다윗 왕은 딴 남자의 아내 밧세바를 유혹했다가 그녀가 임신하자 수를 써서 남편을 살해했다. 하나님은 예언자 나단을 세워 다윗의 죄를 지적하게 하셨다. 나단은 말랑고 대주교가 우리 교회에서 사용한 것과 다르지 않은 비유로 사명을 감당했다. 왕한테 "당신이 죄인이니 회개해야 한다"고 말한다고 상상해 보라. 예언자 엘리야는 바알 예언자들을 고용하고 혼합주의에 빠진 왕비 이세벨과 대결해야 했다. 엘리야는 정말 살아 계신 하나님이 누구인지 최종 대결로 가리자고 바알 예언자들에게 도전했다. 그리고 이겼다! 그러나 그 파장으로 이세벨이 그를 죽이려 했다. 엘리야는 달아나 동굴 안에서 낙심한 채, 자기가 하나님을 예배하는 마지막 살아남은 자라는 생각에 깊은 우울로 빠져들었다. 하나님은 "네가 어찌하여 여기 있느냐?"는 질문으로 엘리야를 두 번이나 지적하며 깨우치셨다. 유대인 신학자 아브라함 헤셸(Abraham Heschel)은 이렇게 말했다. "예언자들의 세계에 들어가면 냉담함이 부단히 깨져 나가는 상황에 노출된다. 머리가 돌덩이가 아니고서는 그런 강타를 맞고도 여전히 냉담할 수 없다."[2]

예언자적 경험은 단순히 하나님의 열정에 사로잡히는 것이다. 이는 그들 스스로 만들어 낸 것이 아니다. "예언자 학교"에 들어가 교육받은 것도 아니다. 이는 하나님과 인격적으로 소통하여 정서적 연대감을 이룬 데서 나왔고, 그래서 그들은 살아 계신 하나님의 마음과 같은 마음을 품게 되었다. 곧 보겠지만, 모든 그리스도인들은 살아 있는 관계 가운데 하나님과 연합되었으며 따라서 마땅히 열정의 사람이 되어야 한다. 어쩌면 우리의 최악의 죄 가운데 하나는 무감정, 곧 열정의 결핍인지도 모른다.

예언자들은 누구였나?

영어단어 "예언자"(prophet)는 "남을 대언하는 사람"이라는 뜻의 헬라어 명사 '프로페테스'(*prophetes*)에서 직접 왔다. 히브리 예언자들에게 있어 "앞서" 말한다는 것은 이중의 역할이었다. 하나는 지금 여기서 "내면을 토로하는" 것이고 또 하나는 "앞날을 예언하는" 것인데, 그들은 살아 계신 하나님을 주로 전자의 방식으로 섬겼다.[3] 그래서 예언자 사역의 본질은 현 상황에 직결되는 하나님 말씀을 대언하는 것이었다.[4] 구약에는 글을 쓰지 않은 예언자들이 있다. 예컨대 미리암(출 15:20), 엘닷과 메닷(민 11:24-29), 예후(왕상 16:1), 엘리야(왕상 17:1)처럼 사역은 언급되어 있으나 직접 기록은 남기지 않은 경우다. 글을 쓴 예언자들의 경우는 성경에 그들의 예언 기록이 들어 있다. 히브리어 성경은 전기 예언서와 후기 예언서로 구분된다. 전자는 여호수아, 사사기, 사무엘, 열왕기로 사실은 역사에 대한 예언자적 해석이며, 후자는 이사야, 예레미야, 에스겔, 그리고 호세아부터 말라기까지의 열두 예언서에 해당된다. 헬라어 번역에 기초한 기독교의 성경 배열에서는 다니엘을 포함한 이사야부터 말라기까지를 "예언서"로 본다. 예언서는 모세오경, 역사서, 지혜서에 이은 성경의 마지막 부분이다.

예언자들은 살아 계신 하나님을 만난 사람들이다(사 6:8-13; 렘 23:18). 그들은 하나님의 회의석상에 입회했다. "주 여호와께서는 자기의 비밀을 그 종 예언자들에게 보이지 아니하시고는 결코 행하심이 없으시리라"(암 3:7). 그러나 하나님과의 이런 역동적 관계는 무조건 하나님 뜻에 동조하는 수동적 관계가 아니다. 백성들의 삶이 걸려 있을 때면 예언자들의 말은 "주의 뜻이 이루어지이다"가 아니라 "주의 뜻이 바뀌어지이다"였다.[5] 일찍이 신학자 포사이스는 이렇게 말했다. "우리는 너무나 빨리 '주님의 뜻이 이루어지이다' 하고 말한다. 그러나 현실을 주님의 뜻으로 너무 쉽게 받아들이는 것은 유약함이나 게으름 때문인 경우가 적지 많다. 우리가 주님의 뜻을 넘어서는 것이 주님의 뜻일 수 있다." 포사이스는 계속해서 "그리스도께서 굴복보다 끈기를 더 귀하게 여기지 않으시는가?"라고 반문한다. 비단 야곱의 씨름만을 두고 한 말이 아니다. 포사이스는 불의한 재판관의 비유, 수로보니게 여인의 사건, 주님께 세 번이나 간구한 바울, 소돔을 위해 하나님께 애원하다 못해 따지기까지 한 아브라함, 이스라엘을 위해 중보한 모세를 두고 말하고 있다. "하나님께 맞서고 저항하고 심지어 반항하다시피 하여서, 결국 계시를 얻어 내는 욥이 있다.⋯⋯그러므로 그분의 행동에 저항하는 기도는 그분의 뜻과 성취의 일부일 수 있다.⋯⋯하나님이 기뻐하시는 것은 저항이다."[6]

이러한 역동적 관계를 상술하면서 아브라함 헤셸은 "예언자들은 하나님 앞에서는 백성들 편이 되고 백성들 앞에서는 하나님 편이 된다"[7]고 했다.

예언자들은 돌이킬 수 없는 소명으로 하나님께 부름받은 자들(겔

2:1-2, 3, 8), 삶이 기도에 적셔진 자들(단 9:4-16), 대단한 용기로 목숨까지 내걸고 왕과 왕비와 거짓 예언자들과 대결한 자들이다(사 22:11-12; 겔 34:1). 그들은 솔직한 회의(懷疑)도 있었고 하나님께 불평할 때도 있었다(렘 4:9-10). 그들은 당대의 죄—우상숭배, 부도덕, 불의 등 주로 크게 세 가지—에 깊이 괴로워했다. 그러나 무엇보다 예언자들은 파토스(pathos), 즉 열정의 사람이었다. 예언서를 다룬 헤셀의 두 권의 저작에 이 주제가 탁월하게 전개되어 있다.[8]

예언자적 영성을 탐구하는 우리를 구약의 예언자들과 이어주는 것이 바로 이 열정이다. 앞서 말한 대로 영성이란, 우리를 찾으시는 아버지께서 우리를 만나시는 자리인 삶의 복잡한 정황 속에서 하나님을 생생히 체험하는 것이다. 그러할진대 점점 넓어지는 우리의 하나님 체험에는 옛 언약 아래의 예언자들처럼 하나님 마음을 소유하고 하나님의 열정에 사로잡히는 것이 포함될 수밖에 없다. 이제 그리스도께서 오셨고 성령께서 모든 육체에게 부은 바 되셨으니 남종이나 여종이나 젊은이나 늙은이가(행 2:17-18) 모두 예언자다. 예언자적 영성이란, 적어도 잠재적으로는, 모든 신자들의 은사이자 체험이다. 그러나 이 말은 무슨 뜻인가?

불타는 마음

정의와 의를 위해 불붙은 마음
예언자들은, 일요일이면 하나님께 모자를 벗는 척하고는 주중에는 세례 받은 이방인처럼 살아가는 자들의 위선적 예배를 가끔씩 보여줄 때를 제외하고는, 우리를 교회로 데려가지 않는다. 오히려 그들은 우리를 빈민가로 데려가, 고달프게 살아가는 과부들과 고아들이며 신발 한 켤레 값에 팔리는 빈민들을 보여준다. 하나님을 섬기는 주된 길은 의식(儀式)에 있지 않고 사랑과 정의와 의에 있다고 예언자들은 역설한다. 예컨대 아모스를 보라. 아모스가 북왕국 이스라엘에게 예언하던 당시, 자만과 교만이 나라에 넘쳐났다. 부자들은 값비싼 상아로 꾸민 겨울별장과 여름별장이 있었다. 그들은 비단 베개를 배고 금잔에 포도주를 마셨고 비싼 향유를 발랐다. 장사하는 사람들은 안식일을 지키면서도 어서 그날이 지나 돈벌이가 다시 시작되기만 기다렸다. 빈민들은 착취당했다. 재판관들은 타락했다. 부자들은 진미를 즐겼다. 요셉을 구덩이에 던진 형들이 그가 살려 달라고 애원하는 동안 우물가에 앉아 소풍을 즐기던 창세기의 한 장면을 빗대어, 아모스는 "요셉의 환난을 인하여는 근심치 아니하는 자로다"(암 6:6)라고 매섭게 질타했다.

헤셸은 성경이 말하는 정의가 무엇인지 심도 있게 묘사한다. 정의란 단순히 법을 지키거나 규칙을 따르는 것이 아니다. 정의란 기본적으로 행동이 아니라 관계다. "자격과 책임, 권리와 의무를 요하는 대인관계로서의 정의는, 성경에 따르면 하나님께도 해당되고 인간에게도 해당된다. 근본적 의미에서 '미슈파트'(*mishpat*)란 언약—인간과 인간 사이, 하나님과 인간 사이의 참된 관계—의 유지에 기여하는 모든 행동을 말한다. 그러므로 성경의 정의를 법 규정에 따른 재판관의 법 시행이라는 법적 의미로 보아서는 안된다." 여기서 헤셸은 조하너스 페더슨(Johanus Pedersen)의 말을 인용한다. "사람은 일상생활 속에서 끊임없이 '재판'한다. 언약, 곧 공동체의 공동생활 전체를 유지하는 쪽으로 계속 행동해야 하기 때문이다. 이런 식의 재판이 나타나는 모든 일을 미슈파트라 한다."⁹ 가인이 아벨을 죽였을 때 하나님은 "네가 법을 어겼느니라" 하지 않고 "네 아우가 어디 있느냐"고 물으셨다.

　이는 하나님을 앎에 있어 대단히 중요하다. 하나님은 어떻게 자신을 나타내시는가? 이사야는, 공평과 의를 세상에 충만케 하심으로 그렇게 하신다고 말하는데(사 33:5-6), 특히 이는 궁핍한 자, 소외된 자, 가난한 자에 대한 관심으로 표출된다. "주는 빈궁한 자의 보장이시며 환난당한 빈핍한 자의 보장이시며"(사 25:4). 예언자적 영성을 갖는다는 것은 교회와 세상의 정의에 대해 열정을 품는다는 뜻이다. 그러나 사랑 없는 정의는 하나님의 열정에 미치지 못한다.

하나님 백성을 향한 사랑

예언자들은 마음이 없었던 선교사 요나처럼 심판의 전문가처럼 보일 수 있다. 니느웨 거민들이 회개하여 하나님이 멸망을 거두시고 사람들과 심지어 동물들에게까지 긍휼을 보이시자 요나는 실망했다. 그러나 예언자들은 하나님의 사랑에 붙잡힌 자들이었다. 사실 그들의 메시지의 핵심은 하나님을 향한 언약의 사랑이 깨어진 데 대한 우려였다. 동시에 그들은 행음을 일삼는 그 백성에게도 하나님이 사랑을 거두시지 않을 것을 머리로만 아니라 가슴으로 알았다. 호세아는 하나님이 그들을 포기하실 수 없으며 그들이 우상한테 사랑을 내주어도 계속 그들을 사랑하실 것임을 누구보다도 더 절절히 전달한 예언자다. "에브라임이여, 내가 어찌 너를 놓겠느냐. 이스라엘이여, 내가 어찌 너를 버리겠느냐. 어찌 너를 스보임같이 두겠느냐. 내 마음이 내 속에서 돌아서 나의 긍휼이 온전히 불붙듯 하도다"(호 11:8).

　고멜과의 결혼은, 호세아가 언약의 사랑에 대한 메시지를 받기도하고 전하기도 한 성육신적 매체가 되었다. 그의 결혼은 쌍안경을 양쪽 끝에서 들여다보는 것과 같아서 한편으로는 실물보다 큰 상(像)이, 한편으로는 그보다 작은 상이 보였다. 아내를 향한 자신의 사랑의 관점에서 그는 하나님의 크신 마음을 엿볼 수 있었고, 하나님의 무조건적인 사랑의 관점에서 그는 자기 마음을 들여다보며 도저히 견딜 수 없는 결혼을 슬퍼했다. 그의 아내 고멜은 창녀가 되었다. 하나님은 호세아에게 그녀를 사랑하라고 두번째로 명하셨다(3:1). 그래서 노예시장에서 그녀를 다시 산 그는 하나님이 행음하는 나라에게 구애하시듯 그녀에게 다시 구애했다. 이스라엘은 여호와 섬기기를 버리고 성전 음행(4:14)과 술 취함으로 그 땅의 신들을 숭배했다. 재차 말하지만 하나님은 격리된 통치자가 아니라, 헤셀의 말대로 하나님은 "민감한 배우자다. 그들은 그분을 속이지만 그럼에도 그분은 재회의 소원, 화해의 뜨거운 갈망을 말하시며 계속 정절을 애원하신다."¹⁰ 하나님은 어머니처럼 부드럽고(1:6-8, 2:3, 6, 21, 25, 11:1), 사랑하는 아내에게 구애하여 지참금과 의와 공의와 자비와 긍휼로 다시 장가드는 남편처럼 부드럽다.

하나님을 안다는 것이 그런 뜻이다. 빈번히 등장하는 '다아트 엘로힘'(daath elohim)이라는 말은 대개 "하나님을 아는 지식"으로 번역되나 그 의미는 지적인 앎을 훨씬 넘어선다. 거기에는 교감·애착·애정·감정·영혼의 소통 등을 모두 아우르는 파토스가 포함된다.¹¹ 호세아에게 있어 하나님을 안다는 것은 약혼과 결혼을 뜻하며, 배신과 변절이 있을 시에는 다시 구애와 약혼을 통한 혼인 언약의 갱신을 뜻한다. 언약의 사랑, 언약의 접착제인 이 사랑에 사용된 단어는 '헤세드'(hesed)다. "나는 인애[헤세드]를 원하고 제사를 원치 아니하며 번제보다 하나님을 아는 것을 원하노라"(6:6).

그와 같이 새 언약 아래서도 하나님은 자기 백성을 향한 열정적 사랑을 우리에게 불어넣어 주신다. 우리는 수없이 계속하여 성령 충만을 입는다(엡 5:18). 이렇게 하나님께 푹 잠긴 결과로, 우리는 찬미와 신령한 노래를 부를 힘이 생길 뿐 아니라 교회를 사랑하게 된다(엡 5:23). 교회는 그리스도의 시체나 그리스도인들의 몸이 아니다. 교회는 그리스도의 몸이다. 그리스도 안에 있으면서 그분의 몸 안에 있지 않는 것은 불가능하다. 머리 되신 그리스도는 그 몸과 긴밀히 연결되어 있다. 따라서 개별적 그리스도인이라는 것도 불가능하지만 그리스도의 몸을 염려하지 않으면서—즉 교회의 불순종을 걱정하고 교회가 예수의 장성한 분량에 이르기까지 자라가도록 염려하지 않으면서—그리스도 안에 있다는 것도 불가능하다. 하나님 백성을 향한 사랑이 있기에 우리는 이웃에게 다가가 "당신 집에 불이 났다"고 말해 준다. 예언자적 영성은 정의에 대한 열정이요 하나님 백성을 향한 사랑이다.

기도의 상상력에 힘입어
예언서 문학은 다분히 성령 안에 있는 사람에게 세상이 어떻게 보이는가에 대한 기록이다. 마치 사물의 실체—정사들과 권세들의 역사, 죄의 참뜻, 하나님의 두려운 주권—를 보지 못하게 우리를 가리고 있던 막이 걷히는 것 같다. 이는 폭로 기사다. 헤셸은 "예언자들은 국가가 힘에 의존하는 것을 죄로 간주한 역사상 최초의 사람들이다"고 했다(호 8:14, 10:13, 8:9-10, 5:13).[12] "만군의 여호와께서 말씀하시되 이는 힘으로 되지 아니하며 능으로 되지 아니하고 오직 나의 신으로 되느니라"(슥 4:6). 예언자들은 하나님 백성의 적처럼 보이는 이들이 때로는 하나님의 숙정(肅靜)의 심부름꾼임을 보았다. 앗수르는 하나님의 진노의 막대기다(사

10:5). 바벨론 왕은 "내 종"이다(렘 25:9). 어떤 의미에서 예언자들은 상황을 그냥 본 것이 아니라 꿰뚫어 본, 시대 상황의 해석자였다. 그들은 예언했다. 그러나 주로 그들은 내면을 토로했다. 그러기 위해 예언자들은 상상력을 활용했다. 하나님을 예배하고 세상을 바로 보고 교회와 세상 속에서 의롭게 살기 위해 우리에게 필요한 것은 단순한 정보가 아니라 상상력의 개발이다. 예언자들이 한 일이 그것이며, 특히 에스겔이 그랬다.

에스겔이 메시지를 우화, 은유, 비유에 담은 데는 중요한 이유가 있다. 그의 메시지는 당대의 교회인 예루살렘의 심판과 희망에 대한 메시지였다. 듣기 어려운 내용이었다. 일차 바벨론 유수(에스겔과 그의 아내도 주전 597년에 바벨론으로 갔다) 이후에 예루살렘에 남아 있던 백성들은 우상숭배와 패역한 생각들에 빠졌다(8장의 주제). 백성들은 부정한 배우자 같았다(16장). 지도자들은 본분을 저버린 채 오히려 양들을 잡아먹는 목자들이었다(34장). 나라는 마른 뼈의 골짜기 같았다(37장). 이 비참한 상황을 희망과 함께 전달하기 위해 에스겔은 시청각 교재로 성육신하여, 1년간 매일 얼마씩 집 밖에 모로 누워 있고, 공성(攻城) 보루로 예루살렘 모형을 만들고, 아내를 사별하고도 울지 않는다(24:15-27).[13]

에스겔의 기본 열정은 하나님의 영광을 위하는 것이었다. 하나님은 "너희가 나를 여호와인 줄 알리라"(37:6, 13)고 계속 되풀이해 말씀하신다. 고국을 멀리 떠나온 에스겔은, 이 땅에 하나님의 영광을 드러내야 할 공동체의 천박해진 모습에 괴로워하며 참 본향을 그리워한다. 그는 이 모든 것이 장차 어찌될지 걱정한다. 그들에게—그리고 우리에게—필요한 말씀은 말이 아니라 자신을 알려 영광을 얻기로 작정하신 하나님의 위엄에 대한 비전이다. 선교와 사역의 일차적 동기는 세상의 필요가 아니라 하나님의 영광이다.

    에스겔의 체험이 다른 사람들에게 전이될 수는 없어도 그 보편적 요소들은 여전히 우리의 믿음을 깨워 줄 수 있다. 하나님의 영광 개념만 아니라 영감 어린 한 폭의 그림 언어 전체가 그렇다. 이렇듯 기도를 통해 하나님의 임재에 잠길 때 우리의 상상력은 인내하는 의지를 자라게 하는데, 이는 예언자적 영성이 독려하는 바로 그것이다.

종말에 초점을 두고

상상력을 통해 우리가 할 수 있는 일은 이야기의 완결이다. 우리는 이 모두의 결말, 특히 하나님 백성의 장차 되어질 모습을 보아야 할 절박한 필요가 있다. 하나님이 우리에게 미래를 말해 주시는 것은 불가능하다. 그래서 그분은 우리에게 보여주신다. 그림들로 우리에게 능력을 주신다. 그 그림들이 우리 영혼을 완전히 사로잡기에 우리는 지금 여기서 은유가 보여주는 대로 살아갈 수 있다. 마른 뼈가 살아나는 유명한 환상에서(겔 37장) 하나님은 우리로 이스라엘의 회복을 그려보게 하실 뿐 아니라 그리스도 안에서 영적 이스라엘의 형성을 보게 하신다. 에스겔서의 마지막 부분(40-48장)은 우리를 하나님의 "무엇"이 아닌 하나님 자신에게 집중하는 순전한 묵상 경험으로 부른다. 복구된 성전, 이상적 예루살렘, 새롭게 된 만물의 비전은 "하나님의 무엇"을 벗어나 하나님 자신에게로 우리를 데려간다. 성경 마지막 책(요한계시록)의 환상도 똑같이 우리 믿음에 능력을 입혀 주는 효과가 있다. 우리의 궁극적 운명은 하나님 백성과 하나님 임재가 어디에나 있는, 완전히 새롭게 된 창조세계다. 에스겔은 선교사 예술가, 선교사 시인이다. 물에 빠진 사람에게 시를 들이미는 것은 부질없어 보일 수 있으나, 만일 그 사람이 미래가 보이지 않아 현재에 중독된 채 무의미로 죽어가고 있으며 마술사처럼 의미를 조작하고 있다면 시야말로 그에게 들이밀 최선의 것인지도 모른다. 에스겔과 기타 예언자들이 하는 일이 그것이다. 레슬리 뉴비긴은 말하기를, 우리 세대는 역사의 수고가 귀결될 가치 있는 귀결점이 없다고 했다. 예언자들은 가치 있는 귀결점이 있음을 우리에게 보여준다.

파토스

예언자들의 경험을 심도 있게 분석하면서, 헤셸은 예언자들의 파토스 내지 열정이야말로 하나님과 하나님 백성이 서로 가족처럼 닮은 점이요 심판과 실망과 긍휼과 때로 진노로 표현되는 관심을 공유하는 것이라고 지적했다. "파토스의 기본 특성과 예언자 의식의 주요 내용은 하나님의 주의(注意)와 관심이다.……예언자들은 하나님이 우려하시는 일을 우려한다."[14] 그 이유는 바로 하나님이 비인격체나 추상적 존재가 아니라 철저한 인격체, 우주에서 가장 인격적인 존재이기 때문이다. 헤셸은 정의의 상징 곧 두 눈을 가리고 공명정대하게 정의를 시행하는 처녀의 그림을, 열정적으로 관계를 회복하시고 언약을 유지하시는 하나님의 모습에 비유한다.[15] 헤셸은 "하나님의 인격은 열정 없이 작용하지 않는다.……하나님은 철저한 인격체이시며 철저히 영향을 받으신다. 그분의 인격(ethos)과 열정(pathos)은 하나다"[16]고 말한다. 그리고 예언자들처럼 하나님과 인격적 관계에 들어간 사람들은 하나님의 인격에 붙들려 있으며 하나님과 정서적 연대감을 얻는다. 그러므로 예언자의 본분은 단지 정보를 전하는 것이 아니라 상황에 대한 하나님의 열정 내지 감정을 전하는 것이었다. 이는 인격을 통하여 얻는 계시다. 예언자들은 그저 마이크가 아니었던 것이다. 그리고 이는 공감―하나님과의 공감, 인류와의 공감―에 찬 말이다.

이것은 오늘날 예수를 믿음으로 만인 예언자 직에 합류한 사람들에게 어떤 의미가 있는가? 간단히 말하자면 이렇다. 우리 각자는 다른 사람들에게 하나님 말씀을 단순히 "말"로―디지털화하거나 또는 인격이 담기지 않은 메시지로 전락하여 광고판, 플로피디스크, CD, 인쇄 매체로 전달될 수 있는 정보로―전하도록 구비된 자들이 아니다. 그것을 훨씬 뛰어넘어 우리는 하나님 말씀을 공감으로 전하도록 준비된 자들이다. 뿐만 아니라 예레미야가 "작은 자로부터 큰 자까지 다〔여호와를〕앎이니라"(렘 31:34)고 예언한 그 새 언약의 엄청난 특권으로 우리는 직접 하나님의 감동을 입어 하나님과 정서적 연대감을 얻고 있으며, 날로 더 "하나님 마음에 합한" 마음의 소유자가 되고 있다. 하나님과 같은 마음을 어떻게 얻는지는 더 생각할 문제다.

예언자적 영성

하나님과 같은 마음은 어떻게 이루어질까? 성령과 말씀을 통해서다. 우리는 "말세"를 살고 있다(행 2:17). 옛 언약 때처럼 지도자들이나 선택받은 "예언자들"에게만 아니라 하나님 백성이면 누구에게나 골고루 성령을 주시는 시대다. 흐린 대기권을 통과하는 스펙트럼의 한 색깔과 같이, 하나님 마음의 최소한 어느 일면이라도 우리 각자를 적시고 있다는 뜻이다. 우리 가운데 하나님의 충만하심을 다 품을 수 있는 사람은 아무도 없다. 다만 함께라면 우리는 그리스도의 흰빛을 충만하게 세상에 보여줄 수 있다. 모든 신자들의 함께함을 통하여 스펙트럼이 흰빛으로 다시 만나는 셈이다. 나아가 우리 마음은 하나님 말씀으로 빚어진다. 예수는 신명기 8:3을 인용하여 "사람이 떡으로만 살 것이 아니요 하나님의 입으로 나오는 모든 말씀으로 살 것이라"고 하셨다. 우리 삶이 하나님 말씀의 이야기 속으로 들어가는 동안, 하나님은 계속 우리를 빚으시고 민감하게 하시고 갈아엎으시고 하나님 자신의 마음을 다시 심어 주신다.

이는 마치 컴퓨터의 자료를 저장하듯 하나님과 하나님 뜻에 관한 지적인 정보를 머리에 집어넣는 것이 아니다. 하나님의 입에서 나오는 말씀으로 산다는 것은 하나님의 자기계시를 먹는 것이며, 언어로 자신을 표현하시는 분과 사랑의 관계 속에 있어 감수성 있게 반응하는 것이다.[17] 우리가 날마다 성경을 읽고 마음에 새기며, 그 이야기 전체가 내 이야기를 빚게 하고, 말씀이 내 안에서 소화되어 기도가 되기까지 묵상하는 것이 바로 그 일을 하는 것이다. 이렇게 말씀과 성령을 섭취한 결과, 우리 마음에 열정이 주어진다. 그러나 이 열정은 사람마다 독특하게 나타난다. 앞서 소개한 프레드릭 뷰크너의 말대로, 세상과 교회에서 우리 각자는 자신의 깊은 즐거움(자신의 깊은 관심사도 보탤 수 있다)과 세상의 절실한 필요가 만나는 곳으로 부름받았다. 이 열정을 분별하는 일이야말로 우리 인생의 가장 중대한 과제 중 하나다. 그것은 사실상 우리 각자의 직업과 사명을 분별하는 것이기 때문이다.

리처드 볼스(Richard Bolles)는 일반적으로 우리 각자에게 세 가지 사명이 있다고 말한다. 1)매시간 하나님의 임재 앞에 의식적으로 서는 것이다. 당신의 사명은 그분에게서 나온다. 2)당신 안에, 주변에 계시는 성령의 인도하심에 따라, 이 세상을 더 좋은 곳으로 만들기 위해 매일 매

순간 한 걸음씩 자기가 할 수 있는 일을 하는 것이다. 3)하나님이 당신에게 가장 끌리게 하신 장소와 환경 속에서, 세상에 가장 절실히 이루어져야 할 하나님 뜻을 위해 자신의 재능을 구사하는 것이다. 이는 당신의 가장 큰 재능이며, 당신은 그 재능을 살릴 때 가장 즐겁다. 당신은 특별히 그 재능을 사용하려고 이 땅에 왔다.[18] 우리 각자에게는 하나님의 열정에서 나오는 개인적 사명이 있다. 비록 그것이 다양한 방식으로 표현될 수 있고 또 우리가 예언자들과 나란히 하나님과 동행할수록 대체로 점점 더 확실해지기는 하지만, 그래도 그것은 우리 평생에 일관성을 유지한다. 이 열정은 우리 자신의 죄, 우리를 향한 다른 사람들의 죄, 우리 성품의 역기능적 측면들, 타락한 구조의 저항으로 인해 흐려지거나 오도될 수 있다.

우리는 자신에게 여러 가지 질문을 던져 그것을 발견할 수 있다. 나는 어느 부분에 부담을 느끼는가? ("가장 절실히 필요한 일이 무엇인가?"가 아니다.) 하나님이 내게 주신 강점과 은사와 재능은 무엇인가? 나는 어디에서 깨어진 세상을 보게 되는가? 내 마음의 열망은 무엇인가? 살아계신 하나님과의 관계 속에 있으면서, 바깥에 전혀 무관심하거나 열정이 없거나 하나님과의 정서적 연대감이 없거나 하나님 마음에 합한 마음이 없기란 불가능한 일이다.

6

지혜의 길

구약을 지나노라면 우리는 양날 검처럼 예리하게 내리치는 예언서를 만난다. 그러나 지혜 문학에 이르면 우리는, 걸음을 멈추고 코앞에서 벌어지는 일을 보라는(잠언), 삶이 이치에 닿지 않을 때 하나님의 신비로운 길을 생각하라는(욥기), 열정적 결혼의 친밀감 속에서 사랑하는 남녀가 나누는 애틋하고 감각적인 대화를 하나님의 시각으로 엿들으라는(아가), 그리고 이 모두의 의미에 대해 까다로운 질문들을 던지라는(전도서) 초청을 받는다. 구약의 지혜서에는 잠언·욥기·아가·전도서·일부 시편이 들어간다.[1] 이 문학은 우리의 신앙 여정에 독특하게 기여한다. 예언서들이 "여호와의 말이니라"는 포탄을 날린다면 지혜서는 보다 은근하고 보다 전복적이기까지 하다. 지혜서는 우리에게 관찰하고(잠언), 반항하는 믿음을 갖고(욥기), 친밀함을 향한 자신의 갈망의 의미를 생각하고(아가), 삶의 수수께끼와 하나님의 신기한 길을 캐묻는 질문을 던지라고

(전도서) 권한다.² 지혜는 단순히 젖은 수건을 비틀어 짜듯이 삶에서 짜내는 의로운 삶이다. 이것이 영성과 무슨 관계인가? 바로 일상생활의 한복판에서 하나님은 우리를 만나 주시고 우리 영혼을 빚으신다. 따라서 지혜는 철학적인 추상적 개념을 다루지 않는다. 지혜는 우리를 불러 생각하고 관찰하고 질문하게 한다.

지혜서는 집에 비유할 수 있다. 잠언서는 일곱 기둥을 둔 지혜의 집이다(또는 데렉 키드너(Derek Kidner)의 말대로, 잠언 31장에 나오는 현숙한 아내의 차고 넘치는 가정이다).³ 욥기는 다른 그림을 보여준다. 욥의 집은 폭풍과 질병으로 절단나고 광풍으로 폭삭 주저앉았다. 그 안에 있던 사람들이 다 죽고 욥만 남은 채 잿더미에 앉아 상처의 딱지를 뜯어내며 "왜?"를 묻는다. 아가서는 백향목 숲의 오두막 같다. 이 책에는 시골 목자와 사랑에 빠진 젊은 처녀의 이야기가 나온다. 그리고 그들이 가장 바라는 합궁의 장소는 웅장하고 화려한 솔로몬 왕궁과는 멀리 떨어진 마을에 있는 그녀의 어머니의 소박한 집이다. "해 아래서"의 인간의 수고가 공허하여 고민하는 전도서는, 천천히 쇠락해 가는 거대한 저택에 비할 수 있다. 창문은 닫히고 지붕은 새고 문은 삐걱거린다. 웃자란 덩굴만이, 한때 위풍당당했으나 지금은 그 명이 다한 건물을 덮은 채 인생무상을 말없이 지켜보고 있다.

지혜시인 시편 49편은 무덤에 견줄 수 있다. 전도서의 감정 그대로 시편 기자는 이렇게 고백한다. "저가 보리로다. 지혜 있는 자도 죽고 우준하고 무지한 자도 같이 망하고 저희의 재물을 타인에게 끼치는도다. [그 집에 무덤이 영영히 남아……그러나] 하나님은 나를 영접하시리니 이러므로 내 영혼을 음부의 권세에서 구속하시리로다"(시 49:10, 15). "그러나 하나님은!" 칼 바르트(Karl Barth)는 이 마지막 "그러나"를 비롯해 성경의 다른 많은 반전이야말로 성경의 모든 지혜의 결정체이며, 모든 지혜서의 표면 바로 밑에 있는 하나님의 기쁜 소식을 보여준다고 말했다.[4]

관찰: 잠언의 영성

이 단락의 제목을 "솔로몬의 영성"이라 붙이고 싶은 마음도 든다. 그는 잠언의 편찬자로 알려져 있다(잠 1:1). 이 매혹적인 책의 상당 비중이 본래 솔로몬 왕의 말임에는 거의 의심의 여지가 없다.[5] 왕국의 절정기에 솔로몬은 지혜의 화신이었다. 물론 아가서에서 보겠지만 그 모든 지혜에도 그는 한 가지 치명적 결함이 있었다. 성적인 아킬레스건이었다. 솔로몬은 정말 여호와를 사랑했다(왕상 3:3). 이는 지혜의 본질적 뿌리요 근원이다. "여호와를 경외하는 것이 지혜의 근본이라"는 말은 잠언서와(1:7, 9:10) 지혜 문학 전반의 핵심 주제다. 여기서 "경외"란 하나님을 향한 존경 어린 애정으로써 합리적·정서적·실제적인 것이다. 그러므로 지혜는 전인(全人)을 포괄한다. 솔로몬은 지혜를 달라고 기도하며(왕상 3:9, 12) 하나님께 구했고(왕상 4:29) 총명한 통치와 외교로 그것을 잘 살렸다(왕상 3:16-28, 5:12). 솔로몬은 잠언·노래·난해한 말들을 지었는데, 그것은 종종 자연에 대한 세심한 관찰에서 나왔다(왕상 4:32, 10:1, 4:33).

히브리어로 잠언의 문자적인 뜻은 빗댄 말, 직유다. 헬라어로는 "비유"로 번역되며, 아마도 예수께서는 이 책을 사랑하시고 그 교육 방법을 수용하신 듯하다.[6] 그러나 "잠언"이라는 단어는 의미가 확장되어, 간결하고 지혜롭고 정곡을 찌르는 통찰력 있는 격언도 포함하게 되었다. 묵상을 자극하고 머리와 마음속에 스며들어 하나님을 믿는 믿음을 불러일으킴으로써 거룩한 길로 살게 한다. (여호와를 경외한다는 것이 바로 그것이다.) 예수께서 자신의 비유 사용에 대해 말씀하신 것처럼, 잠언의 취지는 독자들과 청중에게 억지로 계시를 강요하는 것이 아니라 이미지를 던져 주어 구경꾼들의 묵상을 유발하는 것이다. 들을 귀 있는 자는 들을 것이다. 데렉 키드너의 말대로 "잠언에서 우리는 요란한 연속 설교보다는 번득이는 위트를 통해 교훈을 더 잘 배운다."[7] 잠언은 전복적이다. 잠언은 청바지에 티셔츠 차림으로 우리 삶에 슬그머니 기어들어와 가정과 일터와 장터의 언어로 말한다. 그렇다면 그것이 영성과 어떤 상관이 있을까?

전복적 영성

첫째, 하나님은 일상생활 속에서 일상을 통해 말씀하신다. 잠언의 말에는 한마디로 된 것, 여러 구절이 모여서 된 것, 간혹 긴 단락으로 된 것이 있지만, 거의 한결같이 삶의 모든 측면에 대한 관찰을 자극한다. 모든 영향력에 휩쓸리는 "어리석은 자들"이 어떻게 되는지 보라(1:22). 간부(姦婦)의 길이 어떻게 무덤으로 직행하는지 보라(2:16-19, 6:24-29, 7장). 사람들이 돈을 어떻게 쓰는지 보라(11:24-25). 다양한 식탁 매너의 파장을 보라(23:6-8). 사람들이 정말 제대로 일할 때와(13:4) 게으른 자처럼 그렇지 않을 때(13:4) 어떻게 되는지 생각해 보라. 우정이 어떻게 칭찬과 책망을 통해 활짝 피는지 보라(27:1-21). 뇌물과 사기로 하는 사업이 어떻게 망해 가고, 지혜로 하면 어떻게 재물이 서서히 늘어나는지 보라(13:11). 좋은 아내가 하나님의 선물인 것과(19:14) 당신의 성생활도 귀한 샘물처럼 길 밖으로 흘러나가게 해서는 안되는 이치를(5:15-19) 생각해 보라. 부자들이 자기 재산을 견고한 성으로 알지만(13:11) 재물은 그들의 상상 속에서나 높은 성벽일 뿐임을 생각해 보라(18:11). 부모가 부모 노릇을 하지 않아 자식이 본데없이 자랄 때와(30:17) 부모가 훈육을 제대로 할 때(17:6, 22:6) 각각 어떻게 되는지 보라. 사람들이 어떻게 말하며 말―생사의 위력을 지닌 말(18:21)―이 어떤 영향을 미치는지 (12:18) 들어 보라. 험담이 어떻게 관계를 해치는지(11:13, 26:22) 생각해 보라. 끝으로, 남편과 자식에게 칭찬받는 여자의 영예와 품위를 생각해 보라(31장).[8] 하나님을 만날 수 있는 곳은 우리 삶의 주변부가 아니라 삶의 한복판이다.

둘째, **참된 경건은 교회의 예배와 전도와 기도회 안에 갇힐 수 없다고 지혜의 영성은 역설한다.** "의인의 열매는 생명나무라. 지혜로운 자는 사람[영혼]을 얻느니라"(11:30)는 귀에 익은 잠언을 생각할 때, 우리는 "영혼"이란 신성한 중심부가 아니라 자신을 내보이는 굶주린 전인(全人)임을 기억해야 한다. 그래서 이 구절은 "지혜로운 자는 자신의 모본으로 다른 사람들의 삶을 얻으며 그리하여 그의 의는 자기에게는 물론 다른 사람들에게도 생명나무다"[9]는 뜻이 된다. 잠언에서 지혜는 예배당과 회당과 성전과 성소와 신학대학과 기도원에서 소리쳐 구하지 않는다. 지혜는 길거리와 광장에서(1:20), 가정과 업소에서, 왕들의 궁궐과 가난한 자들의 초막에서, 논밭과 북적이는 장터에서 소리쳐 구한다. 삶은 영성 훈련이다.

셋째, **일상 속 영성의 근원과 중심에는 "여호와를 경외함"이 있다**(1:7, 9:10). 사실 우리는 지혜서의 모든 책에서 이 개념을 만난다. 잠언 1:7, 9:10, 욥기 28:28, 시편 111:10, 전도서 12:13이 그렇고, "사랑은 죽음같이 강하고"라고 된 아가 8:6에도―인간의 순수한 사랑을 설명하려고 상정된 문맥―그것이 암시되어 있다고 볼 수 있다. 여호와를 경외함은 본질상 하나님을 아는 지식과 같다. 이는 우리가 본래 하나님과 누려야 할 관계요 따라서 교통과 교제의 의미에서 하나님을 아는 방식이다(잠

1:29). 나아가 "경외"란 신비스런 무서움이 아니라 경건한 외경심이다. 동시에 그것은 애정으로 충만하며, 단순히 "하나님을 사랑함"에 가깝다. 그것은 지극히 도덕적이며, 개인에게나 단체에게나 삶의 모든 부분에 영향을 미친다. 제임스 휴스턴(James Houston)은 말하기를, 이런 경외는 "삶의 모든 영역에 축복을 가져온다"[10]고 했다.

"여호와를 경외하는 것이 지혜의 근본이라"고 잠언 그대로 말할 때, 그 말에는 "출발점이자 본질"이라는 의미가 들어간다.[11] 하나님과의 바른 관계가 없는 한 우리는 삶, 이웃, 가족, 공동체, 나그네, 이 땅과 바른 관계를 맺을 수 없다. 그래서 잠언의 지혜는 부지런히 찾을 것을 요구한다(2:1-5). 여호와를 경외할 때 우리는 악을 떠날 수 있다(3:7). 좀더 구체적으로 솔로몬은 "인자와 진리로[히브리어로, 언약적 사랑과 신실함으로] 인하여 죄악이 속하게 되고 여호와를 경외함으로 인하여 악에서 떠나게 되느니라"(16:6, 10:12 참조)고 말한다. 잠언은 우리에게 언약적 사랑과 신실함을 목에 매라고 권한다(3:3-4). 잠언 8장에 의인화된 지혜는 우리가 구하고, 친족처럼 아끼고(7:4), 사랑하고(4:6), 배우자로 품어야(4:8) 할 대상이다. 그러나 겸손이 필요하다. 지혜는 인간 노력의 결과가 아니라 하나님이 주시는 것이며(2:6), 하나님은 지혜를 받는 자들을 그분의 뜻 가운데 보호하신다(2:7-9). 키드너의 지적처럼, 이런 언어의 일부는 그리스도가 "하나님의 지혜"(고전 1:24)라는 신약의 그리스도상(像)에 대한 길을 예비하도록 되어 있다.[12]

그러나 잠언이 삶을 지나친 단순 논리로—여호와를 따르면 잘되고 형통한다는 식—보여주는 듯한 반면, 그 다음 책인 욥기는 "맞다, 그러나!"라고 말한다. 이 "그러나" 역시 반전의 신호로써, 영성에 의외의 시각을 더해 주어 삶에 변화를 일으킨다.

저항 : 욥기의 영성

욥기는 영성의 근본 문제에 관한 하나님과 사탄의 대결로 시작한다. 명백히 의인인 욥이 순전함을 지키는 유일한 이유는, 하나님이 가족과 집과 육축과 일반의 존경과 친구들로 풍성한 복을 주셨기 때문이라고 사탄은 확신한다. 그것들이 사라지면 욥도 하나님을 저주할 것이라고 사탄은 주장한다(1:11).

하나님과의 대결

하나님은 시험 곧 사실상의 대결에 동의하신다. 그리하여 율법과 성전이 있기 오래 전에 틀림없이 이방인의 족장이었을 이 훌륭한 사람인 욥은 목숨만 빼고 모든 것을 잃는다. 그의 세 친구 엘리바스, 빌닷, 소발이 곤경 중에 있는 그를 위로하러 찾아온다. 욥기의 대부분은 욥과 하나님 사이의 독백(욥은 독백인 줄만 알았다), 욥과 세 친구 사이의 대화다. 친구들은 흠 잡을 데 없는 정통파이며, 그들의 발언은 명망 있는 종교 학술지에 실려도 손색이 없을 정도다. 그들은 한 가지 근본 신념을 끈질기게 주장한다. 욥은 죄인이기 때문에 고난당하는 것이며 회개해야 한다는 것이었다. 욥도 자신이 죄인임을 안다(7:20). 그러나 그는 자신의 고난이 죄와 인과관계가 없다는 것도 안다. 욥의 내면 깊은 곳에는 자신이 의로우며(27:5-6) 하나님께 인정받고 있다는 확신이 있다. 은혜로 말미암아 믿음으로 의롭다 함을 얻는다는 놀라운 기쁜 소식을 그리스도께서 오시기 오래 전부터 깨달았던 것이다. 그러므로 그는 기도로 하나님과 대결하고, 자기를 과녁으로 삼으신다고 하나님께 따지며(6:4, 7:20), 하나님이 "나타나 주실" 것을 요구한다. 그 과정에서 그는 복음의 세 가지 진리를 만나게 된다. 첫째, 만일 하나님이 인간이시라면 욥은 날을 잡아 법정에서 하나님을 상대로 자기 사건을 해결할 것이다(9:32-33). 장차 인간으로 오실 하나님을 내다본 것이다. 둘째, 욥에게는 증인이 계시고 자기 사건을 변호해 줄 중재자가 하늘에 계신다(16:19-20). 셋째, 가장 감격스런 것으로, 욥에게는 그를 해방시켜 주실 친족, 룻에게 있어 보아스 같은 '고엘'(*goel*), 곧 구속자가 살아 계신다(19:25).

친구들은 실의에 빠진 욥을 하나님의 이름으로 치며 심판의 맹포격을 퍼붓고, 막판에 젊은 엘리후도 가세한다. 그러다 마침내 하나님이 폭풍 중에 말씀하신다(38-41장). 하나님은 욥의 질문들에 대답하시는 대신 오히려 그분 쪽에서 수많은 질문을 던지신다. 이 두려우신 하나님을 대면하고서 욥은 회개한다. 친구들이 거론하며 괴롭히던 소소한 죄들이 아니라 하나님을 너무 작은 분으로 알았던 것을 회개한다.

욥은 기도하고 하나님을 구하고 하나님께 간구하고 하나님께 불평하고 심지어 하나님께 화내기를 끝까지 중단하지 않는다. 무엇보다 그는 하나님과의 교제, 하나님의 임재를 원한다(23:3, 29:4). 결국 그가 얻는 것은 하나님이다. 삶의 의미에 관한 욥의 질문들의 가장 깊은 해답은 단순히 하나님이다. 그렇다면 욥기는 영적 여정과 어떤 관계가 있는가?

욥과 함께 걷는 길

첫째, 믿음이란 그 무엇 때문도 아니다. 믿음은 재물과 건강, 개인적 행복이나 개인적 만족 때문이 아니다. 믿음은 하나님 때문이다. 그리고 믿음의 유일한 증거는 믿음이다. 하나님과 사탄이 대결한 근본 이슈도 물론 그것이다. "욥이 어찌 까닭 없이 여호와를 경외하리이까"(1:9). 도중에 욥은 "그가 나를 죽이실지라도 나는 그를 의뢰하리라"(13:15)고 소리친다. 하나님께 대한 자신의 믿음이 그 무엇 때문도 아니고 하나님 자신 때문임을(사탄의 참소에도 불구하고) 여실히 보여준 것이다.

둘째, **삶은 영성 훈련이다**. 믿음이 자라는 최고의 장은 일상생활의 터다. 욥은 삶의 까다로운 질문들로 하나님과 맞서기도 하지만, 그것을 매체로 그는 참된 영적 성장을 이루고 하나님을 만나 변화된다. 욥은 자신의 낙심(3:3), 입맛을 잃은 것(6:7), 참된 우정의 상실(6:14), 허망한 경험(7:3), 잠 못 이루는 밤(7:4), 친구들의 부당한 비난(13:4), 집안의 몰락(16:7), 마음의 소원과 계획의 무산(17:11), "살이 뼈에 붙도록" 쇠약한 몸(19:20), 그리고 가난하고 소외되고 압제받는 자들의 곤경까지(24장) 하나님 앞에 가져온다. 이 모두를 하나님께 쏟아 놓는다. 이를 통해 욥은 하나님도 훨씬 깊이 알게 되고 자기 삶도 훨씬 깊이 보게 된다. 삶은 투명해지고, 그는 삶의 렌즈를 통해 하나님을 보게 된다.

셋째, **인내하는 기도는 가치가 있다**. "욥이 참았다"는 말이 마치 성경 말씀인 것처럼 회자될 때가 있다. 그렇지 않다. 성경이 칭찬하는 것은 욥이 참은 것이 아니라 욥의 인내다. "너희가 욥의 인내를 들었고 주께서 주신 결말을 보았거니와"(약 5:11). 욥은 삶의 상황 앞에서 고분고분 따르지 않는다. 드러누워 "참지" 않는다. 그는 하나님 앞에서도 고분고분 따르지 않는다. 마음의 소원을 들어주지 않는 하나님께 속으로 쓰디쓴 불만을 품은 채 그냥 무턱대고 하나님께 동조하지 않는다. 아니, 욥은 붙들고 늘어진다. 뼈다귀를 핥는 개처럼 끈질기게 매달린다. 생각을 떨쳐내지 못한다. 하나님을 죽도록 들볶는다. 그리하여 결국 진정한 복종의 행위로(고분고분한 것과 대비하여) 그는 회개한다(42:6). 친구들이 그토록 욥을 유도하려 했던 바로 그 결과다. 그러나 만일 욥이 회개하라는 친구들의 압력에 고분고분 따랐더라면, 그는 절대로 자신의 의지로 자유롭게 하나님을 향한 더 깊은 사랑과 예배에 들어가지 못했을 것이다.

욥기 끝부분에서 하나님은 엘리바스와 두 친구에게 말씀하시기를 "너희가 나를 가리켜 말한 것이 내 종 욥의 말같이 정당하지 못함이니라" (42:7) 하시며 그들에게 노하신다. 어떻게 이것이 가능할까? 정통파 친구들은 책망을 듣는데, 하나님을 호되게 질책한 기도의 용사 욥이 정말 바른 신학을 가질 수 있단 말인가? 비밀은 이것이다. 욥은 **하나님께** 말했다. 친구들은 **하나님에 관해** 말했다. 그러므로 욥은 정통파 신자였고 친구들은 이단이었다.

하나님을 향한, 창자가 뒤틀리는 욥의 부르짖음에 비하면 대다수 그리스도인들의 기도는 특히 회중 앞에서 드리는 공중기도는 핏기도 없고 밋밋해서, 감칠맛 나는 고기나 야채 요리라기보다는 오히려 식어 버린 감자나 맛없는 음식에 가깝다. 하나님을 무시하는 것보다 차라리 하나님께 화내는 편이 낫다. 나쁜 기도란 없다. 하나님이 무엇보다도 원하시는 것은 우리와의 교제다. 우리가 기도할―무엇이든 기도하고 언제든 기도하고 어떻게든 기도할―때에만 그분은 그 교제를 누리실 수 있다. 욥기는 우리가 하나님께 솔직해지도록 도와준다. 지혜서의 다음 책인 아가서는 우리가 다른 사람들에게 솔직해지도록 도와준다.

갈망 : 아가서의 영성

언젠가 어느 교회 지도자가 이렇게 말했다. "생각이 더러운 사람만이 아가서를, 교회를 향한 그리스도의 사랑의 우화가 아닌 다른 것으로 읽을 수 있다." 다행히 나는 그 사람의 이름을 잊어버렸다. 여기에 이 책의 난

점이 있다. 아가서는 우리의 육체적 삶에 대한 하나님의 생각을 드러내 줄 뿐 아니라 우리의 육욕과 성에 대한 우리의 생각까지 드러내 준다. 이 책은 에로틱한 사랑 노래다. 때로는 묘사하는 장면으로(남자가 여자를 찾아 만나서 침소에서 함께 사랑을 완성한다), 때로는 드라마로, 때로는 꿈 장면으로(남자를 잃은 여자는 밤중에 찾아 나선다) 느슨하게 연결된 연작시다. 책의 중심축은 "나의 사랑하는 자가 그 동산에 들어가서 그 아름다운 실과 먹기를 원하노라"는 여자의 말과, 그에 이어 "나의 누이, 나의 신부야, 내가 내 동산에 들어〔왔으니〕"라고 한 남자의 말이다(4:16-5:1). 여기서 우리는 이중 의미를 만난다. 성관계의 일부는 실제로 은밀한 동산에서 벌어진다. 그러나 두번째 의미가 있다. "동산"은 여자의 성기와 성적인 매력 전반을 가리키는 완곡어법이다.[13] "들어간다"는 말은 성적인 삽입을 나타낸다.[14]

    하지만 오해해서는 안된다. 아가서는 문란한 섹스를 노래하지 않는다. 젊은 술람미 여인은 "잠근 동산"(즉 처녀)이요 "덮은 우물"이다(4:12). 그녀와 사랑하는 자의 만남은 불륜의 정사가 아니라 참된 결혼 안에서의 에로틱한 사랑이다. 그녀는 신부요(4:12, 5:1) 친구다(5:16). 이는 단순한 성교, "성행위"도 아니다. 침소의 완성 이전에 연합의 기대, 잃고 찾는 드라마, 최후의 인정(認定)이 있다.[15] 그리고 이 경우 여자도 남자 못지않게, 실은 그 이상으로 주도적이다. 그러므로 여자가 남자에게 청하는 내용이 한 단락 전체(5:2-8:4)의 주를 이룬다.[16] 이는 공격적인 남자가 순박한 여자를 꾀는 것이 아니라 철저히 쌍방적인 성애로 결혼을 완성하는 것이다. 헌신과 언약이 전체 이야기를 떠받치고 있다. 사실 아가서는 인류 최초의 칭송의 노래―자기의 돕는 배필을 보고 둘이 "한몸"을 이룬 창세기 2:23의 아담의 고백―에 대한 부연 설명이다. 아가서에 표현된 육욕은 "우화나 예표에 요구되는 수준을 훌쩍 뛰어넘는다. 이 책이 본래 그런 뜻으로 읽어야 할 책이라는 사실조차, 푸에르스트(Fuerst)의 말대로 '신빙성의 범위를 넘어서게' 만든다."[17] 그렇다면 이 책을 어떻게 해석할 것인가?

해석하기 어려운 책

놀랄 것도 없이 주요 문제는 언제나 이 책의 노골적인 성적 이미지다. 나이 사십이 덜 된 사람들은 아가서를 읽어서는 안된다고 말한 랍비들도 있다! 비록 은유와 직유로 에둘러 표현되기는 하지만 성적인 연합의 행위가 연이어 등장한다. 이 육욕의 책은 부끄러움을 모른다. 남녀 모두 머리끝부터 발끝까지 묘사되면서 체형·몸집·체취·복장·장신구에 대한 서로의 환희가 강조된다. 당연히 독신 수사들과 사제들은 아가서 전체를 우화로 대함으로써 자신들을 에로티시즘에서 지켜 왔다. 클레르보의 베르나르(Bernard of Clairvaux)는 이 책을 "영적" 사랑 노래로 주해하는 데 평생을 다 바쳤고, 그가 죽었을 때 2장까지밖에 끝나지 않아 과업의 완수를 자기 제자들의 몫으로 남겼다. 아가서는 중세시대에 가장 많이 주해된 책이다.[18] 말 그대로 수백 편의 주석과 수천 편의 설교가 있다. 그 모두의 이미지 하나하나마다 우리와 하나님과의 관계에 대한 신비한 "영적" 의미에 초점을 두면서 성(性)과는 전혀 무관하다는 입장을 취했다.[19] 예컨대 8:1-2의 "네가 내……오라비 같았었더면 내가 밖에서 너를 만날 때에 입을 맞추어도……내가 너를 이끌어 내 어미 집에 들이고"라는 고백은 "그들은 그리스도를 잘 받들어 섬겨 가족처럼 모셔 들이고 가정생활 속에서 그분을 마음껏 인정한다"는 뜻으로 풀이했다.[20] 1세기의 독실한 유대인들과 오리게네스(Origenes) 시대 이후의 그리스도인들이 취해 온 우화적 해석에도 일부 진리가 있기는 하다. 그러나 그것은 본문의 분명한 의미를 전해 주지 못한다.²¹ 우리는 아가서를 "자연스런" 또는 "문자적인" 의미로 접근함으로써 "본문에 명백히 나타난 에로틱한 요소들을 우화적 해석으로 회피하려 할 것이 아니라, 두 젊은 연인의 감정과 욕망과 관심과 희망과 두려움을 숨김없이 밝힌 연작시"로 보아야 한다.²² 그렇다면 보통 사람들인 듯한 이 두 젊은 남녀는 누구인가?

　책 제목이 "솔로몬의 아가"(1:1)로 되어 있고 본문에도 이따금씩 "솔로몬"이란 이름이 등장하며 때로 남자가 "왕"으로 불리는 것을 볼 때, 솔로몬의 이름은 "욕망이 곧 소유"인─무엇이든 원하는 대로 손에 넣는─사회 계층의 상징으로 쓰였을 수 있다.²³ 아가서는 그저 솔로몬이 이미 후비가 칠백이요 빈장이 삼백이나 되는 대규모 규방에(왕상 11:1-13)─비참하게도 이 왕비들이 그의 마음을 돌이켜 하나님을 전심으로 섬기지 못하게 했다(왕상 11장)─또 하나의 여자를 들이면서 지은 사랑 노래가 아니다. 아가서는 솔로몬과 관련된 사랑 노래다.²⁴ 이 이야기에는 세 사람의 주요 인물이 등장한다. 또 하나의 빈을 들이려는 시점의 솔로몬, 가무잡잡하지만 아름다운 시골 처녀 술람미 여인, 그리고 술람미 여인의 참 사랑이요 약혼자인 목자다. 여인은 이 목자와 결혼하여 관계를 완성하기 원한다. 캘빈 시어벨드를 비롯해 여러 사람들이 탁월하게 설명한 이 마지막 입장은 특별히 세 곳의 본문을 볼 때 불가피해 보인다. 첫째, 이야기 전체에 되풀이되는 후렴구가 있다. "예루살렘 여자들아, 내가……부탁한다. 나의 사랑하는 자가 원하기 전에는 흔들지 말며 깨우지 말지니라"(2:7, 3:5, 8:4). 이는 아마도 술람미 여인이 규방의 다른 여자들에게 한 말로, 자신이 원치 않는 남자(즉 솔로몬)를 위해서는 성적으로 깨우지 말아 달라는 당부일 것이다. 둘째, 남자는 "왕후가 육십이요 비빈이 팔십이요 시녀가 무수하되 나의 비둘기, 나의 완전한 자는 하나뿐이로구나"라고 말한다(아마도 규방의 규모가 최대에 이르기 전인 솔로몬 통치 초기에 나온 비교일 것이다). 셋째, 끝부분에서 여자는 "솔로몬이……포도원이 있어……〔그러나〕 내게 속한 내 포도원은 내 앞에 있구나"(8:11-12)라고 말한다. 원하는 대로 손에 넣는 왕과 자기가 주고 싶은 것을 참 사랑에게 주는 처녀의 명백한 대조다.[25]

캘빈 시어벨드의 말처럼 "아가서의 내용을 이해하려는 독자들은 솔로몬에 대한 이런 비판적 어조에 준비되어 있어야 한다.……늙은 솔로몬 왕은 늙은 호색가 왕이었다."[26] 그렇다면 하나님의 이름이 언급되지 않은 이 책은 하나님을 높이는 영성과 어떤 관계가 있는가?

성의 영성

첫째, **참된 영성은 몸으로 표현된다**. 아가서는 인간의 몸에 대한 우리의 시각이 성경적인지, 우리가 몸과 성욕을 참된 영성을 방해하는 "열등한" 자아, "육체"로 여기는지 시험한다. 예로부터 소위 "영적인" 사람들이 부추겨 온 이 거짓말은 철학적으로 신플라톤주의, 이원론인 2층 인생관—상층부와 하층부(영적인 것과 물질적인 것)—에 기초를 두고 있으며, 고금을 막론하고 기독교의 경건에 깊이 뿌리내려 있다. 이와는 대조적으로, 성경에 따르면 우리는 몸이 따로 있는 것이 아니라 우리가 곧 몸이다. 몸을 만졌으면 그 사람을 만진 것이다. 그리스도인답게 산다는 것은 몸으로 산다는 뜻이다. 영혼은 몸이라는 껍데기에 쌓인 인격의 중추가 아니다. 몸이라는 껍데기는 흉측한 누에고치처럼 죽음으로 벗겨지고 불멸의 영혼만이 살아남아 전성기를 맞는 것이 아니다. 그것은 헬라 사상이다(기독교 사고에도 깊이 들어와 있다). "내 마음〔영혼〕에 사랑하는 자"

(1:7)라고 했을 때 이는 전인이 전인을 사랑하고 있는 것이다. 영혼은 내면의 신성한 사람이 아니라 굶주린 사람이다.[27] 그래서 성경의 성인들은 춤추고 먹고 잔치를 벌이고 성관계를 갖는다. 모두 하나님의 영광을 위한 것이다.[28]

둘째, **참된 영성의 핵은 사랑이지만, 사랑이란 억지로 시키거나 조종하거나 강요할 수 없는 것이며, 사랑의 대상은 소유물이 아니다.** 솔로몬은 사랑을 만들어 내려고 한다. 그러나 사랑은 우러나야 한다. 그렇지 않으면 욕정에 지나지 않는다. 그래서 시어벨드는 "주의 도를 망각하고 섹스에 물든 사람들에게 정절의 의미를 다시 가르치고, 좌절에 빠진 남녀들의 마음을 주의 법을 공경하는 인간애의 각별한 멋과 기쁨과 신선함으로 사로잡기 위해" 아가서를 주셨다고 주장한다.[29] 정욕에 물든 우리 문화에 아가서에 나오는 참 사랑의 메시지가 절실히 필요하다.

셋째, **결혼 언약 내의 풍부한 성적 표현은 하나님께 드리는 예배의 한 형태이며 남편과 아내가 서로를 섬기는 것이다.** 신약에서 주의 만찬은 예수 그리스도께 속한 사람들을 위한 언약의 의식이다. 하나님은 음식이라는 물질을 통해 영적 은혜를 주신다. 성관계는 결혼 언약의 의식이다. 떡과 포도주가 우리에게 영적 양분을 주듯이 결혼 안의 성관계는 서로에 대한 섬김―서약을 공표할 때 시작된―의 연장이요 심화다.

넷째, **독신과 기혼을 떠나 우리의 성적 갈망은 우리 안에 부호로 새겨져 인간이 본래 혼자 사는 존재가 아님을 보여준다.** 우리는 하나님의 형상대로 남자와 여자로 지음 받았다(창1:27). 우리는 공동체로 살도록 지어졌으며, 우리의 영성은 하나님을 향한 고독한 추구가 아니다. 독신으로 지낸 가톨릭 작가 리처드 로어(Richard Rohr)는 이것을 통찰력 있게 설명한다.

하나님은 우리가 꼭 필요한 것 한 가지를 놓치지 않게 하시려고 온갖 위

힘을 감수하셔야 했던 것 같다. 인간이 결코 스스로 충족한 존재라고 상상조차 할 수 없도록, 하나님은 거의 만족을 모르는 욕구가 우리를 극한 지경까지 몰아가게 하신 것이다. 우리가 불완전하고 미흡하며 본질상 사회적인 존재임을 아는 것이 매우 중요하기 때문에, 하나님은 좀처럼 잦아들 줄 모르는 하나의 살아있는 힘을 우리 안에 창조하셔야만 했다.[30]

끝으로, 성적 갈망은 우리를 믿음과 하나님께 대한 갈급함으로 초대한다. 많은 고대 종교가 좋은 이유에서 성을 신격화했다. 우리의 성적 갈망에는 하나님을 찾는 추구에 상응하는 체험들이 있다. 상대에게 빠짐, 유희, 황홀경, 평소의 자기를 벗어남, 두 인격체의 구분(함몰이 아닌), 연합의 갈증 등이다. 앨런 에클레스톤(Alan Ecclestone)은 두 인간 사이의 성 경험이 "기도의 특징이 되는 면들, 곧 주목함, 관심을 기울임, 호칭, 존재의 보다 깊은 차원에서 소통하려는 열망, 상대와 일정한 교감에 이르려는 시도 등"을 불러일으킨다고 했다.[31] 영성이 성과 무관하다고 말하는 것은, 우리가 점점 더 인간다운 인간이 되기를 원하시는 하나님의 뜻을 부인하는 것이다. 그러나 지금부터 보겠지만, 때로 그 갈증은 삶의 의미에 대한 까다로운 의문의 형태로 찾아온다.

의문 : 전도서의 영성

파스칼(Blaise Pascal)의 『팡세』와 마찬가지로, 조각글을 모아놓은 것이 확실시되는 난해한 책 전도서는 의문의 연속으로 되어 있다. 욥기와 달리 전도서의 대화 상대는 하나님이 아니라―전도서에 하나님이 부재하는 것은 아니지만—본인 자신이거나 어쩌면 질문하는 속인(俗人)이다. 흔히 지적되는 것처럼, 전도서와 욥기는 둘 다, 의로운 길이 형통과 성공을 낳는다고 말하는 잠언의 지나치게 단순한 접근을 바로잡아 준다. 그렇다고 두 책이 지혜의 길을 거부하는 것은 아니다. 사실 전도서 10:18에서 보듯이 전도자도 똑같이 말하는 것 같다. "게으른즉 서까래가 퇴락하고 손이 풀어진즉 집이 새느니라." 그러나—이 "그러나"가 전도서의 화두다—수고하는 사람은 "내가 누구를 위하여 수고하는고"(4:8)라고 묻는다. 그는 자신의 모든 수고가 단번에 사라지는 것을 볼 수도 있다(5:14). "모든 것이 헛되도다"(1:2) 내지는 "바람을 잡으려는 것"이라는 초두의 선언에서부터 인간의 불가피한 쇠락에 대한 생생한 기술(12:1-7)을 "헛되도다! 헛되도다!"로 마무리 짓는 종결부에 이르기까지, 전도서는 세상의 유토피아적 이념이 악과 죽음의 문제를 충분히 다루지 못함을 보여준다. 이는 현대에도 자못 시의성 있는 문제다. 성기를 가리던 무화과 잎사귀는 현대 세계에서 죽음 자체의 문제로 자리를 옮겼다. 마치 죽음이 "우리가 까치걸음으로 피해 지나갈 수 있는 잠자는 개"라도 되는 양 말이다.[32]

삶의 어려운 질문 속에서 만나는 하나님

이 책을 해석하는 두 가지 방식이 있다. 전도자나 스승으로 번역되는 '코헬렛'(Qoheleth)은 삶의 의미에 대해 자기 자신의 깊은 의문을 탐색하고 있거나, 아니면 일각의 주장처럼 다른 사람의 의문들을 다루고 있다. 후자의 경우 전도서는 하나님을 믿지 않고도 잘 살아갈 수 있다고 생각하는 세속주의자들에게 들려주려고 기록한 변증서가 된다.[33] 어느 경우든—본인의 의문이든 질문자에게 답하는 변증이든—갖은 수단을 다 써서 삶을 꿰뚫어 보는 관찰이 곧 이 책이다. 전도자는 "지혜"—하나님의 지혜가 아니라 세상의 지혜—를 탐색한 후(1:12-18, 2:24-3:15, 7장) 현실 체계의 정리를 궁리하려는 시도가 결국 바람을 잡으려는 것이라고 결론짓는다. 이어 그는 쾌락과 문화로 넘어간다(2:1-23). 쾌락의 역설은 "추구하면 할수록 얻는 양은 줄어든다"[34]는 것이다. 아침녘의 "숙취"와 포만의 욕지기가 우리를 기다리고 있다. 전도자는 계속하여 수고와 노력을 생각하게 한다(2:17-23). 아무리 밤늦도록 수고해도 그 수고의 결실은 필시 미련한 다른 사람들 몫으로 넘어간다. 그것은 직장의 야근으로 끝나지 않는다. "그 마음이 밤에도 쉬지 못"한다(2:23). 무엇을 위해서? 일 중독자들은 결국 일을 위해 사는 것이 얼마나 허망한지를 깨닫는다.

돈도 마찬가지다. 돈을 사랑하면 절대 만족함이 없고(5:10), 부자는 걱정이 많아 밤잠도 못 잔다(5:12). 세속 종교도 결국은 허무하다. 세속 종교가 하는 일은 하나님을 이용하려 하는 것이다. 말은 많지만 다 공허하며, 하나님의 전에서 그렇게 빈말로 드리는 예배는 "우매자의 제사"다(5:1). 끝으로, 입에 담아서는 안되는 죽음이 있다(9:1-10). "무릇 네 손이 일을 당하는 대로 힘을 다하여 할지어다. 네가 장차 들어갈 음부에는 일도 없고 계획도 없고 지식도 없고 지혜도 없음이니라"(9:10). 여기에 우리는 뭐라고 말할 수 있을까?

첫째, 모든 것이 무슨 소용인가 하는 까다로운 질문을 과감히 던져야 한다. 어떤 조사에 따르면, 경건한 그리스도인들도 선량한 불신자들 못지않게 인생무상을 느낀다고 한다. "한 번뿐인 인생 속히 지나가리라. 오직 그리스도를 위해 한 일만이 영원하리라." 이 시구(詩句)에 깔린 전제 때문에 신학교, 전문인 사역, 희생적 교회 봉사에 들어선 세대가 한둘이 아니다. 종교적인 일만이 영원하고 의미 있다는 가정에서 말이다. 누구

지혜의 길 151

든 까다로운 질문을 던지고, 정말로 그 질문을 충분히 깊게 파고드는 편이 낫다. 전도자처럼 우리도 그렇게 한다면, 우리도 삶을 벗어나기보다는 삶 속으로 들어가 "기쁨으로 네 식물을 먹고 즐거운 마음으로 네 포도주를 마시고", "네 손이 일을 당하는 대로 힘을 다하여 하고"(9:7-10), "수고함으로 낙을 누리는 것"(3:13)이 좋다는 데 공감할 것이다. 또 현재만이 우리에게 주어진 시간이며(11:7-8) 인생이 "하나님의 선물"(3:13)임을 깨달을 것이다. 인생은 짧지만 "실로 아름다운 것"이다(11:7).

둘째, **인간 만사에는 위험이 따르며 우리는 불확실성 속에서 겸손하고 책임감 있게 사는 법을 배워야 한다.** "너는 네 식물을 물 위에 던지라"(11:1)는 말은 교회 헌금에 대한 이야기가 아니라 계산하지 말고 베풀며 살라는 뜻이다. 누가복음 16:9의 예수의 말씀과 아주 흡사하다. 이는 옥수수 해상 무역에서 나온 은유다. 지중해로 곡물을 운반하려면 위험이 따른다. 모험으로 손해 볼 각오가 없는 사람은 아무 일도 하지 않는다. 늘 완벽한 기후를 찾아 하늘만 쳐다보는 사람이 뿌리지도 않고 거둘 것도 없는 것과 같다. 그러므로 지혜의 길은 모든 것을 한 사업에 걸지 않고 위험을 분산하는 것이다(22:2, 6).

셋째, **삶의 지혜는 카이로스의 시간—순차적 시간이 영원과 의미로 충만해지는 결정적 순간—을 분별하는 것이다.** "범사가 기한이 있다"(3:1)는 말은 그저 세월의 조류가 끝없이 밀물과 썰물을 되풀이한다는 말이 아니라, 하나님이 각기 다른 계절과 시간을 택하신다는 뜻이다. 우리가 영적으로 할 일은 하나님의 움직임과 날마다 자신에게 주어지는 기회를 분별하는 것이다(8:5-6). 그러려면 시계나 달력으로 살지 않고 마음으로 살아야 하며, 이는 예수께서 친히 제기하신 문제다(눅 12:56).

넷째, (잠언, 욥기, 아가서와 마찬가지로) **삶 자체는 하나님을 구하여 찾**

으라는, 아니 더 정확히 말해 하나님이 나를 구하여 찾으시게 해드리라는 초청이다. 전도자는 그것을 이렇게 표현한다. "하나님이 모든 것을 지으시되 때를 따라 아름답게 하셨고 또 사람에게 영원을 사모하는 마음을 주셨느니라"(3:11). 데렉 키드너는 이에 대해 "우리는 마음에 영원을 지닌 자이므로 시간과 모든 일시적인 것들은 우리를 실망시킬 것이다"[35]라고 했다. 전도서에는 "해 아래의" 삶에 대한 세속적인 인생관을 넘어서는 시사적인 단서들이 나오는데, 방금 인용한 주(註)도 그중 하나다. 그러므로 수고, 쾌락, 정부(政府), 지혜, 결혼, 돈, 가정은 우리를 전도자의 하나님이기도 한 그 하나님, 곧 그리스도의 아버지께로 인도하는 복음 전도자들이다.

다섯째, **하나님을 경외함으로 삶은 의미를 찾는다.** 잠언이 시작하는 곳─"여호와를 경외하는 것이 지혜의 근본이요"─에서 전도서는 끝난다. "하나님을 경외하고 그 명령을 지킬지어다. 이것이 사람의 본분이니라. 하나님은 모든 행위[를]……심판하시리라"(12:13-14). 그렇기 때문에 죽음은 최후 답변이 아니다. 최후 답변은 심판, 하나님과의 대면, 창조주의 최종 평가, 하나님 자신이다.[36] 그래서 우리는 절망과 냉소를 웃음으로 넘겨 버릴 수 있고, 인간의 유한성과 피조물 된 신분을 기뻐할 수 있고(8:14-17), 하나님을 경외할 수 있다(5:7). 그분의 행사는 태아가 자궁에서 자라는 것만큼이나 신비롭다(11:5). 하나님께는 신비가 있다. 만일 하나님이 우리 인간의 좁은 마음에 들어맞거나 우리의 경험으로 제한되거나 우리의 신학적 기술로 그 행사를 담아낼 수 있다면, 그분은 예배 받기에 너무 작은 하나님이다. 전도서는 인간의 타락(창3:16)을 암시하고 있지만 소망도 내비치고 있다. 바울은 로마서 8:18-25에 그 소망을 보다 자세히 표현했다. "피조물이 허무한 데 굴복하는 것은 자기 뜻이 아니요 오직 굴복케 하시는 이로 말미암음이라. 그 바라는 것은 피조물도 썩어짐의 종노릇한 데서 해방되어 하나님 자녀들의 영광의 자유에 이르는 것이니라."

지혜의 길

그러므로 지혜서에 제시된 영적 자세는 본질적으로 묵상이다. 세상과 격리되어 은둔한다는 뜻의 묵상이 아니라, 하나님을 경외함과 관련시켜 삶의 의미를 되새기고 하나님 자신께 주목하는 것이다. 흔히들 말하는 대로 명상과 묵상의 차이는 이렇다. 명상(meditation)은 우리의 관심을 세상사에서 하나님의 일(하나님의 영광, 목적, 뜻, 피조물)로 돌리는 훈련인 반면, 묵상(contemplation)은 우리의 관심을 하나님의 "일"에서 돌려 하나님께 주목하는 것이다. 그러나 묵상의 자세는 세상을 등짐으로 시작되는 것이 아니라 코앞의 세상을 보고, 지갑을 들여다보고, 일과를 마친 후 생각에 잠기고, 배우자의 눈을 보며 사랑의 말을 속삭이고, 오해와 정서적·신체적 고통의 가장 어두운 순간에도 의를 포기하지 않음에서 시작된다. 우리는 오직 하나님이 우리를 사랑하시고 인정하셨기 때문에 그 의가 우리에게 있음을 안다. 그러므로 여호와를 경외함은—역시 공경과 애정의 관계라는 의미에서—지혜로운 삶의 시작일 뿐 아니라 또한 끝이다.

3부
신약의 영성

7

교제의 동지들

세상에 평가 절하된 단어가 있다면 바로 "교제 시간"이다. 예배 후의 "교제 시간"은 10분 동안 묽은 커피나 마시는 시간이 되었고, 그나마 대다수 교인들이 교묘히 피해 간다. "어디서 교제하느냐?"는 말은 "어쩌다 한번씩 어디에 가서 성가대 찬양과 목사의 설교를 듣느냐?"는 뜻이다. 모든 것이 지극히 피상적인 경향이 있다. 우리 서구인들은 대가를 지불해야 하는 깊은 교제로 삶을 나누는 데는 거의 문외한이다. 소비자 중심주의가 우리 종교에도 감염되었다. 우리는 예배 장소마저 고르고 가린다. 대개 그 장소에 대한 지속적 헌신은 전혀 없다. 우리는 다른 사람들과 마음으로 깊이 이어지는 데는 거의 문외한이다. 비단 우리의 쾌락주의 때문만이 아니라 우리의 독립심도 원인이다. 사업을 밀어붙이는 태도에나 교회도 마음에 안 들면 떠난다는 태도에나, 그 이면에는 내 일은 내가 알아서 한다는 신조가 있다. 지도자와 심각한 의견 차이가 있으면 영국의 경우 탈퇴해 버리고 북미의 경우 나가서 자기 교회를 세운다. 따라서 우리는 동료 그리스도인들의 희로애락을 나누는 데는 거의 문외한이다. 우리는 최대한 교제를 피하고, 핵가족화의 진전에 관한 제임스 답슨 테이프를 보며, 하나님 집에서 얻을 수 있는 삶의 질을 거의 무시한 채 집이라는 작은 상자에 갇혀 살아가는 경향이 있다.

기독 교회가 언제나 그랬던 것은 아니다. 세상의 3분의 2나 되는 많은 곳에서는 지금도 그렇지 않다. 거대한 대륙 아프리카가 특히 그렇다. 노인들을 양로원으로 보내거나 고아나 사생아들을 고아원으로 보낸다는 것은 그들에게 상상할 수도 없는 일이다.

기독교 운동이 맨 처음 시작하던 장면을 상상해 보자. 여기 열두 명의 남자가 다락방에 앉아 천하에 이상한 유월절 식사를 나누고 있다. 어린양은 접시 위가 아니라 식탁의 머리(상좌)에 있다! 슬프고도 신비스런 아주 특별한 식사지만, 그동안 길에서, 시골에서, 배 위에서 삶을 나눈 3년 세월의 절정이다. 그 세월 동안 그들은 함께 웃고 울고 기도하고 수고했다. 이것이 그리스도인의 교제(fellowship)다. 오죽이나 깊고 헌신된 것이었으면, 그중 하나가 떠나자 그들이 유다의 이름을 영원히 오명으로 기억했을까.

이번에는 주후 33년의 예루살렘 어느 집으로 함께 가보자. 그곳은 사랑과 희생, 나눔과 배려의 본산이다. (여태까지 내가 본 중에 이들 초대 그리스도인들의 특징인 가르침과 교제와 떡을 떼는 것과 기도에 가장 가까운 모임은, 1960년대 토론토의 어느 기독교 반문화 소그룹이었다. 아무도 사유 재산이 없었고 그저 사랑이 넘쳐흘렀다.) 예루살렘 교제를 은밀히 깨뜨린 두 사람이 있었다. 오늘의 교회에서라면 발각되지 않았을 것이다. 아무도 문제의 두 사람을 굳이 찾아가지도 않았을 것이다. 그러나 그들은 초대 교

교제의 동기들 157

회의 교제의 질에 철저히 역행했고, 그리하여 지금 아나니아와 삽비라의 수치는 온 세상에 알려졌다.

이번에는 한낮의 폭양이 이글거리는 터키 해안 밀레도의, 나무 그늘에 편히 앉은 한 무리 속에 끼어 보자. 풍상을 겪은 얼굴, 검은 눈빛, 매부리코에다 미소가 시원스럽고 손에 옹이가 박인 한 유대인이 일단의 남자들과 깊은 대화를 나누고 있다. 그들은 존경과 최고의 애정이 뒤섞인 얼굴로 그를 바라보고 있다. 그는 말한다. "내가 삼년이나 너희와 함께 있어 이 손으로 나와 내 동행들의 쓰는 것을 당하였노라." 이어 그는 성령께서 그들을 감독자로 세우셨으니 하나님의 양떼를 잘 돌보라고 당부한다. 이것이 그리스도인의 교제다.

이번에는 루쿠스 골짜기 골로새의 어느 귀족의 저택으로 가서 함께 환대를 받아 보자. 한 귀부인과 햇볕에 그을린 기품 있는 남편이 널찍한 농가에서 신자들 무리를 대접하고 있는데, 그중 다수는 그 집에 딸린 사람들이다. 안뜰 분수 옆에 포도주가 있고 뜰을 굽어보는 방에 만찬이 있다. 식후에 그들은 그 밤의 주빈인 두기고를 환영하는 시간을 갖는다. 그는 그들의 사랑하는 친구인 옥에 갇힌 바울의 소식과 편지를 가져왔고 또한 오네시모라는 노예를 데려왔다. 당시의 모든 저택에는 노예들이 있었다. 주인의 재산을 훔쳐 달아났던 오네시모는 감옥에서 바울을 만났고, 바울은 그를 그리스도께 인도한 후 이제 빌레몬서라는 편지를 들려서 두기고 편으로 옛 주인에게 돌려보낸다. 이는 엄청난 모험이었다. 달아났다가 잡힌 노예를 기다리는 것은 고문과 죽음이었다. 그러나 주인 빌레몬은 오네시모를 포옹으로 맞이한다. 어둠 속에서 도둑으로 떠났던 오네시모가 그리스도 안에서 사랑하는 형제로 돌아왔다. 이런 일은 오직 예수의 교제 안에서만 가능했다. 고대 세계 어디에도 여기에 필적할 만한 것은 없었다.

물론 고대 세계에도 교제의 다양한 표출은 있었다. 주전 5세기의 아테네 사람들은 도시 국가와 민주주의로 그것을 창안하다시피 했다. 그러나 차츰 미몽이 깨졌다. 유대교 기관들도 마찬가지였다. 보통 사람들은 의미 있는 관계와 일체의 실권 행사에서 제외되었다. 그래서 갈수록 고대 세계의 유대인들은 웬만큼 연대감을 누릴 수 있는 '하부롯'(*baburoth*)이라는 형제단에 속했고, 이방인들은 무역 길드라는 동업자 조합에 속해 자신의 장례비용을 준비했다. 양쪽 다 흔한 일이었다. 그것도 아니라면 신비 종교들 가운데 하나에 들어가 죽음과 환생의 비밀 의식에 참여하여 자신의 존재 의미를 찾으려고 할 수도 있었다.

이렇듯 어떤 의미에서 기독교 공동체는 특이할 데가 없었다. 그들도 날로 더 자주적 조합을 지향하던 고대 세계 운동의 일부였다. 흔히 이런 비공식적 조합을 '코이노니아' 즉 교제라 불렀고, 로마 정부도 그것을 용납했다. 그러나 사실 그리스도인들의 교제는 질적인 차이가 있었다. 이는 귀족과 노예, 로마 시민과 지방민, 유대인과 이방인, 부자와 가난한 자, 남자와 여자가 차별 없이 동등한 자격으로 섞여 있는 조합이었다. 이는 유례없는 사랑과 상호부조로, 보는 사람들을 놀라게 하고 매혹하는 단체였다. 물론 다른 이유들도 있지만, 바로 그러한 이유 때문에 신약성경 기자들만 아니라 2-3세기의 이그나티우스(Ignatius), 클레멘트(Clement), 테르툴리아누스(Tertullianus)도 연합을 그토록 중요시했다. 그들이 예배하던 하나님의 "다양성 속의 연합"을 보여준 것은 바로 그들의 일치였다. 찾아와서 구경하는 사람에게 그들 가운데 하나님이 계시다는 확신을 줄 수 있는 것은 오직 확실히 연합된 교회였고, 거기서 각 지체는 성령의 감동에 따라 거리낌 없이 생각을 나누었다. 사실 많은 사람들이 그런 확신을 품었음에 의심의 여지가 없다. 예컨대 테르툴리아누스는 그리스도인 교제 모임의 특징인 애정과 순수함에 주목했는데, 그들은 하늘 아버지와의 관계를 공유하였으므로 의당 "형제들"로 불렸다.[1] 예배, 교제, 만찬은 모두 아버지가 보시는 중에 시행되었다. 지위가 낮은 자, 궁핍한 자, 병든 자들에게는 특별한 배려를 베풀었다. "마음과 영으로 하나 된 우리는 주저하지 않고 이 땅의 재물을 서로 나눈다. 아내만"—테르툴리아누스의 냉정한 지적대로 이교도들이 가장 공유하려 한 바로 그 부분—"빼고는 모든 것이 공유 재산이다." 이러한 그리스도인의 모임에는 사랑이 한없이 흘러넘쳤고, "우리가 믿음의 양분을 취하고, 소망을 살리고, 확신을 다지고, 좋은 습관을 굳히고, 책망과 치리를 시행하는 거룩한 말씀"이 그것을 지탱해 주었다.[2]

이 놀라운 교제의 비밀은 무엇인가? 거기에 대해 통찰을 주는 단어들이 특히 '아가페'(*agape*, 사랑)와 '필라델피아'(*philadelphia*, 형제 우애)를 비롯해 신약에 많이 있지만, 가장 중요한 단어는 역시 교제를 뜻하는 '코이노니아'(*koinonia*)일 것이다.[3]

코이노니아 즉 교제란, 기본적으로 "함께 참여한다"는 뜻이며, 본래 종교적인 단어가 아니다. 신약의 대다수 중요한 단어들처럼 이 역시 지극히 세속적인 단어이며, 그것을 알고도 일부러 가져다 쓴 것이다. 생업의 동업자(눅 5:10)나 어떤 일에 동참함(빌 4:15)에 이 말이 쓰인 것을 볼 수 있고, 바울은 또 자신의 동역자들에게 이 말을 썼다(고후 8:23). 그러나 교제의 첫째이자 주요 의미는 신약의 책장 속에서 폭발력 있게 분출한다.

하나님께 동참함

이것은 로마서 15:27, 고린도전서 1:9, 고린도후서 13:13, 빌립보서 2:1, 요한일서 1:3 같은 구절에 여러 모양으로 표현되어 있다. 신약의 가장 감격스런 예는 수신자들을 하나님 자신의 성품에 참예하는 자들, 곧 '코이노노이'(koinonoi)로 부르며 인사하는 베드로후서 1:4 말씀이다!

초대 그리스도인들이 크게 기뻐했던, 예수와 하늘 아버지와의 이 교제를 우리는 두 가지로 볼 수 있다.

단어들이 쓰인 방식으로 보면, 우리의 삶을 그분과 함께 나눈다는 뜻이 있다. 그분은 우리의 친구요 형제이시며, 우리는 밤낮없이 언제라도 우리의 감정과 요청을 그분과 나눌 수 있다. 평범하고 단조로운 우리 삶을 하나님 자신과 나누는 것이다!

그러나 코이노니아는 보다 깊은 의미로 해석될 수 있다. 우리가 그분의 삶에 동참하는 것이다. 우리는 그분의 고난에(롬 8:17), 그분의 죽음과 부활에(롬 6:8; 빌 3:10) 동참한다. 우리는 그분과 함께 살리심을 받았다(엡 2:5-6). 우리는 그분과 함께 다스릴 것이다(딤후 2:12). 우리는 그분의 미래의 영광에 동참할 것이다(살후 2:14). 그러므로 그분이 우리의 문제와 역경에 동참하실 뿐 아니라 우리도 그분의 부활하신 삶에 이미 지금부터 동참하고 있다. 그 능력의 손길과 그 영광의 흔적이 우리 삶에 있다. "그리스도께서 나타나실 그때에 너희도 그와 함께 영광 중에 나타나리라"(골 3:4). 얼마나 찬란한 미래인가!

말할 것도 없이 하나님과의 교제는 인간의 죄악과 실패로 위축된다. 그러나 손상될 뿐(요일 1:6) 폐기되지는 않는다. 자기 삶의 죄를 깨달을 때 우리는 자백하고 용서를 구해야 한다(요일 1:9, 2:1).

그러면 우리는 용서에 **신실하신** 하나님을 만난다. 엄연히 우리는 그분의 가족이다. 또한 우리는 용서에 의로우신 하나님을 만난다. 엄연히 그리스도는 십자가에서 우리 대신 죄악의 대가를 치르셨다. "아버지 앞에서 우리에게 대언자가 있으니 곧 의로우신 예수 그리스도시라." 여기 요한일서 2:1에 예수를 지칭하여 쓰인 단어는 의미심장하게도, 요한복음의 고별 강화에서 성령을 지칭하여 사용된 '파라클레토스'(*parakletos*)다. 성령은 우리 곁에 계셔서 아버지의 사정을 우리 마음에 변호하시는 아버지의 보혜사(*paraclete*)다. 그리고 예수는 아버지 곁에 계셔서 우리의 사정을 하늘 법정에 변호하시는 우리의 보혜사다! 그분은 단번에 영원히 우리 죄를 처리하신 화목제물(*hilasmos*)이신 까닭이다. 그분은 죄를 감당하는 일을 다 이루시고 자신의 임재로 그것을 아버지께 내어드린다. 하나님이 완전한 의와 기이한 사랑으로 우리 이기적인 인간들에게 자신과의 측량 못할 교제의 특권을 허락하시니 얼마나 좋으신 분인가!

그러나 그분과의 교제는 절대로 일대일이 아니다. 다른 사람들과 더불어 나아가는 교제다. 기독교 신앙은 모든 자기수양 종교 단체들과 "나만을 위한" 깨달음이나 만족을 구하는 신앙들과는 전혀 다르다. 교제이신 삼위일체 하나님과 교제하면서, 그 교제가 한 가족의 다른 사람들에게 흘러넘치지 않는다는 것은 불가능한 일이다.

신자들에게 동참함

바울은 그리스도인의 공동생활을 "교제의 악수"(갈 2:9)라 표현했다. 이는 악수 이면의 실체를 가리킨 말이다. 오순절 이후로 신자들은 어느새 사도들의 교제 속에 깊숙이 들어가 있었다(행 2:42). 그리스도인 가족의 교제란 우리가 고르는 것이 아니다. 선택은 이미 되어 있다. 본래 형제자매란 우리가 고르는 것이 아니지 않던가! 의미심장하게도, 신약성경이 그리스도인들을 가리켜 가장 즐겨 쓴 표현은 형제들(*adelphoi*)이다. 성령은 우리를 가르쳐 "아바 아버지"라 부르게 하시지만 절대로 따로 떼어 그러시지 않는다. 우리가 부르는 그분은 **우리 아버지**다! 그러므로 신약의 교제는 아버지와의 사귐이자 동시에 동료 그리스도인들과의 사귐을 뜻한다. 이 이중 교제가 성찬식으로 완벽하게 표현된다. 고린도전서 10:16-17에 보면, 떡과 포도주는 우리와 예수와의 관계의 표현이자 동시에 우리와 동료 그리스도인들과의 관계의 표현이다. 교회와 성찬의 떡 둘 다 우리 모두가 참예하는 "몸"으로 지칭된다. 기독교는 불가피하게 단체적이다.

"몸"이라는 말은 초대 그리스도인들의 자기이해에 대단히 중요하다. 우리는 그리스도 안에서 한몸이며(바울이 로마서 12장, 에베소서 4장, 고린도전서 12장에 역설한 대로), 우리 각자는 그 몸의 지체다. 이 몸 안에 우월감이 들어설 자리는 없다. 우리가 이 몸에 속한 것은 자신의 선택이나 자격 때문이 아니기 때문이다. 또한 열등감이 들어설 자리도 없다. 덜 멋있어 보이는 부분일수록 하나님이 특별히 돌보시기 때문이다. 부재의 구실은 더더욱 없다. 우리는 서로 지체이며 한 지체가 아프면 모든 지체가 아프기 때문이다.

그러므로 하나님께 동참한다는 것은 당연히 그분 가정의 다른 사람들에게 동참한다는 뜻이다. 죄 많고 연약함에도 불구하고 교회가 그토록 중요한 이유가 거기 있다. 교회는 그리스도의 몸이요 우리는 그 몸의 팔다리다. 교회는 그리스도의 양떼요 우리는 그 안의 양이다. 교회는 그리스도의 신부요 우리는 그 신부의 구성과 장식에 일조한다. 이것이 신약성경의 교회가 이해한 교회상이다.

신약성경의 교회는 주로 세 가지 모습이다. 우선 "어느 마을의 교회"를 뜻할 수 있고 성경에서 종종 그렇게 표현되었다(살전 1:1). 그런데 그 교회는 여러 가정 모임들로 구성된다. 또한 "전 세계 교회"를 통칭하기도 한다(행 9:31). 단수 "교회"와 복수 "교회들"이 구별 없이 사용되었다. 중요한 수식어는 "하나님의"(tou theou)다. 즉 교회는 하나님의 교회다.

'에클레시아'(ekklesia), 즉 교회라는 단어의 어원은 그리스 도시 국가에 있다. 에클레시아는 도시 국가에서 열리는 집회였다. 그러나 헬라어역(譯) 구약에서, 하나님의 회중을 뜻하는 히브리어 단어 '카할'(qahal)이 흔히 이 말로 번역된다. 예배에 모인 그리스도인들은 단순히 우연히 모인 집회가 아니라 옛날 아브라함 때부터 내려온 하나님 유산의 일부다. 그러므로 그 유산 안에서는 연합이 매우 중요하다. 이미 하나님 백성인 그들은 더욱 그 백성답게 되려고 여전히 힘써야 한다. 이미 성령 안에서 하나인 그들은(엡 4:3) 더욱 하나가 되려고 힘써야 한다. 이것은 성경에 끊임없이 반복되는 주제다. 우리는 오직 하나님의 호의로만 그분께 받아들여졌다. 이제 우리는 그분의 능력으로, 그분이 이미 보시는 모습답게 되어야 한다.

우리의 경박한 교파주의에 따끔하게 해줄 말이 여기에 있다. 신약성경에는 교단의 기미가 전혀 없다. 교단은 교회의 죄다. 유대인 교회, 사마리아인 교회, 이방인 교회로 갈라지고 싶은 유혹은 분명 솔깃했다. 그러나 그들은 넘어가지 않았다. 초대 그리스도인들은 엄청난 노력을 기울여 연합을 유지했다. 그들의 힘이 거기 있다. 오늘날에도 우리는 그런 모습을 조금 본다. 확연히 다른 교단에 속한 교회들이 차이를 내려놓고 선교나 도시의 다른 공동 사역을 위해 협력할 때, 지역사회 전체가 커다란 충격과 깊은 영향을 받는다. 단독으로는 어느 교단에도 오지 않았을 복음의 기회들이 그렇게 함께할 때 그들에게 열린다. 하나님과의 교제는 다른 그리스도인들과의 교제와 조화를 이루어야 한다.

서로의 경험에 동참함

기쁨과 슬픔

신약에 사용된 코이노니아에는 더 깊은 의미가 있는데, 서로 기쁨과 슬픔을 나누는 것까지 포함한다. 고린도전서 12:26에 보듯이, 우리는 교회라는 몸 안에서 긴밀하게 서로 의존적인 존재다. 한 식구가 성공하면 온 가족이 기뻐하고 한 식구가 실패하면 온 가족이 슬퍼하듯이 교회도 마찬가지다.

재정적 필요

서로 재정적 필요를 나눈다는 뜻이다. 아주 초창기에 예루살렘 그리스도인들이 모든 것을 공유한 것과 같다(행 4:34-35). 안디옥 그리스도인들이 예루살렘 형제자매들의 임박한 곤경을 들었을 때와 같다(행 11:27-30). 이방인 교회들이 자기들에게 복음을 전해 준 유대인 그리스도인들을 위해 헌금하고 싶어한 것과 같다(롬 15:26). 사용된 단어는 코이노니아, 곧 교제다. 의미는 공감의 차원을 훨씬 벗어나 물질의 희생적 나눔을 뜻했다. 빌립보서 4:15가 좋은 예다. 여기도 물질을 주고받는 일이 코이노니아로 표현되고 있다. 갈라디아서 6:6, 로마서 12:13도 마찬가지다. 그리스도인들은 이것을 달갑지 않은 부담으로 보지 않았다. 그들은 형편이 어려운 중에도(고후 8:4) 주고자 했고 이런 교제에 동참하기 원했다. 고린도후서 9:13에 바울의 설명이 더 나온다(고린도후서 8-9장에 물질을 나누는 특권에 대한 가르침이 가득하다). 그리스도인들은 복음에 순종하는 마음으로 가난한 형제들에게 물질을 나누고, 받는 자들은 그들을 통해 전해진 하나님의 풍성한 공급으로 그들을 사모하며 그들을 위해 기도한다. 기쁨과 사귐이 넘쳐난다. 이것은 그들 모두를 향한 하나님의 말할 수 없는 은사에서 비롯된 것이다(고후 9:15).

우리가 이러한 차원의 교제를 정말 마음에 새긴다면 겉으로 확연히 드러날 수밖에 없다. 내가 들었던 파키스탄의 두 사례가 그 점을 분명하게 보여준다. 예배 후에 목사는 작은 교회의 노동자들을 모아놓고, 몇 달째 아파서 집세를 내지 못하는 한 형제의 사연을 들려주었다. 남자들은 자기들도 가난하지만 즉각 뜻을 모아 집세를 대신 내주었다. 여러분의 교회였다고 해도 똑같은 일이 일어났겠는가?

다른 사례는, 물질의 나눔을 통한 교제가 반드시 부자 쪽에서 가난한 자 쪽으로 가야 하는 것이 아님을 잘 보여준다. 반대쪽으로 갈 수도 있다. 어느 선교사 가정이 반(反)서구 폭동 때문에 몇 주째 바깥출입을 못했다는 사실을 파키스탄의 한 가난한 과부가 들었다. 그녀는 "그 집에 먹을 것이 필요할 것 같다"는 생각이 들었다. 그래서 근처 시장에서 야채를 사서는, 버스로 몇 킬로미터나 떨어진 거리에 있는 선교사 집에 가져다주었다. 선교사 가정에서 그 선물의 가치란 가히 값으로 따질 수 없는 것이었다! 이런 일이 우리 교회들의 규범이 된다면, 주변 사회가 자세를 고쳐 앉고 우리를 바라볼 것이다. 필요가 채워질 뿐 아니라 교인들

사이의 감사와 교제의 끈이 훨씬 강해질 것이고, 아직 그리스도인이 아닌 사람들은 깊은 매력을 느낄 것이다.

고난

교제는 또한 고난에, 그리고 하나님이 주시는 위로에 동참한다는 뜻이다. 고난은 인간 실존의 불가피한 부분이다. 대가를 마다않고 기꺼이 동참하는 것이 그리스도인의 본분이며, 그러다보면 때로 자신도 고난을 당할 수 있다. 고린도후서 1:7이 적절한 예다. 바울은 큰 고난을 당했고, 그의 예상대로 고린도의 그리스도인들도 고난을 당할 것이다. 그러나 바울이 그들의 기도에 힘입어(5, 11절) 예수의 위로를 맛보았듯이, 그들도 바울의 예상대로 동일한 위로를 받을 것이다. 베드로도 서신 첫머리에 현재의 고난과 나중의 영광을 동일하게 병치하고 있다(벧전 1:6). 이는 인내하라는 도전이다. "혹 비방과 환난으로써 사람에게 구경거리가 되고 혹 이런 형편에 있는 자들로 사귀는 자[*koinonoi*] 되었으니"(히 10:33). 그럼에도 히브리서 기자는 그들에게, 큰 상이 기다리고 있으니 담대함을 버리지 말라고 권면한다. 그들은 십자가에 달리셨으나 부활하신 주님을 따르는 자들이 아니던가. 그 둘 다에서 그분께 동참하는 것이 그들의 숙명이다.

헌신

교제는 배타적 헌신에 참여한다는 뜻이다. 이것은 희희낙락 꿩 먹고 알 먹을 생각에 경도된 서구 세계에는 어울리지 않는다. 그러나 기독교에는 단순히 다양한 회색지대로 전락될 수 없는 흑백의 영역이 있다. 흔히 잘못 인용되는 고린도후서 6:14-15도 엄격하게 그것을 요구한다. "너희는 믿지 않는 자와 멍에를 같이하지 말라.……빛과 어두움이 어찌 사귀며……믿는 자와 믿지 않는 자가 어찌 상관하며." 정말 가차 없는 말이다. 그리스도인의 순결과 구별된 삶을 지켜야 할 필요성에 있어서는 바울은 분명 한 치의 양보도 없다. 마치 신자들에게 완전히 세상 밖으로 나가라고 권하는 듯한 오해를 자초할 정도로 그의 태도는 단호했고, 오히려 그런 인상을 고쳐 주어야 했다(고전 5:9-11). "이제 내가 너희에게 쓴 것은 만일 어떤 형제라 일컫는 자가 음행하거나 탐람하거나 우상숭배를 하거나 후욕하거나 술 취하거나 토색하거든 사귀지도 말고 그런 자와는 함께 먹지도 말라 함이라."

바울은 모든 면에서 그리스도인 삶의 생기와 순결을 지키려는 열망뿐이다. 그리스도인들은 무엇이든 죄가 되는 일에는 절대 참예해서는 안되지만(엡 5:11; 딤전 5:22; 요이 1:11; 계 18:4), 특히 바울은 성찬식의 거룩한 떡과 포도주에 참여하는 자들이 귀신의 세력과 교제 곧 코이노니아에 들어가는 것을 우려한다(고전 10:18, 20). 옛날 사람들이 제사 지낸 우상들 자체는 허구적 존재였을 수 있으나, 우상숭배는 허구와는 거리가 먼 어둠의 세력들에게, 그리스도인들의 마음에 침투하여 내전을 벌일 기회를 주었다. 사도의 이러한 우려는 프리메이슨 같은 비밀 결사체와 사술(邪術)에 얼마나 딱 들어맞는가. 또한 매음과 같은 성적 부도덕도 그에 해당됨을 바울은 알고 있다. 매음은 "그리스도의 지체"를 "떼어 내어" 창기의 지체를 만드는 것이다(고전 6:15 이하). 그리스도께 대한 헌신은 다른 것에 대한 전폭적 헌신들을 배제한다. 주님은 자신의 신부인 교회와 그 속의 모든 지체에 대해 질투하시는 분이다.

돌아봄

교제는 교회 안의 우리 형제자매들을 사랑으로 깊이 돌본다는 뜻이다. '필라델피아' 곧 형제 우애는, 신약성경의 위대한 단어다. 베드로후서 1:7의 덕의 사다리에서 형제 우애는 아가페 바로 다음이다. 아가페는 모든 사람을 향한, 하나님이 주시는 무차별적인 사랑이다. 아가페와 형제 우애의 차이는 단순히 이것이다. 필라델피아가 집안 식구들을 향한 천국에서 난 가족애라면, 아가페는 사랑스럽지 못한 자들에게로 하나님 자신의 사랑이 흘러 나가는 것이다. 어느 교회든 이런 사랑이 삶의 특징이 되면 아름답다. 이런 사랑이 없으면 싸늘하다. 마음에서 우러나는 멋진 상호 간의 사랑은 사랑이신 하나님과 화목케 된 열매다(롬 12:10; 벧전 1:22). 신약성경 기자들은 이것을 거의 당연시한다. 하나님이 친히 그것을 가르치시고 영감을 주시지 않았던가(살전 4:9). 다만 그들의 관심은 그리스도인들이 일관된 태도로 항상 그렇게 사는 것이다. "형제 사랑하기를 계속하고"(히 13:1).

하나님의 일에 동참함

신약성경에서 코이노니아는 주님의 일에 함께 참여한다는 의미가 물씬 배어 있다(예: 고후 8:23; 빌 1:5; 히 10:33). 바울의 절친한 친구들은 그와 함께 일에 참여한 자들, "나의 동무요 너희를 위한 나의 동역자"(고후 8:23)인 디도 같은 사람들이다. 여기, 깊은 교제란 섬김의 부산물에 가깝다는 심오한 영적 진리가 있다. 교제가 싹트고 결속되는 것은 교제에 대해 연구하고 토론할 때가 아니라 함께 협력하여 하나님을 섬길 때다.

나는 인생의 한 시절을 교회 통합운동의 막후 협상실에서 기독교의 연합을 토론하며 보낸 적이 있다. 그러나 연합은 말로 이루어지지 않는다. 세계 기독교 협의회(WCC)가 처한 상황이 명백한 증거다. 인생의 또 다른 한 시절에 나는, 교단과 입장과 배경이 판이하게 다른 그리스도인 형제자매들로 더불어 전도사업과 기독교 사회참여에 힘썼다. 내가 진정으로 깊은 교제를 발견한 곳은 거기다. 교제는 섬김을 통해 왔다.

봉사의 땀 없이 교제의 기쁨만 원하는 교인들 때문에 축 늘어진 교회들이 많다. 그렇게는 얻을 수 없다. 교제란 하나님의 일, 특히 전도에 동참한다는 뜻이기 때문이다. 바울은 고린도전서 9:22-23에 이것을 아주 밝히 말한다. 그는 유대인과 이방인에게 예수의 기쁜 소식을 고루 전하기 위해 융통성과 일관성, 용기와 상상력, 동기와 끈기를 모두 동원했다고 고백한다. "여러 사람에게 내가 여러 모양이 된 것은 아무쪼록 몇몇 사람들을 구원코자 함이니 내가 복음을 위하여 모든 것을 행함은 복음에 참예하고자 함이라." 다시 "참예"의 단어 코이노니아에 주목하라. 복음 전파에 착수할 때에만 우리는 복음의 축복을 정말로 맛보기 시작한다. 교회는 이것을 배울 필요가 있다. 신학교도 이것을 배울 필요가 있다. 그리스도인 개개인들도 이것을 배울 필요가 있다. 당신과 나도 마찬가지다.

빌레몬은 그 진리를 알았던 것 같다. 빌레몬서 1:6에 바울은 넌지시 이렇게 암시한다. "이로써 네 믿음의 교제가 우리 가운데 있는 선을 알게 하고 그리스도께 미치도록 역사하느니라." 그러나 빌립보서 1:7에서는 그것이 더없이 분명해진다. "이는 너희가 내 마음에 있음이며 나의 매임과 복음을 변명함과 확정함에 너희가 다 나와 함께 은혜에 참예한 자가 됨이라." 빌립보의 그리스도인들은 옥에 갇힌 바울에게 돈과 쓸 것을 선물로 보냄으로써 그의 매임에 동참했다. 그들은 또 바울처럼 자기들도 복음을 전함으로써 그가 복음을 변명하고 확정하는 데 동참했다. 복음을 설명하고 변호하고 복음의 내적 견실성과 삶 전반에 대한 타당성을 보이려면 냉철한 머리가 필요하다. 지난 반세기 동안 기독교 변증론이 바닥까지 떨어진 것을 보면 슬프지만, 전도의 가장 중요한 부분인 변증론에 새롭게 관심이 일고 있는 것은 고무적이다. 그러나 복음에는 냉철한 머리만 필요한 것이 아니라, 이 놀라운 소식을 요하는 사람들을 찾아내 비가 오나 볕이 나나 사랑으로 그들을 하나님 나라로 인도할 따뜻한 마음도 필요하다. 함께 그 일을 할 때 그리스도인들은 성 삼위일체의 최고 관심사인 구원 사역에 가담하는 것이다. 아버지는 아들을 세상의 구주로 보내셨고 성령은 그 일을 위해 아들에게 세례를 주셨다. 하나님의 삶의 이 중대한 단면에 들어가 가난하고 궁핍한 죄인들을 섬길 때 그리스도인들은 교제의 가장 중요한 차원을 이해하게 된다. 이는 타락한 세상을 위한 그분의 은혜로운 구원 사역에 하나님과 함께 협력하는 것이다. 당신과 내가 더 깊은 교제를 사모한다면, 일부러 발 벗고 나서서 사역과 선교에 가담해야 할 것이다.

예수 그리스도의 교회 안에서 교제란 이처럼 다면체다. 그것은 하나님 자신의 삶에 동참한다는 뜻이다. 다른 신자들에게 동참한다는 뜻이다. 다른 그리스도인들의 폭넓은 경험을 함께 경험한다는 뜻이다. 하나님의 일에 동참한다는 뜻이다.

그리스도인 교제의 이 네 가지 주요 측면을 가장 잘 경험하는 길은 아마도 가정 모임일 것이다. 거기서 교제의 수평적 축과 수직적 축이 서로 교차한다. 주님과의 교제가 있고 서로 간의 교제가 있다. 이것은 주로 세 가지 방식으로 이루어진다.

첫째, 하나님을 향한 측면이 있다. 가정 모임에서 우리는 찬양과 기도로 그분을 예배한다. 우리는 성경에서 함께 배우고, 또 성경을 묵상할 때 그것이 서로의 삶에 영향을 미치는 방식을 보며 함께 배운다. 이것은 자연히 교제의 두번째 측면으로 이어진다. 서로 간의 교제다.

가정 모임은 서로의 기쁨과 슬픔을 나누고 서로의 경험 속으로 들어가기에 자연스러운 곳이다. 이런 식으로 우리는 한 달간 주일예배에만 참석할 때보다 훨씬 더 서로에게 가까워질 뿐 아니라 다른 사람들의 삶 속에서 일하시는 하나님을 보고 듣는 감격도 누린다. 서로를 잘 모르는 사람들 사이에는 이런 차원의 나눔이 불가능하다. 사람들은 자기가 알고 돌아보는 이들, 자기가 믿을 수 있는 이들에게만 자기 사생활의 내막을 털어놓는 법이다. 그렇다면 이런 차원의 신뢰와 돌아봄을 어떻게 키울 수 있을까? 꾸준히 모이는 소규모의 가정 모임에서 가능하다. 모든 교회는 가정 모임을 장려해야 한다. 가정 모임은 교회의 생명력과 성장에 필수다.

이런 모임이야말로 지역사회를 향한 섬김과 전도에 있어 준비된 기지다. 당연히 그것은 서로에 대한 섬김에서 시작되어 거기서부터 밖으로 뻗어나간다. 어느 선교사가 자신이 사역하는 회교 국가의 한 작은 가정 모임에 대해 이런 글을 썼다. 모임의 일원인 어느 노인이 큰 수술을 받게 되었다. 그와 그의 아내는 당연히 불안했다. 그 모임은 그들과 함께, 그들을 위해 기도했다. 수술 후 모임 사람들은 차례로 식사를 준비해 노인을 심방했다. 이 노부부는 부양해 줄 가족이 없었음에도 그리스도인 가족, 곧 가정 모임 지체들의 사랑에 찬 돌봄을 받았다.

그러나 바깥을 내다보지 않는 가정 모임은 금세 건강을 잃고 시들해진다. 섬김과 전도는 모임의 울타리 너머에서 일어날 필요가 있다. 이런 따뜻하고 응집력 있는 모임은, 얼마든지 한동안 갈라져서, 친구들을 초대해 요한복음 본문으로 귀납적 성경공부 같은 것을 함께 해도 좋다. 아니면 좀더 욕심을 내서 저녁식사 시간에 적절한 강사를 초빙해, 몇 차례 전도 파티를 열고 충분히 토론의 기회를 주는 것도 좋다. 교제의 대상은 하나님과 다른 그리스도인들만이 아니기 때문이다. 편안한 환경을 벗어나 하나님 사랑을 모르는 사람들한테 나아갈 때에만 우리가 섬기는 하나님처럼 교제의 질은 향상되고 교제의 목표는 성취된다. 모든 교회에 가정 모임이 더없이 귀한 부분이며 참된 교제의 화신인 것은 당연하다. 우리 각자는 가정 모임에 속할 필요성을 진지하게 생각할 필요가 있다. 또한 가정 모임 교제의 가장 놀라운 차원을 누리려면, 그룹이 바깥으로 뻗어나가는 것도 함께 진지하게 생각할 필요가 있다.

8

기도의 사람들

> 성경 탐구와 탐구하는 기도는 협력 관계다. 성경 메시지에서 받는 것을 우리는 기도로 이자를 붙여 그분께 돌려드린다.……기도는 우리 입장에서 볼 때 역설적이게도 선물인 동시에 쟁취하는 것이며 은혜인 동시에 의무다. P. T. 포사이스

기도는 어렵다. 기도가 호흡처럼 자연스럽다고 말하는 신앙의 거인들도 소수 있지만, 우리 대부분에게 기도는 여느 형태의 사귐의 관계가 그렇듯 꾸준한 노력이 필요하다. 기초과정을 마쳤다는 느낌은 결코 없다. 그리스도인의 삶이란 "늘 초심자의 일일 수밖에 없다"고 결론지은 칼 바르트의 말이 옳다.[1] 기도는 어려울 뿐 아니라 오늘날에도 널리 실천되지 않는다는 것은 놀랄 일도 아니다. 영성에 대한 관심이 고조되고 있으나, 그 초점은 기도 가운데 하나님을 얻는 것보다는 인격 수양에 있는 듯하다.

우리는 기도 없는 세대다. 기도하는 것이 본업인 목회자조차 평균적으로 하루에 고작 몇 분 기도할 뿐이다. 기도를 완전히 포기한 사람들도 있다. 이 같은 영혼의 기근의 때에 어떤 해갈이 가능할까?

이번 장에서 우리는 예수와 첫 제자들, 사도 바울과 요한 그리고 계시록의 저자의 기도생활에서 그 해결책을 찾으려 한다. 일부러 그런 방법을 택했다. 기도 없는 삶에 맞서기 위해 우리에게 필요한 것은, 부담스런 훈계가 아니라 그리스도인의 기도의 근원을 재발견하는 것이다. 기도는 교제요 대화이자 영적 쟁취이다. 기도는 자발적이자 동시에 상호적이어야 한다. 부부 간의 만족스런 사랑의 행위가 강제로 되거나 책자에 적힌 기술로 격하될 수 없는 것과 마찬가지다. 예수와 바울과 요한의 기도를 살펴보는 가운데 발견하게 되겠지만, 우리가 기도하지 않는 근본 원인은 교제의 대상인 하나님에 대한 이해가 불충분한 데 있다. 참된 기도란 가르쳐서 되는 것이 아니다. 우리의 연인이자 목자이며 남편이자 친구요 심판자이며 구주이며 손님이며 상담자이신 하나님께서 기도를 불러일으켜 주셔야 하는 것이다. 찾으시는 아버지가 우리를 기도로 이끄신다.

삼위일체 하나님은 우리를 기도로 부르실 뿐 아니라 우리를 통해 기도하신다. "우리가 마땅히 빌 바를 알지 못하나 오직 성령이 말할 수 없는 탄식으로 우리를 위하여 친히 간구하시느니라"(롬 8:26). 뿐만 아니라 "그리스도 예수시니 그는 하나님 우편에 계신 자요 우리를 위하여 간구하시는 자시니라"(롬 8:34). 삼위일체 하나님이 기도 가운데 어떻게 우리를 도우시는지에 관해 에드윈 휘(Edwin Hui)는 이렇게 말한다.

이러한 기도 사건에서, 기도하는 사람은 틀림없이 삼위일체 하나님의 세 가지 면을 "경험"한다. "성령"께서 그를 "아버지"를 향하여 "아들"의 삶 속에 통합시키시는 것이다. 이는 하나님의 삼위일체적 삶에 붙들리는 경험이요……기도하는 자 안에서 그를 통하여 하나님과 하나님이 나누시는 대화로 부름받는 경험이다. 말 그대로 하나님의 기도이자 참으로 하나님의 기도생활인 이런 상황에서, 인간이 할 수 있는 말이 "아멘" 외에 무엇이 있겠는가?[2]

그러므로 기쁜 소식은 하나님이 우리를 기도에 끌어들이신다는 것이다. 포사이스는 말한다. "우리에게 말씀하시는 분이 동시에 우리 안에서 들으신다. 그분이 우리 마음의 귀를 열어 주시기 때문이다(롬 8:15; 갈 4:6). 그분은 타자(他者)로서, 우리 안에 충만히 거하시면서 우리 자신을 **더욱 충만하게 하신다**. 따라서 우리의 기도는 하나님과 나누는 혼잣말이요 **둘 사이의 독백이다**."[3] 우리의 탐구는 예수의 즉석에서 우러나는 기도 "속으로 들어가" 시작하고자 한다.

즉석에서 우러나는 기도

자신의 기도생활에 관한 예수의 가장 계시적인 발언은 "나와 아버지는 하나이니라"(요 10:30)는 것이다. 예수께 기도란 원래 "훈련"이 아니라 매일의 음식과 음료와 같은 아버지와의 교제였다. 우정이 그렇듯이 기도는 그 무엇을 위한 것이 아니다. 심지어 "응답"을 위한 것도 아니다. 기도는 관계, 교제를 위함이다. 지금 우리는 위기 때 당연히 본능적으로 하나님을 찾는 것에 대해 이야기하는 것이 아니다. 그것만도 좋지만, 순간 순간 우리 삶의 자잘한 현실을 가지고 믿음으로 하나님께 가는 것, 그리하여 쉬지 않고 기도하는 것이다. 이를 위해 우리는 기도를 들으시는 그분의 성품을 알아야 한다. 인격적인 기도의 삶에 대한 예수의 우선되는 기여는 그분이 아버지를 계시하신다는 점이다. 예수께서 계시하시는 하나님은 우리가 구하는 것보다 더 주시려는 아버지요, 담대하고 집요하며 솔직하게 나아오라고 우리를 부르시는 하나님이시다(눅 11:1-13).

동일하게 중요한 것으로 예수께서 계시하시는 것이 있다. 하나님이 우리의 기도에 바라시는 것은 그 내용이기보다는 우리의 기도에 내포된 관계다. 그러므로 "나쁜" 기도란 없다. 설혹 "나쁜" 기도가 있다 해도, 아예 기도하지 않는 것보다는 그것이 낫다. 내 직감이지만, 부족한 기도라도 드릴 때 우리는 하나님께 기도를 배울 수 있는 영적 자세에 들어가게 된다. 기도란 기도함으로 배우는 것이다. 그러므로 기도할 때 우리는 하나님이나 다른 사람이 내 기도 방식을 어떻게 생각할까 염려하지 말고 즉석에서 우러나는 대로 기도할 이유가 얼마든지 있다. 이런 기도는 우리를 해방시켜 하나님을 진실하게 대하게 한다. 예수의 여러 즉석 기도를 보여 주는 복음서의 창(窓)에서 이러한 즉흥성의 깊은 원리를 볼 수 있다.

하나님을 즐거워하다

즉석에서 우러나는 기쁨의 기도가 있다. 칠십 문도가 사명을 성공리에 마치고 돌아왔을 때 예수는 성령 안에서 아버지를 예배하셨다.

> 이때에 예수께서 성령으로 기뻐하사 가라사대 천지의 주재이신 아버지여, 이것을 지혜롭고 슬기 있는 자들에게는 숨기시고 어린아이들에게는 나타내심을 감사하나이다. 옳소이다, 이렇게 된 것이 아버지의 뜻이니이다(눅 10:21).

아버지께서 신학자들과 기성 종교 지도자들을 기용하여 그 나라의 도래를 알리신 것이 아니라, 오히려 잡다한 제자들 무리를 통해 하셨음을 인식하신 예수는 하나님의 신기한 방식을 크게 기뻐하셨다. 본문에 명시되지 않고 암시된 정도지만, 이때 예수는 기도의 언어인 방언으로 말씀하셨을 수도 있다. 그분은 심령 깊은 곳에서 아버지를 즐거워하셨다. 표현해야만 하는 기쁨이었다.

복음서에서 예수는 홀로 산에서(눅 6:12), 한적한 곳에서(막 1:35), 은밀한 동산에서 종종 장시간 기도하심으로 아버지와의 관계를 가꾸신 것으로 나타난다. 한번은 예수께서 "측근" 제자들을 데리고 가셨다. 예수께서 변화산에서 기도하시는 동안 베드로와 야고보와 요한은 그분의 위엄과 아버지를 기뻐하시는 모습을 목격했다. 우리는 이것을 **하나님의 긍정을 얻는 기도**라 할 수 있다.

정교회 그리스도인들은 변화산의 성상들을 특별히 귀히 여긴다. 이 기도 사건이 영적 생활의 기본 틀을 이루기 때문이다. 하나님과 교제할 때 우리도 예수께서 변화되셨듯이 변화된다(고후 3:18). 그러면 우리도 감화를 입어 제한적으로나마 제자들처럼 "그의 크신 위엄을 친히 본 자"(벧후 1:16)가 된다. 그저 들은 말을 전하는 것이 아니라 그리스도 안에서 변화되어 가는 우리의 모습으로 사역하는 것이다. 변화산 축일의 전례(典禮)에는 제자들이 체험한 예수와 그들 자신의 향후 사역과의 연관성에 대한 통찰력 있는 말들이 담겨 있다. 모세와 엘리야가 나타나서 예수와 함께 "장차 예수께서 예루살렘에서 별세하실 것〔엑소더스(*exodus*)〕"(눅 9:31)을 말하던 일을 묵상하노라면 우리는 이런 기도가 절로 나온다.

오 구주여, 주와 함께 산에 오른 자들에게 주의 신성의 빛을 조금 보이심으로 주께서는 그들을 주의 하늘 영광을 사랑하는 자들로 만드셨나이다. 그리하여 그들은 경외하는 가운데 '우리가 여기 있는 것이 좋사오니'라고 외쳤나이다.······오 우리 하나님 그리스도여, 주의 제자들은 주의 영광을 볼 수 있는 데까지 보았사오며 그리하여 십자가에 달리신 주를 볼 때도 그들은 주의 고난이 자발적인 것임을 알았고 주께서 참으로 아버지의 빛이심을 세상에 선포하였나이다.⁴

신뢰의 복종

변화산과 십자가는 긴밀하게 얽혀 있다. 최후의 식사를 마치고 체포와 재판과 처형이 있기 전에 예수는 잠시 겟세마네 동산에 멈추셨다(마 26:36-46). 제자들이 보는 데서 드리신 이 기도는 아버지와 아들의 관계가 자발적 복종의 관계임을 보여주는 완벽한 예다. 예수는 매번 하나님을 "내 아버지"라고 부르신다. 아람어 "아바"에는 자식이 아버지에게 다가가는 친근한 개념이 들어있으나 흔히 우리의 "아빠"라는 말로 전달되는 것보다 깊은 존경과 충절이 배어 있다. 하나님의 뜻을 구하는 성경적 기초는 우리의 필요를 우리보다 더 잘 아시는 하늘 아버지의 우월하심이다. 그러므로 동산의 예수처럼 "아버지의 원대로 하옵소서"라고 기도하는 것은 하나님께 내 뜻대로 해달라고 구하지 않겠다는 결단이다. 포사이스는 "우리 자신의 지혜를 믿는 태도를 치유하는 데 있어, 우리의 간절한 기도를 내려놓는 것보다 더 좋은 길은 없을 것이다"⁵라고 했다.

이 점에서 예수는 겸손과 참된 온유함의 모범이며, 그것은 자기를 비하하기보다 하나님을 높이는 것이다. 동산의 기도에서 예수는 자기 마음의 대안들을 거리낌 없이 아버지께 표현하되 자신의 최종적 소원은 아버지의 뜻대로 되는 것임을 언제나 확언하신다. 그분은 고난의 잔을 마시는 것이 어떤 의미인지 아버지와 함께 헤아려 보시고, 어떻게든 그 잔을 면할 수 있는 길이 있는지 물으신다. 이 기도에는 고뇌가 있다. 예수의 신성에 대한 빗나간 경외만이 그것을 간과할 수 있다. 먼 옛날 야곱이 깨달은 것처럼(창32:22-30), 하나님과 싸우는 자들은 복을 얻지만 하나님의 복을 위해 싸울 만큼의 관심도 없는 자들—에서처럼—은 절대 사귐을 모른다. 나중에 히브리서 기자는 말하기를, 예수는 그 같은 순간들의 모든 면에서 우리와 한결같이 시험을 받으셨으므로, 인간이자 신으로서 우리의 대제사장이 될 자격을 완비하셨다고 했다(히 5:7-10, 4:15). 예수는 기도하시면서 아버지 뜻에 거리낌 없이 동의하신다. 그러나 이는 마지못한 동조가 아니라 자발적 복종이다.

결혼에서든 기도에서든, 마지못한 동조는 고통을 피하려는 심리적 적응이다. 그러나 동조하는 사람에게는 언제나 한 줄기 원한이 남는다. 예수의 마음에는 그런 원한이 없다. 한 가지 이유는, 그분이 자기 마음의 대안들을 아버지와 함께 더없이 솔직하게 헤아려 보셨기 때문이다. 이 깊은 즉흥성 뒤에는 믿을 만한 아버지가 계신다. 아버지는 자신의 뜻을 중심으로 그런 대화를 청하시되, 그 뜻을 강요하실 수 있음에도 그렇게 하시지 않는다.

아버지여, 저희를 사하여 주옵소서

똑같은 자유가 십자가에서도 나타난다. "아버지여, 저희를 사하여 주옵소서. 자기의 하는 것을 알지 못함이니이다"(눅 23:34). 이 기도는 십자가 처형의 집행자들까지도 중보하시는 예수의 구원사역을 보여준다. 그분의 흠 없으신 인품도 보여준다. 일찍이 예수는 "너희를 모욕하는 자를 위하여 기도하라"(눅 6:28)고 가르치신 바 있다. 이 기도를 미리 생각해 둔 것이라고 보기는 어렵다. 옆쪽의 회개한 강도에 대한 즉흥적 사역과 함께(22:43) 참혹한 십자가형에 대한 예수의 기도의 반응은 말할 수 없이 의미심장한 것이다. 그 다음의 기도에 그것이 특히 잘 나타난다.

십자가상의 버림의 기도(마 27:46) 역시 예수의 내면생활을 보여주는 창이다. 이제 그분의 내면은 우리 죄와 아버지로부터의 소외라는 엄청난 무게로 어두워져 있다. 그분은 우리 대신 "죄"가 되셔서 우리로 하여금 그분 안에서 하나님의 의가 되게 하셨다(고후 5:21). "나의 하나님, 나의 하나님, 어찌하여 나를 버리셨나이까"는, 죽음의 목전에서도 하나님 안에서 신원(伸寃)과 해방을 찾는 무죄한 피해자의 전형적인 기도인 시편 22편의 명백한 인용이다. 예수는 가장 어두운 순간에 하나님 자신의 말씀을 기도 삼아 하나님께 나아가시며, 누가의 기록대로, 신뢰의 기도를 최후의 몸짓으로 하여 아버지께 자기 영혼을 부탁하신다(눅 23:46). 이 기도는 기독교 최초의 순교자 스데반의 기도에 그대로 되풀이된다(행 7:59). 모든 참된 기도가 그렇듯이 여기에도 역설이 있다. 루터는 이렇게 탄식했다고 한다. "하나님이 하나님을 버리시다니! 누가 이것을 이해할 수 있는가?"

지금까지 살펴본 예수의 기도생활의 단면들은 우리에게도 기도하고 싶은 마음을 강하게 불러일으킨다. 신실하신 하나님이 자비의 호흡으로 밀을 까불어 겨를 날려보내실 것을 알기에, 우리는 하나님 곧 예수 그리스도의 아버지께 모든 생각과 고민, 기쁨과 슬픔, 환희와 분노를 쏟아 놓을 수 있다. 하나님은 우리를 신원하려 기다리시는(눅 18:14) 아버지, 목자, 연인, 재판관, 구주시다. "당신들 말대로, 하나님이 선하시고 구하기도 전에 우리의 필요를 아신다면 굳이 구해야 할 이유가 무엇인가?" 옛날부터 있어 온 질문이다. 옛날부터 있어 온 해답은 심오하다. 우리에게 무엇보다 필요한 것이 그분 자신임을 하나님이 아신다면? 이것저것 구하고 필요와 결정에 관하여 우리 마음을 쏟아 놓는 것이, 구하기 시작할 때는 비록 우리가 모를지라도 결국 우리에게 가장 절실히 필요한 것을 주시기 위해 하나님이 정하신 통로라면?

공동기도

우리를 위해 기록된 예수의 기도들은 대부분 개인기도다. 그러나 개인기도는 사실 개인 활동이 아니다. 성령을 통하여 예수의 **이름으로** 아버지께 기도할 때 우리는 절대 혼자가 아니다. 외로움이나 기도 중의 외로움과는 대조적으로 고독은 하나님과의 사귐을 낳는다. 얄궂게도 예수의 기도 중 십자가상의 버림의 기도만이 외로운 기도처럼 보인다. 그러나 이 기도에서도 우리 죄를 대신 지신 제사장의 마음에서 짜내어진 예수는 아버지와의 교제가 회복되는 즐거움을 내다보신다(히 12:2). 반대로 예수는, 인간을 감동시키려고 기도를 "과시하는" 자들의 진짜 외로운 기도에 대해 경고하신다. 그들은 **지금** 상을 얻지만, 골방에서(아마도 혼자) 기도하는 자들은 더 큰 상으로 암시된 하나님 자신의 임재와 인정을 얻는다(마 6:5-8). 비유에서 바리새인처럼, 전자는 보는 사람들이 아무리 감동할지라도 결국 자기 자신에게 기도하는 것일 수 있다(눅 18:11). 그러나 공동기도에는 주님은 물론 다른 신자들도 포함된다. 예수는 우리에게 "우리 아버지" 기도를 주심으로 참된 공동기도를 독려하셨다. "주기도문"으로 잘못 불리는 이 기도는(마 6:9-13; 눅 11:1-13) "제자들의 기도"라고 해야 더 정확하다.

제자들의 기도

이 완벽한 기도의 기원에는 적어도 두 가지 주목할 만한 특징이 있다. 첫째, 이것은 제자들이 기도하시는 예수를 본 데서 비롯되었다(눅 11:1). 둘째, 이 기도는 세례 요한이 그 제자들에게 기도를 가르친 것처럼 기도를 가르쳐 달라는 제자들의 요청에 대한 반응으로 나온 것이다. "우리에게 기도를 가르치소서"라는 요청에 예수는 사실상 "함께 기도하자!"로 반응하신다. 우리는 기도함으로 기도를 배우지만, 그저 이 기도가 아니라 이와 같이 기도함으로 배운다.

브루스(A. B. Bruce)는 제자들을 향한 주님의 기도 훈련을 다룬 고전적 고찰에서, 예수께서 훈련하실 때 우리의 기도를 막는 세 가지 "부족함"을 다루셨다고 말한다. 그것은 곧 생각과 말과 믿음의 부족함이라고 했다. 그에 따르면, 예수의 기도는 "모든 가능한 기도의 알파벳이다. 그것은 모든 영적 갈망의 요소들을 담고 있되, 자신의 고뇌하는 소원들을 능히 정교한 언어로 풀어낼 수 없을지도 모를 사람들을 위해 몇 마디 엄선된 문구로 압축했다."[6] 제자들의 기도가 우리에게 기도의 방법을 가르쳐 준다면, 진짜 주의 기도는 우리에게 기도의 이유를 가르쳐 준다.

요한복음 17장에서 우리는 예수의 실제 기도를 엿들을 수 있다. 사실 이것이 "주의 기도"다. 루터교 신학자 데이비드 키트라우스(David Chytraus, 1531-1600)는 이 기도를 "대제사장의 기도"라고 했다. 이 명칭이 지금까지 "살아남은" 데는 그럴 만한 이유가 있다.

주님의 기도

밀리건(Milligan)과 몰튼(Moulton)은 이 장엄한 기도의 몇 가지 특징을 서술했다. "이 기도를 묘사하려는 어떤 시도도 그 숭고함, 그 열정

(pathos), 그 감동적이면서도 고매한 특성, 부드러움과 승리의 기대가 한데 어우러진 어조를 충분히 담아낼 수 없다."7 예수께서 제자들의 교화를 위해 큰소리로 기도하신 요한복음 11:41-42의 경우와는 달리, 이 대제사장의 기도는 제자들에게 본을 보이려는 열망에서 기원한 것이 아니라 예수께서 기도하고 싶으셨고 기도가 필요하셨기 때문에 나온 것이다. 이는 본서의 저자처럼 예수께서 인간이자 곧 하나님이심을 믿는 사람에게는 더욱 놀라운 일이다. 하나님이 하나님께 기도하신다! 그러나 하나님이 언약적 사랑의 가정에 거하시는 아버지, 아들, 성령이시라면 그리고 기도가 인격과 인격 간의 사귐의 방식이라면, 예수께 있어 기도란 신적으로 타당한 것이다. 나아가 주의 기도는 우리에게 기도의 사회적·관계적 특성을 보여준다. 그 어느 기도보다도 이 기도는 우리가 기도할 때 전혀 혼자가 아님을 보여준다.

기도의 단락마다 예수는 진술로 시작하신 후에(누군가에 대해 말씀하신다) 간구로 넘어가신다(누군가를 위해 말씀하신다). 이 구조는 매우 중요하다. 그리스도인의 삶은 직설법에서 명령법으로, 지금의 모습에서 **마땅히 되어야 할** 모습으로 넘어간다. 하나님과 교제할 때 우리는 확실한 것에서 우려 사항으로, 예배에서 간구로 넘어가야 한다.

첫 단락에서(17:1-5) 예수는 자신을 위해 기도하신다. "아버지여, 때가 이르렀사오니 아들을 영화롭게 하사 아들로 아버지를 영화롭게 하게 하옵소서." 이 기도에 주목할 만한 차원들이 많지만, 예수께서 조금도 **이기심 없이** 자신을 위해 기도하신다는 사실을 빼놓을 수 없다. 여기에 자기중심성이 없는 간구가 있다.

둘째 단락에서(17:6-19) 예수는 제자들을 위해 기도하신다. 제자들은 하나님께 **속한** 자들이다. "저희는 아버지의 것이었는데 내게 주셨으며"(17:6). "아버지의 것은 내 것"(17:10)이라는 예수의 발언에 대해 루터는 "하나님을 두고 이렇게 말할 수 있는 피조물은 없다"고 말했다고 한다. 대제사장 예수는 제자들을 세상에서 데려가시기를 위함이 아니요 오직 그들이 세상에 있는 동안 악한 자에게서 보전해 주시기를 위하여 기도한다(17:5).

마지막 단락에서(17:20-26) 예수는 미래의 모든 제자들을 위하여 기도하신다. 첫 제자들의 메시지를 통해 다른 사람들도 예수를 믿게 될 것이다. 긴긴 세월 동안 뒤따를 신자들을 위해 기도하신 것 중에, 놀랍게도 그분의 간구의 초점은 연합이다. "아버지께서 내 안에, 내가 아버지 안에 있는 것 같이 저희도 다 하나가 되어 우리 안에 있게 하사 세상으로 아버지께서 나를 보내신 것을 믿게 하옵소서"(17:21). 때가 이르러(12:23, 17:1) 십자가로 향하시던 예수의 가장 깊은 기도는 제자들이 삼위일체의 연합을 경험하는 것이었다.

삼위일체의 연합은 누군가의 표현처럼, 거대한 사회적 융합 속에 신자들의 개인적 정체가 상실되는 "으깬 감자"가 아니다. 그렇지 않다. 연합할수록 각자의 개성은 더 살아난다. 우리를 자신들의 연합에 동참하도록 부르시는 하나님 아버지, 아들, 성령은 각자가 서로를 위하되 모두가 하나를 위하는 복합적 교제 안에 거하신다. 정교회 신학자 토마스 스피들릭(Tomas Spidlik)은 말하기를, 정교회 영성에서 "성 삼위일체는 기독교 신앙의 근본적 신비"라고 했다. 스피들릭은 "오직 기독교 계시만이 가장 높고 가장 강한 이 연합을 가르친다. 유한 세계에서는 분리되는, 그리고 분리의 원천인 인격을 이 연합은 끌어안는다"[8]고 했다. 다시 말해, 하나님은 세 분임에도 불구하고 하나가 아니라 셋이기 때문에 하나다. 그리스도인의 경험은 삼위일체의 연합에 끼어들어 삼위일체 세 위(位)의 상호적인 사랑과 질서와 상호 의존에 동참한다는 뜻이다. 이런 식으로 요한은 우리에게 예수의 제자도를 기도 안에서의 초월적 경험으로 보게 해준다.

공관복음(마태·마가·누가복음)에서 예수의 제자들은 그분과 함께 있고 그분의 보냄을 받는 모습으로 나온다. 그분의 지상사역 시절, 그것은 물리적으로 그분 가까이 있어 그분의 생활방식을 목격하고 그분의 말씀을 듣고 그분을 에워싼 논란과 치유에 동참하는 것이었다. 그러나 요한은 제자도를 단지 예수께서 시키시는 대로 하거나 그분의 말씀을 듣는 정도가 아니라, 아버지와 아들과 성령의 삶에 끼어드는 특권으로 보여준다. 공동기도는 우리를 하나님의 공동생활 속으로 데려가는 기도, 제자 된 우리들의 공동생활을 그분 안에서 발견하도록 주님의 지속되는 대제사장 중보를 통해 우리를 부르시는 기도다.

교회의 기도

간략하게 신약성경 나머지를 보면, 첫 세대 제자들의 공동기도 관행과 내용이 둘 다 나온다. 우선, 주님은 성전에서 기도하셨던 것 같다. 누가복음 18:10과 그분의 절기 참석으로 미루어 그런 추정이 가능하다. 그분은 유월절 같은 절기에 성전에 가서 찬송을 부르곤 하셨다(막 14:26). 사도행전에 보면, 첫 제자들도 주님의 관행을 좇아 날마다 성전에 가서 기도했다(행 2:46). 주님 승천 이후 "다락방"에서 장시간 기도회가 열린 것도 볼 수 있다. 제자들은 약속하신 성령을 기다리며 기도했다. "여자들과 예수의 모친 마리아와 예수의 아우들로 더불어 마음을 같이하여 전혀 기도에 힘쓰니라"(1:14). 그들이 무엇을 위해 어떻게 기도했는지 생각해 보는 것은 아주 흥미로운 일이다.

둘째로 그들의 공동기도 내용에 있어, 초대 교회는 틀림없이 시편을 교회 기도서로 사용했다(엡 5:19; 골 3:16). 그러나 그러한 공동기도(행 1:14, 24, 2:42, 47)의 내용은 밝혀지지 않다가, 베드로와 요한이 산헤드린 감옥에서 풀려나 기다리던 제자들한테 돌아왔을 때, 모두가 드린 기도를 압축 요약한 대목에서 드러난다. "저희가 듣고 일심으로 하나님께 소리를 높여 [기도하여] 가로되"(4:24). 다함께 큰소리로 했다고 되어 있는 이 기도는, 성경말씀과 감사와 간구가 놀랍게 어우러져 있다. 분명 이것은 시편에 나오는 기도도 아니요, 책자에 미리 적혀 있는 기도문도 분명 아니다. 미리 생각해 두지 않고 즉석에서 우러난 이 기도를, 온 그룹이 동시에 완벽한 제창으로 드렸다고 가정할 필요는 없을 것 같다. 그보다도 다양한 사람들이 성령에 이끌려 동일한 주제로 기도의 교향곡에 보탠 통성기도를 요약한 것일 가능성이 높다.

기도는 전형적인 유대인의 기도로 시작하여, 시편 2편을 인용하며 이제는 그들에게 확실해진 역설적 의미에 감탄하는 데 이른다. 즉 예수의 적들이 예수와 그 제자들을 대적하여 무슨 짓을 하든, 오히려 그것이 예수 안에 미리 정하신 하나님의 뜻을 **진척시켜 줄 뿐이다**. 헤롯과 빌라도와 이방인들과 유대인들이 하나같이 자신도 모르게 하나님을 섬기고 있다! 그러므로 이제, 확실한 것에서 간구로 넘어가는 예수의 모형을 좇아 제자들도 요청을 아뢴다. 그들은 **보호를 구하지 않는다**. "도무지 예수의 이름으로 말하지도 말고 가르치지도 말라"(4:18)는 명령에 순응할 은혜를 구하지 않는다. 오히려 그들은 이렇게 기도한다. "주여, 이제도 저희의 위협함을 하감하옵시고 또 종들로 하여금 담대히 하나님의 말씀을 전하게 하여 주옵시며 손을 내밀어 병을 낫게 하옵시고 표적과 기사가 거룩한 종 예수의 이름으로 이루어지게 하옵소서"(4:29-30). 이들 첫 제자들은 고난받는 하나님의 종의 지속적 섬김에 자신들도 담대히 동화하게 해달라고 기도했다. 모인 곳이 진동한 것과 명백한 성령 충만함과 그들이 능력을 입어 담대히 말씀을 전한 것으로 보아, 우리는 하나님께서 그들의 기도를 들어주신 것을 안다. 그들은 하나님이 원하시는 것을 구함으로 자신들이 가장 간절히 원하는 것을 받았다. 이것이 기도에 있어 두 의지의 신비다. 말할 것도 없이 오늘날의 겁 많은 교회는 이렇게 기도하지 않고 있다.

초대 교회 공동기도의 이 같은 사례는 예수께서 주신 다음 약속에 대한 강력한 실증이다. "진실로 다시 너희에게 이르노니 너희 중에 두사람이 땅에서 합심하여 무엇이든지 구하면 하늘에 계신 내 아버지께서 저희를 위하여 이루게 하시리라. 두세 사람이 내 이름으로 모인 곳에는 나도 그들 중에 있느니라"(마 18:19-20). 공동기도는 단순히 모두 똑같이 말하는 기도가 아니라, 그리스도의 몸의 각 지체들이 함께 보태는 다양한 부분들을 하나님이 친히 성령을 통해 지휘하심으로 화음을 이루시는 기도다. 공동기도는 우리를 하나님 자신의 교제 속으로 데려간다. 이에 비추어볼 때, 공동기도로 통하는 많은 것들이 사실은 문란하다. 성적인 의미에서가 아니라 관계적 깊이에서 그렇다. 때로는 익명적이기까지 한 피상적 관계에서 쓸데없는 재잘거림인 것이다.

대제사장 기도에서 보았듯이(요 17:23), 기독교의 연합은 신자들이 하나님 일을 해내기 위해 자기들끼리 무엇을 이루어야 하는 것이 아니다. 그것은 하나님이 신자들 사이에 행하시는 일이다. 에베소서(1:3-23, 3:14-21)에 나오는 바울의 기도는 연합을 위한 뜨거운 기도다. 그는 에베소 그리스도인들이 그리스도 안에서 자신들이 함께 어떠한 자인지 알기를 원한다. 그리스도 안에서 유대인과 이방인의 신비한 초월적 연합을 통해(3:6), 새로운 인류를 이루는(2:15) 청지기로서의 바울의 소명의식이 편지 전체에 배어 있다. 4장에서 그는 하나님 아버지, 아들, 성령 안에서 이미 에베소 교인들에게 "주어진" 연합에서 시작하여(4:3-6), 경건한 지도자들이 교회를 무장시킴으로 "하나님의 아들을 믿는 것과 아는 일에 하나가 되게" 해달라고 기도한다(4:13).

에베소 교인들을 위한 바울의 기도와 권고는, 저마다 건덕과 무장을 필요로 하는 한 무리의 개개 신자들을 향한 것이 아니라 몸 전체를 향한 것이다. 그래서 그는 "믿음으로 말미암아 그리스도께서 너희 마음에 계시게 하옵시고 너희가 사랑 가운데서 뿌리가 박히고 터가 굳어져서 능히 모든 성도와 함께 지식에 넘치는 그리스도의 사랑을 알아 그 넓이와 길이와 높이와 깊이가 어떠함을 깨닫게" 해달라고 기도한다(3:17-19). 우리는 이 기도를 우리 개개인의 심령을 위해 하나님께 드린 기도로 읽지만 바울은 공동체를 위해 기도했다. 서구의 개인주의적 의미에서 보는 개개 그리스도인이란 바울에게 존재하지 않는다. 우리가 그리스도 안에 있다면, 비록 한 사람씩 각자 그분께 올지라도, 함께 그리스도 안에 있는 것이다. 신자들이 하나님의 충만하신 것으로 충만케 되는 것(3:19), 성령 충만해지는 것(5:18), 그리스도의 마음을 품는 것(고전 2:16)도 혼자서는 안되고 오직 함께할 때만 가능하다.

공동기도를 참으로 공동기도 되게 하는 것은, 기도하는 공동체가 기도라는 연합 과정을 통해 공통의 마음과 삶을 찾도록 지휘하시는 지휘자 하나님이다. 여기에는 거룩한 시너지 효과가 있다. 신앙 공동체 전체가 개개 부분의 총합보다 커서만이 아니라 우리가 기도할 때 하늘 대제사장의 기도(히 4:14)와 성령의 해석적 중보(롬 8:26-27) 속으로 끌려가기 때문이다. 그러므로 우리는 함께 기도할 때 가장 그리스도를 닮고 가장 연합된다.

지금까지 우리는 예수, 초대 교회 제자들, 사도들의 기도를 통해 신약성경의 기도의 영성을 살펴보았다. 그러나 지금부터는 그리스도인의 참된 기도의 마지막 차원을 살펴보아야 한다. 그러기 위해서는 신약의 마지막 책으로 가야 한다.

상상력을 동원하여 기도하기

묵시록(요한계시록)은 용, 짐승, 천사, 우주적 재앙, 찬송을 부르는 순교자의 세계로 우리를 데려간다. 황홀한 환상이 연달아 우리를 삼킨다. 위층과 아래층을 넘나드는 드라마 속에서 우리는 천상과 지상을 계속 오간다. 심판의 대접들이 지상에 부어지고, 허다한 무리가 몸을 웅크리며 어린양의 진노에서 자기를 덮어 달라고 산들에게 애원한다. 최후의 전쟁과 성대한 혼인 잔치와 수려한 동산 성(城)이 나온다. 묵시가 현대 서구 그리스도인들에게 잊혀진 문학 장르이다 보니 이 모두를 이해한다는 것은 복잡한 일이다.

묵시적 기도
1세기에 묵시는 마치 20세기의 공상과학과 같은 것이었다. 1세기 에베소의 장막 짓는 자에게 공상과학을 설명하거나 보스턴이나 토론토의 택시 운전기사에게 묵시를 설명한다고 상상해 보라. 그러나 몇 가지 비교가 가능하다. 요한계시록은 오버랩 슬라이드 쇼(사자가 희미해지면서 비록 죽임당했으나 여전히 건재한 어린양이 뚜렷해진다), 드라마(일곱 인봉,

나팔, 대접이 겹쳐져 전개되면서 극적 효과가 최대치에 달하는 순간, 중요한 목회적 메시지가 섞여드는 드라마 형태로 구성되어 있다), 교향곡(신약성경 나머지 전체보다 노래가 더 많이 나온다)에 비견될 수 있다. 그러나 어떤 비교도 주전 200년부터 주후 100년 사이에 꽃피었던 독특한 문학 형태를 바로 보여주지 못한다.

  요한은 묵시를 활용하여 사람들의 기도를 돕는다. 그는 사람들이 일터에서, 장터에서, 상인조합 모임에서, 이웃집에서 기도하고 예배하는 법을 배우기를 원한다. 요한은 가이사 숭배를 강요당한 버가모 그리스도인들, 청동 일을 하면서 의무적으로 가입한 이방 길드의 난잡한 주연과 우상 제물로 고민한 두아디라 그리스도인들(계 2:20) 등 평범한 그리스도인들을 위해 철저한 "평신도" 영성을 제시한다. 평신도 영성은 교회생활만 아니라(계 2-3장), 세속사회나 종교사회의 권력·정치·경제·매매·사회적 책임까지 다루어야 한다. 요한이 그 일을 한다. 그가 구하는 고요함은 물리적 정적이 아니라, 갈등에 찌든 이 세상 삶의 정황 속에서 시편 46:10에 나오는 하나님 자신의 승리의 음성이다. 하나님은 모든 악의 세력에게 명하신다. "너희는 가만히 있어 내가 하나님 됨을 알지어다." 이 경우 고요함은 삶의 주변부가 아니라 한복판에서 발견된다.

  요한은 그것을 이루기 위해 "정상(正常)" 지각(知覺)의 막을 끌어내려 우리에게 초월적 실체—우리의 일상적 실존 속에 실제 현존하는—를 보여주며, 블레이크(William Blake)의 말대로 단지 눈으로 보지 않고 꿰뚫어보게 한다. 음녀가 최고 통치자인 것 같지만 어린양이 이기셨다. 요한에게 천국은 저 위나 나중이 아니라 지금 여기로 침투해 들어온다. 그는 성령 안에 있는 자에게 세상이 어떻게 보이는지 우리에게 보여준다. "별세계 같다"는 바로 그 이유 때문에 그런 시각은, 교회가 적대적 문화의 박해나 우호적 문화의 유혹에 부딪칠 때 그토록 시의성이 있다. 적대나 유혹 배후에 실은 사탄의 꼭두각시인 짐승이라는 음흉한 인물이 있음을 보여준다. 그러나 그 뒤에는 하나님의 계획과 목적이 있다. 그분은 이미 모든 것을 주관하고 계시며(13:7, 17:17), 결국 만물의 통치자로 드러날 것이다(19:1) 요한계시록은 예언의 책 훨씬 이상이다. 그것은 기도하는 우리 심령에 실체들―기도와 견고한 삶을 불러일으키는 실체들, 예수의 재림과 연관된 실체들―을 상상력이 풍부한 환상으로 보여준다.

기도의 상상력

요한계시록이 예수의 재림에 대해 하고 있는 작업은, 이냐시오의 훈련과 내적 치유 기도가 예수의 초림에 대하여 한 일과 같다. 둘 다 주님 자신과의 깊은 인격적 대면을 불러일으키려는 목적으로 예수 강림의 감정적·정서적·영적 의미를 상상력을 동원하여 제시하고 있는 것이다. 이는 상상력 없이는 불가능한 일이다. 사실 셔릴 포브스(Cheryl Forbes)는 "우리는 상상력 없이는 믿음(보이지 않는 것에 대한 신념)을 가질 수 없다. 상상력은 믿음이 표출되는 통로다" 라고 말했다.⁹ 우리의 기도가 단속적이고 건성일 때가 많은 것은 기도의 대상을 "보지" 못하고 기도의 내용을 상상하지 못하기 때문이다.

유치원 교사가 한 남자아이에게 무엇을 그리고 있는지 물은 이야기가 있다. 아이는 올려다볼 것도 없이 "하나님을 그리고 있어요" 하고 말했다. 교사는 웃으며 대답했다. "하지만 하나님이 어떻게 생겼는지 아무도 모르잖아." 아이는 가만히 크레용을 내려놓고 교사의 눈을 똑바로 쳐다보며 선언하듯 말했다. "제가 그림을 다 그리면 알게 될 거예요." 아이의 대담한 말 속에 절반 이상의 진리가 들어있다.

르네상스, 산업혁명, 하이테크 사회가 도래한 이래로 우리 삶은 하나님의 형상을 잃었고 상상력을 상실했다. 이것이 비극인 까닭은, 우리 인격에 수반되는 미적 상실 때문만이 아니라 더 위태롭게도, 우리 믿음의 상실 때문이다. 상상력(imagination)은 하나님의 "형상"(image)대로 지음받은(창1:27) 우리의 본질적 존엄성과 관계된다. 우리는 하나님 자신의 시각적·사회적 은유다. 그리스도가 하나님 말씀의 화신인 것처럼 인간은 하나님의 상상력의 화신, 하나님의 성상(聖像, icon)이다. 하나님은 피조물 속에 자신의 영광을 표현하셨는데, 주로 명제가 아니라 상상력을 지닌 인격을 통해 그렇게 하셨다. 신비는 상상력을 통해서만 이해할 수 있다. 하나님의 완벽한 형상이신 예수는 은유와 이미지를 사용하여 하나님, 그 자신, 그 나라에 대한 가장 깊은 진리를 표현하셨다. 계시록에서 요한은 상상력을 동원하여 우리를 그리스도인의 소망과 철저한 제자도에 기도로 참여하라고 부른다. 피오렌자(S. S. Fiorenza)는 "요한계시록의 언어와 이미지의 힘은 신학적 논증이나 역사적 정보에 있지 않고 상상력 차원의 참여를 불러일으키는 위력에 있다"[10]고 했다.

놀랍도록 정제된 표현으로, 요한은 묘사가 불가능한 하나님을 실제로 묘사하지 않고도 하나님의 보좌와 하나님 임재의 영향을 묘사한다. 그리하여 우리를 우상숭배로 미혹하지 않고도 우리의 믿음을 넓혀 주고 있다(4:1-5). "주 예수여, 오시옵소서"(22:20)는 계시록 기도의 구심점이거니와, 이 기도를 불러일으키는 것은 설득이나 교리적 교훈이 아니라 예수의 재림과 관련된 모든 실체를 제시해 주는 상상력 넘치는 언어다. "귀 있는 자는 들을지어다"라는 반복되는 권면은 상상력을 살려 하나님과 대화하라는 부르심이다. 요한은 기도를 불러일으키되 우리에게 기도하라고 **말함으로써**가 아니라, 우리의 상상력에 호소하여 주님의 최후 승리와 변화의 장관을 이해하게 함으로써 그렇게 한다. 그는 우리를 불러 천사들과 생물들과 장로들과 허다한 믿는 무리로 더불어 "할렐루야, 우리 주 하나님 곧 전능하신 이가 통치하시도다"(19:6)를 외치게 한다. 똑같이 주목할 사실이 있다. 요한계시록은 우리에게 주목하시는 하나님―하늘을 반시간쯤 고요하게 하신 후 성도들의 기도를 받으시는 하나님(8:1-4)―을 머릿속에 그려봄으로써 우리도 기도로 하나님께 주목할 수 있게 해준다. 이것이 우리를 무릎 꿇게 하지 못한다면 천상이나 지상의 그 어떤 것도 그리할 수 없다!

즉석에서 우러나는 기도. 공동기도. 상상력을 동원한 기도. 기도의 말미에 "예수님의 이름으로 기도합니다"를 붙인다고 그리스도인의 기도가 되는 것은 아니다. 그리스도인의 기도는, 예수를 통해 그분께 오라고 하나님 곧 예수 그리스도의 아버지께서 불러일으켜 주시는 것이며, 우리 심령 속의 보이지 않는 기도의 짝이신 성령께서 우리를 그렇게 무장시켜 주신다. 제임스 휴스턴이 「기도, 하나님과의 우정」(*Transforming Friendship*)에 밝히 말한 것처럼, 참된 기도는 단순히 하나님과의 우정과 사귐이며 하나님을 위한 기도다.

클레어보의 베르나르는 우리의 본능적 성향은 자신을 위해 사랑하는 것이라고 썼다. 하나님을 사랑하는 것을 처음 배울 때 우리는 여전히 자신을 위해 그분을 사랑한다. 하나님과의 우정이 자라가면서, 우리는 자신만을 위해서가 아니라 또한 하나님을 위해 그분을 사랑하게 된다. 그러다 마침내 우리는 자신마저도 하나님을 위해 사랑하는 경지에 이를 수 있다.[11]

9

성례에 헌신된 삶

기독교 신앙은 모든 종교 중에서 가장 현세적이다. 그 뿌리는 어디까지나 성육신에 있다. 다른 것들은 차치하고 이 최고의 기적이야말로 물질이 대단히 중요함을 강조한다. 하나님께 물질이 얼마나 중요한지 그분은 물질을 통해 자신을 표현하신다. 즉 예수께서 인간의 몸을 입으심으로 하나님은 독특하게 자신을 나타내셨다. 하나님의 삶이 물질을 통해 나타난다는 이 동일한 원리는 지금도 기독교의 중심이다. 그러므로 신약의 신앙은 성례를 부끄러워하지 않는다.

"성례"(sacrament)라는 단어를 둘러싸고 많은 혼란이 있다. 성례를 꺼리는 사람들이 있는가 하면, 성례 외에는 별 얘깃거리가 없는 사람들도 있다. 성례란 영적 실체를 표현해 주는 물질적 표라고 보는 것이 기독교에서 쓰이는 기본 의미다. 옛 성공회 교리문답에는 성례를 "내적·영적 은혜의 외적·가시적인 징표"라 했고, 아울러 그리스도인들은 "성례"라는 단어를 "우리가 그분의 은혜를 받는 방편이며 우리에게 은혜를 보장하는 증표로서, 그리스도께서 친히 제정하신" 두 가지 의식을 가리켜 사용한다고 올바르게 기술했다. 성례라는 단어는 라틴어에서 왔는데, 군인의 충성 맹세에 사용되었다. 이 모두는 그 단어를 사용하는 기독교의 통상적 용법을 이해하는 데 도움이 된다.

성례의 원리는 분명 삶 전체를 관통한다. 예컨대 입맞춤이나 악수는 사랑과 우정이라는 "내적·영적 은혜"의 "외적·가시적 징표"로 전해져야 하며 실제로 그렇다. 물론 주는 쪽과 받는 쪽의 태도에 따라 그렇지 않을 수도 있다. 그리스도께서 우리에게 남기신 두 가지 커다란 성례도 그와 마찬가지다. 세례와 성만찬은 하나님의 내적·영적 은혜의 외적·가시적 징표로서, 그것을 통해 우리는 그리스도인의 삶을 시작하고 지속할 수 있다. 본래 두 성례는 우리를 향한 하나님의 보이지 않지만 엄연히 실존하는 은혜의 통로다. 우리는 주시는 쪽의 태도를 얼마든지 믿어도 된다. 그러나 우리 쪽에서 반응이 없다면 성례는 무효할 수 있다. 이를테면 악수는 하되 우정을 내놓지 않거나 입맞춤을 받되 사랑은 거부하는 식이다. 그렇다면 성육신―성례는 성육신의 영향력을 지속시켜 준다―처럼 성례도 우리를 향한 하나님의 영원한 은혜의 보증일 뿐 아니라 또한 그 사랑의 통로가 되어야 하고 실제로 대개 그렇다. 대다수 그리스도인들은 성례라는 말을 예수께서 친히 제정하신, 내적 의미를 지닌 두 가지 커다란 외적 행위를 지칭하는 말로 국한하여 사용한다. 바로 세례와 성찬이다. 그리스도께서 제정하시지 않은 다섯 가지 성례를 첨가하는 교단들이 있으나 내가 보기에는 유익하지 않으며, 내적 의미를 지닌 다른 많은 외적 행위들 가운데 일부분일 뿐이다. 그러므로 여기서는 세례와 주의 만찬에 집중하고자 한다.

세례

하나의 세례 아니면 셋?

세례는 하나다(엡 4:5). 그러나 세례에 대한 그리스도인들의 말을 듣고는 절대 그런 생각이 들기 어렵다. 천주교인은 유아 세례를 통해 교회에 들어와 그리스도인이 되었다. 침례교인의 세례는 믿음의 고백 후에 시행된 침례였다. 오순절 교인들의 세례는 성령 안에서 또는 성령으로 된 것으로, 대개 방언의 은사가 수반되며 다른 모든 면은 거기에 가려진다.

셋 모두 중요한 점이 있다. 셋 모두 기독교 세례의 일면을 강조하고 있다.

천주교인은 세례를 하나님 백성에 들어가는 관문으로 본다. 사람이 할례를 통해 옛 언약 백성인 이스라엘에 들어간 것처럼, 세례를 통해 하나님의 새로운 백성에 들어가는 것이다(행 2:40-41; 갈 3:27-29). 하나님이 백성으로 삼으시는 행위가 강조된 훌륭한 시각이지만, 반응 부분이 약하다. 이것을 그리스도인이 되는 입문의 유일한 요소로 생각한다면 세례는 마술로 변질되고 만다.

침례교인은 세례를 신앙고백의 확증으로 본다. 분명 그것이 사도행전 16:31의 강조점이다. 교회란 믿는 자들의 모임이다. 그러나 이 시각은 반응이 강조되는 반면 매우 개인적이다. 하나님의 주도권보다 인간의 헌신이 더 중요해진다. 나아가 지적인 의존도가 높아서, 너무 어리거나 장애가 심하여 결단 반응을 할 수 없는 사람들은 들어설 자리가 거의 없다.

오순절 교인들은 시각이 크게 다르다. 교회는 역사적 연속체나 신자들의 모임이라고 하기 어렵다. 아니다. 생명을 주시는 하나님의 영을 받는 것이 교회의 진정한 표다. 성령 세례만이 유일하게 가치 있는 세례다(롬 8:9). 틀림없이 중요한 강조점이지만 그것만으로 부족하다. 역사적 연속체와 단절된 시각은 심각한 분리를 조장할 수 있으며 실제로 종종 그렇다. 신앙 내용에 대한 진지한 강조와 단절된 시각은 교리나 윤리 면에서 쉽게 정도를 벗어날 수 있다. 교회 역사라는 것은 존재한다. 기독교 교리라는 것도 존재한다. 하나님의 영, 하나님의 말씀, 하나님의 백성이 나란히 함께 가야 한다.

이 세 가지 다른 요소는 사실 하나다. 사도행전에 그 셋이 모두 나온다. 세례는 구원의 매개체로 나타날 때도 있고(행 2:38), 신앙의 확증으로 나타날 때도 있고(16:31-33), 성령의 주권적 기름부음으로 나타날 때도 있다(10:44-48). 세 요소가 다 필요하다. 세례는 큰 일이기 때문이다. 천주교인이 세례를 갈보리에서 이루어진 하나님의 놀라운 구원의 객관적 표로 본 것은 옳다. 거기에 우리는 아무것도 기여하거나 더할 수 없다. 개신교도들이 세례 안에서 하나님의 은혜에 대한 우리의 인격적 반응, 곧 회개와 믿음을 본 것은 옳다. 오순절 교인들이 세례를 성령의 세계로 인도 받는 길로 본 것은 옳다. 그렇게 성령께서 주시지 않는 한, 우리는 아무리 얼굴이 파랗게 질릴 정도로 세례를 받고 아무리 확실한 열정으로 신조를 고백한다 해도 여전히 하나님의 사랑에 문외한일 수 있다. 구원에 관한 성례인 세례는 구원만큼이나 깊고 넓다.

요한의 세례

요한의 세례는 큰 혼란을 일으켰고, 그럴 만한 이유가 많이 있다. 이 세례는 회개의 표였다. 혈통이나 선행으로는 아무도 임박한 하나님 나라에 들어갈 수 없었다. 유일한 길은 세례라는 회개의 물속에 나 있었다.

그것은 사람을 아주 겸손케 하는 일이었다.

나아가 이 세례는 메시아 예수께서 가져오실 성령의 선물과 죄 사함을 예고해 주었다.

그것은 또한 아주 공개적이고 아주 굴욕적인 행위였다. 그때까지 유대인들은 세례를 받은 역사가 없었다. 세례는 이방인들이 하나님 백성에 들어서는 입문 예식이었다.

끝으로, 이 세례는 결정적인 것이었다. 사람들은 죄에 대한 하나님의 심판의 물을 요단에서 상징적으로 통과하거나 아니면 나중에 냉엄한 실체로 심판에 직면하거나 둘 중 하나였다. 유대교의 획기적 사건인 요한의 세례는 이 모든 면에서 기독교의 세례라는 "본편"의 예고편이었다.

예수께서 받으신 세례

예수는 세례 받으심으로 죄인들과 동화하셨다. 이것은 세례 요한이 보기에도 천만부당한 일이었다(마 3:14 이하). 이것을 갈보리의 예행연습이라 해도 좋다. 십자가야말로 그분의 받으신 세례, 곧 피 세례였다(눅 12:50). 우리 그리스도인들은 세상 죄를 지고 가는 말 못할 고뇌 속에는 그분과 함께 들어갈 수 없으나, 예수께서 받으신 세례의 세 가지 다른 의미에는 동참할 수 있고 마땅히 그래야 한다.

그것은 그분의 아들 됨의 확증이었다(마 3:17 및 병행 구절). 하나님 가정에 입양된 그리스도인들도 마찬가지다(롬 8:15-17).

그것은 성령의 기름부음이었다(요 1:32; 사 11:2 참조). 그리스도인들도 마찬가지다. "누구든지 그리스도의 영이 없으면 그리스도의 사람이 아니기" 때문이다(롬 8:9).

그것은 희생적 섬김의 위임이었다. 예수께서 세례 받으실 때 하늘에서 들려온 "이는 내 사랑하는 아들이요 내 기뻐하는 자라"는 음성은 구약의 두 군데 중요한 말씀, 곧 시편 2:7과 이사야 42:1을 합한 것이다. 하나님의 아들 예수는 또한 하나님의 종이다. 이사야 53장으로 절정에 달하는 이사야서의 종의 노래에는 섬김과 고난의 길이 대략 그려져 있다. 주님이 그리하셨듯이, 우리 그리스도인들도 섬김과 고난을 피할 수 없다. 세례는 그 소명을 여실히 보여준다.

그리스도인의 세례를 통하여 우리는 예수 자신의 세례 속으로 들어간다. 여기에는 세 가지 커다란 차원이 있다. 요단 강의 회개의 세례, 십자가의 구원의 세례, 그리고 성령의 능력의 세례다. 내가 받은 세례에 바로 그 세 가지 실체가 보인다. 세례는 나를 회개로 부른다. 세례는 내게 용서받을 곳을 보여준다. 그리고 세례는 내게 성령의 능력을 가져다준다.

그리스도인의 세례

요한과 예수의 이러한 전례에 비추어, 우리는 그리스도인의 세례를 어떻게 이해해야 하는가? 우선 세례는 덤으로 해도 좋고 안 해도 좋은 것이 아니다. 예수는 지상 생활의 정점에서 엄숙히 우리에게 세례를 명하셨다(마 28:18-20).

1. **그리스도인의 세례는 하나님이 찾으시는 회개와 믿음의 구체적 표현이다.** 세례는 회개와 믿음 둘 모두가 어느 정도 표현되지 않고는 시행될 수 없다. 세례는 우리에게 "너는 더럽다. 씻겨야 한다. 내가 너를 씻어 줄 수 있다. 단 네 행위가 바뀌어야 한다"고 말한다. 세례는 우리를 복음의 심장으로 데려간다.

2. **그리스도인의 세례는 우리에게 새 언약의 축복을 가져다준다.** 하나님

은 전혀 공로에 근거하지 않는 은혜로 우리에게 다가오신다. 우리는 회개와 믿음으로 반응한다. 그리고 세례는 새 언약의 축복들―용서, 자녀 된 신분, 종의 마음, 성령, 중생, 칭의, 사후 생명의 약속―을 우리에게 서명 양도한다.

3. 그리스도인의 세례는 우리를 예수의 죽음과 부활에 잠기게 한다. 우리는 하나님 앞에 들어설 여지가 없는 옛 생활이 죽고 성령께서 마음속에 들어오심에 따라 새 생활이 밝아오는 지점에까지 이른다. 이렇게 죽고 다시 사는 삶이야말로 기독교의 본질이다. 하나님은 우리를 바로 그 삶으로 부르시고 그렇게 살 능력도 주신다. 그 삶이 우리의 행동거지에 깊은 영향을 미친다. 그러므로 비록 우리가 이생에서 절대로 완전에 이르지 못하더라도 세례는 도덕과 생활방식에 전적인 혁신을 낳는 관문이다. 매일의 상황 속에서 그리스도의 삶을 본받아 살려는 우리의 목표가 세례로 구현된다.

4. 그리스도인의 세례는 우리를 전 세계 교회에 입문시킨다. 세례는 하나님 가정의 입양증서다. 그것은 소속 표찰이요 멤버십 카드다. 전통적 기독교 국가에서는 그것이 늘 확연치 않을 수 있다. 그러나 당신의 배경이 유대교나 회교라면 세례는 돌아올 수 없는 강을 건너는 것이다. 그것은 결정적 분계선이다.

5. 그리스도인의 세례는 우리에게 하나님 나라의 일을 위임한다. 세례는 하나님 군대의 임관식이다. 세례야말로 하나님 나라의 증표인 까닭이다. 세례는 우리가 왕 되신 하나님께 바쳐진 자임을 보여준다. 세례는 우리가 왕의 일을 볼 때 입는 제복이다.

6. 그리스도인의 세례는 실제로 하는 일이 있다! 개신교도들은 신약성경에 강조된 이런 면을 종종 간과한 채 세례를 상징으로 생각하려고 한

다. 그러나 신약에는 세례를 행동의 매체로 보는 강력한 표현들이 나온다. 세례를 통하여 우리는 삼위일체의 "이름" 속에 들어가고(마 28:19), 그래서 구원받거나(벧전 3:21) 거듭나거나(요 3:5) 그리스도의 죽음과 부활에 연합하고(롬 6:3 이하; 골 2:12), 그분의 몸에 합해진다(고전 12:13). 물론 이 중 여러 구절에 성령(하나님 쪽 작인)이나 믿음(인간 쪽 작인)이 언급되지만, 성경 기자들의 표현을 보면 세례의 매체적 특징을 부인할 수 없다. 이는 놀랄 일이 아니다. 칭의, 중생, 그리스도와의 연합, 세례—이 모두는 하나님이 우리를 자기 소유로 만드시는 방법을 다른 이미지로 표현한 것들이다.

이렇듯 세례는 새 생명의 "유효한 증표"다. 그러나 결혼반지와 마찬가지로, 세례도 무조건 유효한 것은 아니다! 마술사 시몬이나(행 8:13, 21 이하) 일부 고린도 사람들에게는(고전 10:1-6) 세례가 유효하지 못했다. 본래 세례는 그것이 상징하는 바를 실제로 발생시키기 위한 것이다. 세례는 결혼반지나 입양증서처럼 어떤 소속의 가시적인 표찰이다. 루터는 이것을 확실히 깨달았다. 자신의 믿음에 의심의 유혹이 들 때면 그는 유아 때 자기에게 표시된 하나님의 신실하심에 대한 불변의 상징물을 떠올렸다. 하나님의 신실하심이 자신의 믿음보다 더 중요함을 인식하며, 그는 "나는 세례 받았다"(*Baptizatus sum*)고 당당히 외쳤다.

세례의 시행 방법

초대 그리스도인들은 세례자들에게 물을 뿌렸을까 아니면 침례를 주었을까? 속 시원한 답이 나와 있지는 않으나 그것이 크게 중요한 문제는 아니다. 그들은 삼위일체의 이름으로 매번 물로 세례를 주었으나 물의 양은 어디에도 명시되어 있지 않다. 이것은 그리스도인 형제들을 분열시켜야 하는 문제는 아니다. 때로 근처에 강이 있으면 그들은 의심할 나위 없이 침례를 주었다. 빌립보 간수의 경우처럼 때로 침례 시설이 없는 집에서 세례가 집행되기도 했다. 카타콤의 어느 초기 벽화에 보면, 세례 요한과 예수가 요단 강에 허리까지 잠기게 서서 요한이 예수의 머리 위에 물을 붓고 있다. 두 방법 다 귀한 것이다.

그러나 세례에 해당되는 '밥티조'(baptizo)라는 말이 수침(水沈)을 뜻하지 않던가? 꼭 그런 것은 아니다. 씻는다는 뜻도 될 수 있다(눅 11:38). 성찬의 작은 떡 한 조각과 포도주 한 모금으로 하나님의 은혜를 누릴 수 있을진대 세례 때 소량의 물이 우리에게 하나님의 은혜를 인쳐 준다 하여 유난스럽게 놀랄 일은 아니라는 주장이 가능하다. 초대 그리스도인들은 세례 방식에 대해 매우 관대했던 것 같다. 아주 초창기의 「디다케」(Didache, 열두 사도의 교훈집. 1세기 그리스도인의 입문서)에 이런 말이 나온다. "흐르는 물에서 아버지와 아들과 성령의 이름으로 세례를 주라. 그러나 흐르는 물이 없으면 다른 물로 세례를 주라. 찬 물이 없으면 따뜻한 물로 하라. 그러나 그조차도 없거든 아버지와 아들과 성령의 이름으로 머리 위에 세 차례 물을 뿌리라."[1]

누가 세례를 받는가?
물론 성인 신자들이다. 세례에 관한 어느 신학적 고찰을 보아도 주요 대상은 그들이다. 그러나 가장이 믿음을 고백하면 집안의 식솔과 노예들도 세례를 받았다. 확실치는 않지만, 초대 그리스도인들에게 이는 얼마든지 있을 수 있는 일이고 전혀 놀랄 일이 아니었을 것이다. 자녀들은 구약 교회에도 성례를 통해 들어가지 않았던가(창세기 17장). 개종자 가족들은 자녀와 종을 포함하여 전원 세례를 통해 유대교 신앙에 들어왔다.

가족 단위의 세례는 신약성경에도 나온다(행 16:31, 33). 예수께서 어린 아이들에게 보여주신 수용의 태도가 도움이 되었을 것이다(막 10:13-16). 유아 세례는 초대 교회와 중세 교회에서 사실상 전혀 문제시되지 않던 관행이다. 뿐만 아니라 유아 세례는 복음의 객관성을 강조해 준다. 우리 쪽에서 반응의 선택이 있든 없든, 그리스도께서 갈보리에서 해주신 일의 표가 우리 위에 새겨진다. 또 유아 세례는 우리가 하나님께 나아갈 생각조차 하기 전에 먼저 우리를 찾아오신 하나님의 주도권을 강조해 준다. 그러므로 대다수 그리스도인들이 자녀에게 세례를 준다. 그러나 믿음의 정황 안에서 행해지지 않는다면 이는 심히 악용될 소지가 있는 관행이다. 본래 이것은 무분별한 부적(符籍)이 아니라 신자의 자녀에게만 해당되는 것이다. 세례에 요구되는 의미와 세례에 수반되는 축복에 대한 신중한 가르침 없이 유아 세례를 시행해서는 안된다. 그리고 입교나 견진시에 당사자에게 직접 재확인할 필요가 있다.

한편 침례교의 논거도 강하다. 이는 세례가 유아의 사회적 의식이 아니라 그리스도인의 소속의 배지임을 강조한다. 날짜까지 알 정도로 헌신의 시점이 명료하다. 부작용이 유아 세례 경우보다 훨씬 적다. 그리고 이것은 강력한 전도의 기회가 된다. 침례교인들과 유아 세례를 지지하는 사람들이 피차 상대편 입장의 강점을 더욱 이해하게 되어, 서로 비판하기보다는 존중하게 되기를 우리는 기도해야 한다.

세례를 다시 받아도 되는가?

안된다. 칭의나 입양에 관한 성례인 세례도 그 둘처럼 되풀이될 수 없는 것이다. 초대 그리스도인들은 이 점이 확실했다. 요즘은 사람들 사이에 세례를 다시 받으려는 이상한 욕심이 있다. 유아 세례로 부족했다고 느끼는 사람들이 비일비재하다. 믿음도 너무 적었고 물도 너무 적었고 감정도 너무 적었고 신앙을 공적으로 고백할 기회도 너무 적었다는 것이다. "제대로 다시 하려는" 욕구는 현대의 감정 숭배에서 온 것이다. 엄격히 말해 세례란 출생만큼이나 다시 할 수 없는 일이다. 항상 기억해야 하지만, 절대 반복할 일은 아니다. 세례를 재확인할 수는 있다. 재현도 가능하다. "당신이 이미 세례 받지 않았다면 내가 당신에게 세례를 주노라……." 그러나 다시 받을 수는 없다.

성령 세례란 무엇인가?

신약에는 성령 세례가 일곱 번 언급된다. 그중 여섯 번(마 3:11; 막 1:8; 눅 3:16; 요 1:33; 행 1:5, 11:15-16)은 예수를 기다리던 세례 요한의 세례와 예수께서 친히 성령 "안에서"(또는 성령 "으로" 또는 성령에 "의해." 헬라어 단어는 이 중 어느 것으로도 번역될 수 있다) 주실 세례를 대비하고 있다. 여섯 군데 모두 그리스도인의 입문을 가리킨다. 이는 바울이 모든 고린도 교인들이 은사를 받고 안 받고를 떠나, 모두 한 성령으로 세례를 받아 한몸이 되었다고 지적한 일곱번째 말씀과 정확히 일치한다(고전 12:13). 그러므로 이견이 분분한 성령 세례라는 말에 대한 신약의 말씀은 모두 하나같이 입문을 뜻한다. 제2의 "보다 심오한" 체험을 가리키는 구절은 하나도 없다. 그렇다고 추후에 그런 채우심이 있을 수 있고 실제로 있다는 사실을 한시라도 부정하려는 것은 아니다. 그것이 우리 삶의 가장 중요한 영적 체험일 때도 있다. 다만 그것을 세례라 칭하는 것은 도움이 안된다. 혼란만 야기할 뿐이다. 앞서 보았듯이, 오순절 교인들이 성령께서 우리 삶에 오셔서 채우셔야 할 중요성을 말한 것은 옳다. 그러나 그 체험을 "물세례"와 대비하여 "성령 세례"라 부른 것은 잘못이다.

성경은 전혀 그렇게 말하지 않는다.

신약성경에 세례에 관한 언급이 아주 많은 것은 아니지만, 분명히 초대 그리스도인들에게 세례는 입문의 성례로써 절대적으로 중요했다. 세례는 되풀이될 수 없는 그리스도와의 연합을 그들에게 확증해 주었다. 세례는 그들에게 죽고 다시 살아나는 삶, 그리스도인들이 부름받은 그 삶을 일깨워 주었다. 세례는 그들을 온 세상 형제자매들과 연합시켜 주었다. 그리고 하나님께서 값없이 주신 선물을 믿음으로 주장하는 한, 세례는 그들에게 성령의 능력을 입혀 주었다.

성찬

세례가 그리스도인의 입문의 성례라면, 성찬(Eucharist)은 그리스도인의 성장과 발전의 성례다. 둘 다 매우 중요하다. 초대 그리스도인들은 그것을 잘 알았고 성찬을 매우 귀히 여겼다. 여기서도 우리는 종종 우리의 전통 때문에 피폐해져 있다. 성경에 성찬을 가리켜 사용된 단어들 자체에 가장 신기한 이 성례의 폭넓은 의미가 묻어난다. "주의 만찬"은 우리를 다락방으로 데려간다(고전 11:20). "떡을 뗀다"는 말에는(행 2:42) 예수께서 무리를 먹이시던 일이 암시된다. "성만찬"(Holy Communion)은 함께 "그리스도의 피와 몸에 참예함"을 나타낸다(고전 10:16). "영성체"(Eucharist)는 예수께서 우리를 위해 행하신 모든 일에 대해 하나님을 송축한다는 의미다(고전 11:24, 「디다케」 9.1). 그리고 "미사"는 다소 어원이 모호하기는 하지만, 회중들을 섬김과 선교의 세상 속으로 해산한다는 뜻이다. 그러나 내보낸다는 개념은 신약에 분명히 있지만 미사는 신약성경의 용어는 아니다.

초기의 성찬 장면

초기의 성찬은 대부분 교회가 아닌 가정에서 이루어졌다. 저녁 일찍 사람들이 저녁거리를 조금씩 들고 나타나기 시작한다. 일이 끝났으니 다들 즐겁고 느긋하다. 남자와 여자, 로마 시민과 일반인, 노예와 자유인 할 것 없이 모두 평등한 자리다. 등잔불이 켜져 있다. 앉을 자리도 갖추어져 있다. 발들도 다 씻었다. 그들은 안뜰에 기대어 눕거나 방 안에 빼곡히 들어차 저녁을 먹는다. 근황을 나눈다. 누군가 악기를 꺼내 다함께 노래를 시작한다. 사실 이들은 새 노래들을 짓는다. "잠자는 자여, 깨어서 죽은 자들 가운데서 일어나라. 그리스도께서 네게 비춰시리라." 또는 "거룩하다, 거룩하다, 거룩하다, 주 하나님 곧 전능하신 이여, 전에도 계셨고 이제도 계시고 장차 오실 자라." 그 단편을 신약성경에서 볼 수 있다. 어느덧 누군가 교회 상자를 꺼내온다. 예수의 말씀, 혹은 사도의 편지, 성찬 용기 등 그리스도인들에게 가장 소중한 물건들이 담긴 상자다. 찬송은 마음에서 우러난 것이다. 어쩌면 방언이 이어질 수 있다. 어느 지체의 특별한 필요나 치유를 위한 기도가 있을 수 있다. 기도, 구약성경 낭독, 예수에 대한 이야기, 공동체 지체들의 격려의 말, 즐거운 찬송이 분명 모두 함께 어우러진다. 그러다가 저녁이 끝나 갈 무렵, 그들은 다시금 예수의 수난 이야기를 하며 그분을 기념하여 떡을 떼고 포도주를 마신다. 모든 것이 끝난다. 예수께서 가르쳐 주신 기도를 암송한다. 그들은 돌아가면서 서로 거룩한 입맞춤으로 포옹하고는 집으로 돌아간다. 모든 것이 매우 단순하다. 기도서도 없고 사제도 없고 제단도 없다. 모두의 시선은 보이지 않는 주님, 떡, 포도주, 서로에게 고정된다. 그리고 나서 또 한 주의 여정을 위해, 영적으로 재충전된 모습으로 그들은 밤 길을 나선다.

최후의 만찬은 무엇인가?

많은 견해가 있어 왔다. 이 식사를 '하부라'(*haburah*), 곧 일단의 친구들이 나누는 특별한 종교적 식사로 본 사람들도 있다. '키두쉬'(*kiddush*), 곧 안식일 준비를 위한 금요일 밤의 가족 모임에서 유래했다고 밝히려 한 사람들도 있다. 그런가하면 이 식사의 뿌리를 이방 종교에서 찾으려 한 사람들도 있다. 지금 우리는 그 어느 것에도 구애받을 필요가 없다. 이 식사를 이해하는 단서는 구약의 유월절에 있기 때문이다. 고린도전서 5:7-8에 그것이 아주 분명히 나온다. "우리의 유월절 양 곧 그리스도께서 희생이 되셨느니라. 이러므로 우리가 명절을 지키되."

달라진 유월절

요아킴 예레미아스는 저서 「예수의 성찬의 말씀」(*The Eucharistic Words of Jesus*)에 성찬의 유월절 배경을 설득력 있게 논증했고[2], 이후에 이 주제를 다룬 모든 학자들은 그에게 은혜를 입었다. 그 식사의 기사에서 그는 유월절 배경을 입증하는 열한 가지 요소를 지적한다. 예를 들어, 최후의 만찬은 예루살렘에서 있었다, 밤중까지 이어졌다, 작고 친밀한 모임이었다, 일행은 앉지 않고 기대어 누웠다, 떡을 떼기 전에 접시가 돌았다, 유월절의 필수인 포도주를 마셨다, 시작 발언은 유월절 '하가다'(*haggadah*)의 각색이었다, 유월절 관습대로 표면상 유다가 가난한 자들에게 베풀려고 밖으로 나간 것 등이다. 예레미아스는 그것이 통상적 유월절 식사였다는 증거를 나열한다. 그리고는 열 가지 반론을 다룬다. 그가 다루지 않은 반론이 두 가지 있다. 하나는 어린양의 언급이 없다는 점이다. 이는 그리스도인들이 이번 유월절의 특징을 말하느라 기사가 압축되어서 그런가? 아니면 그들이 예수를 유월절 어린양으로 보았기 때문인가? 우리는 끝내 모를 수 있다. 예레미아스가 빠뜨린 또 한 가지는 연례 유월절 절기가 어떻게 매주의(또는 그보다 더 잦은) 기독교 절기로 바뀌었는지에 대한 설명이다. 빈도가 잦아진 것은 아마도 주께서 평소에 꼭 제자들과 함께 잡수셨다는, 기억에 생생한 사실 때문이었을 것이다. 그들은 늘 함께 식사했다(이것이 초대 교회에서 애찬으로 바뀌었다). 그러나 그분의 명시적 명령에 따라 자주 되풀이된 이후의 모든 공동식사에는 장엄한 그 밤의 의미가 배어들었다.

뉘앙스는 다르지만 4복음서의 기사 모두, 예수께서 떡을 들고 축사하신 후 떼어서 설명의 말씀과 함께 제자들에게 주신 것은 공통이다. 성찬으로 발전한 이 식사를 지면상 상세히 살펴볼 수는 없으나 매우 중요한 요소가 몇 가지 있다.

첫째, 이첫째,것은 장시간 이어진 완전한 식사였다. 복음서 기사는 이 유월절 식사의 특별한 기독교적 차이점만 다루고 있다. 그러나 떡과 포도주는 전체적인 공동식사의 일부분일 뿐이다.

둘째, 유대교의 연례 유월절은 제사가 아니라 첫 유월절─진노의 천사를 피하려고 이스라엘의 양들을 죽여 피를 문 인방에 발랐으니 그것은 분명 제사였다─의 기념이었다. 동일하게, 그리스도인의 성찬도 제사가 아니라 하나님의 어린양이 죄 많은 세상의 심판을 거두시려고 피 흘리신 큰 제사를 기념하는 것이다.

셋째, 분명히 짝지어 쓰인 "몸"과 "피"라는 말은, 아람어 'bisra udema'로 예수께서 짝지어 쓰셨을 수 있는 유일한 말이다. 둘 다 제사

용어다. 둘 다 처참한 죽음을 나타낸다. 이는 다음날 제물로 드려질 그분의 죽음을 가리킨다.

넷째, 제자들에게 떡과 포도주를 주심으로, 그분은 제자들로 하여금 자신의 속죄 제사의 혜택을 함께 누리게 하신다. 유월절 양을 먹는 이스라엘 백성들이 제사는 함께 드리지 않아도 혜택—이 경우, 이집트의 속박과 죽음에서 해방된 것—은 함께 누리는 것과 같다. 이것이 제사 용어가 성찬에 적용되게 된 경위다. 당연히 성찬은 제사가 아니다. 성찬은 그분의 속죄 제사의 기념이요 그 혜택을 누리는 통로다.

다섯째, '할라카'(*balakah*, 유월절을 설명하는 발언)의 변경은 정말 놀랍다. 통상적으로 의장은(출애굽기 12:25, 13:8에 순종하여) 떡을 들고 이렇게 말한다. "이것은 너희 조상들이 광야에서 먹은 고난의 떡이라." 의장이신 예수께서 "이것은 너희를 위하여 주는 내 몸이라" 하실 때의 그 충격적 분위기를 상상해 보라. 이 말을 아람어로 하면 "이것 내 몸은……"이 되어, 대표의 의미도 될 수 있고 동격의 의미도 될 수 있다. 이것은 천주교와 개신교를 몇 세기 동안 분열시킨 이슈다. 이를 행하여 나를 기념하라! 기념(*anamnesis*)이라는 말뜻은 우리 서구인들의 해석처럼 단지 정신적 상기가 아니다. 유대인의 사고에서 그것은 대표를 뜻했다. 유대인들은 유월절에 "내가 애굽을 나올 때 영원하신 분께서 나를 위해 이렇게 하셨다"고 말하는 데 익숙했다. 그들은 과거가 신기하게도 현재가 되는 것을 보았다. 비슷하게 예수께서도 자신의 죽음이 아무리 오래 전 일일지라도, 성찬에 모인 제자들이 그것이 신기하게도 현재가 되는 것을 보기 원하셨던 것 같다. 여기 이 성찬식에서 나는, 애굽의 유대인들에게 임했던 것보다 훨씬 참담한 운명과 속박에서 나를 건져내시려고 영원하신 분께서 나를 위해 행하신 일을 내 눈앞에서 새롭게 본다.

떼어진 떡과 부어진 포도주는, 초대 그리스도인들에게 예수께서 십자가에서 그들을 위해 행하신 일을 극적으로 상기시켰다. 뿐만 아니라, 이 역사적 사건이 현재에도 여전히 그 능력과 시의성이 있음을 그들에게 보여주었다. 그들은 떡과 포도주가 가리키는 경험 속에 들어가, 자신을 위한 그분의 죽음과 부활의 혜택에 동참할 수 있었다.

피도 떡만큼 중요하다. 유월절 피는 본래 이스라엘 백성들의 집에 발라짐으로, 애굽의 장자들을 죽이는 파멸의 천사로부터 구원과 구출을 가져다주었다. 그러므로 (피를 연상시키는) 포도주는 유월절의 필수 부분이었다. 유월절에서 "축복의 잔" 이전의 감사기도는, 특히 애굽에서의 해방과 하나님이 자기 백성과 맺으신 언약을 인하여 그분을 찬양하는 내용이다. 이어지는 '할렐'(*ballel*) 찬송은 구원의 잔을 감사로 받는다는 내용의 시편 116편이 중심이 된다. 이렇듯 피, 언약, 구출, 대리, 잔, 적용이 한데 어우러져 밀접한 연관을 이룬다.

여섯째, 충격적 언어는 의도적인 것이며 잘 기억되었다. 인육을 먹고 피를 마신다는 것은 유대교에서 명백히 금지된 일이다. 우리는 이 언어의 은유적 의미와 실체적 의미를 둘 다 신중히 여길 필요가 있다. 우리는 마음속으로 그분을 먹는다. 정말 그분을 먹는다. 그러나 우리는 믿음으로 그렇게 한다.

식사의 의미

역사적으로나 신학적으로나, 이처럼 유월절을 배경으로 성찬의 깊이는 밝히 드러나기 시작한다.

첫째, 유월절은 과거를 지향했다. 첫 유월절은 제사였다. 정말 그것은 이스라엘을 하나의 백성으로 형성시킨 제사였다. 이후의 유월절은 뭉뚱그려 제사라 부를 수는 있어도 제사는 아니었고 속죄의 의미도 없었다. 그러나 그것은 예배자들 앞에 본래의 제사를 강력하게 부각시켰다. 성찬도 마찬가지다. 성찬 자체가 제사는 아니지만 성찬은 그리스도의 제사의 대표이며, 우리는 그분이 그 제사를 통해 우리에게 얻어 주신 혜택을 누린다.

둘째, 유월절은 **현재**를 지향했다. 첫 유월절은 굴레의 땅에서 약속의 땅으로 행진하도록 이스라엘 백성들의 기력을 돋우는 식사였다. 이 요소는 해마다 재현되었다. 그들을 향한 하나님의 지속적 보호와 공급의 주제는 '하가다'(*haggadah*, 식사 때 다시 들려주는 하나님의 능하신 구출 기사 이야기)의 중심이다. 먹고 마시는 행위는 예배자들 사이에 신성한 유대감을 이루었다. 이런 식탁 교제를 깨뜨리는 것이 얼마나 가증스런 일인지 시편 41:9에서 볼 수 있다. 성찬도 마찬가지다. 성찬도 모든 참여자를 하나로 묶어 주는 효과가 있다(고전 10:17). 성찬의 교제를 깨뜨리는 것도 가장 가증스런 죄이며 반드시 비참한 결과가 따른다(고전 11:19, 20, 27-30). 그리고 성찬도 순례자들에게 그리스도의 몸을 먹여(고전 10:16) 여정의 기력을 돋운다. 그리스도는 모든 그리스도인 삶의 양식이요 자양분이다(요 6:51).

셋째, 유월절은 **미래**를 지향했다. 그것은 애굽에서의 해방의 기념일 뿐 아니라 궁극적 구원 잔치의 모형이었다. 유월절은 메시아가 오실 밤이 될 것이었다. "이 밤에 그들은 구원받았고 이 밤에 그들은 구원받을 것이다"라고 랍비들은 말했다. 이 미래적 시각은 기독교의 유월절인 성찬에 빠질 수 없는 부분이다. 누가복음 기사에는(22:7-23) 다른 모든 면이 거의 배제될 만큼 그 부분이 강조되어 있다. 이것은 마태복음과 마가복음에도 있고, 요한복음에도 "참" 떡과 포도나무에 대한 암시적 언어로 나타난다. 이것은 고린도전서 11:26에도 명백히 나타나며, 「디다케」 (10.4)에서 볼 수 있듯이 '마라나타'("우리 주여, 오시옵소서." 고전 16:22) 라는 외침이 성찬에 사용되었다. 성찬에 동참한 초대 그리스도인들의 정서를 엿볼 수 있으므로 그 본문을 여기 인용할 만하다.

> 주여, 주의 교회를 기억하사 모든 악에서 구하시고 주의 사랑 안에 온 전케 하소서. 거룩한 교회를 온 천하에서 주께서 예비하신 주의 나라로 다 모으소서. 권세와 영광이 영원히 주께 있사옵니다. 은혜가 임하게 하시고 이 세상은 지나가게 하소서. 다윗의 하나님께 호산나. 무릇 거 룩한 사람은 오게 하시고 거룩하지 못한 사람은 회개하게 하소서. 마라 나타. 아멘.

유월절이 메시아 강림의 보증이었듯이, 성찬은 메시아의 재림과 잔치의 보증이다. 그때까지의 모든 성찬식은 그 잔치를 내다보는 것이다.

그러니 성찬이 그리스도인들의 중심 식사요 다른 모든 예배보다 중요한 예배임은 당연하다. 성찬은 우리의 과거와 현재와 미래를 아우르는 우리 구속(救贖)의 원형적 상징이다. 하나님 나라에서 새롭게 맛볼 때까지 성찬에 대한 우리의 이해는 점점 깊이 자라갈 것이다. 자신의 교회에 세례와 성찬이라는 두 개의 성례를 남기실 때 우리 주님은 어련히 알아서 그렇게 하셨다. 둘 다 구원의 무지개의 총천연색으로 빛난다. 하나는 구원이 단번에 영원한 것이며 그 구원이 그리스도인들의 죽고 다시살아나는 삶을 다스려야 함을 보여준다. 다른 하나는 오르막길을 가는 순례자들에게 여정의 인내를 요구하며 인내할 능력을 입혀 준다. 그것은 우리의 떡이요 포도나무이신 주께로 우리 눈을 들어 하나님의 혼인

잔치를 바라보게 한다. 그때 그리스도는 신부 된 교회와 영원히 결혼할 것이요, 그리하여 더 이상 슬픔도 눈물도 죽음도 없게 될 것이다. 우리는 그분의 얼굴을 뵈오며 그분과 같이 될 것이다.

10
고난을 아는 삶

죄가 불가해한 것임을 아는 사람만이 죄가 무엇인지 안다.

에밀 브루너(Emil Brunner)

1990년 7월 8일, 스티븐스 부부와 지머맨 부부는 차를 몰고 케냐 나이로비 시내를 지나가고 있었다. 당시 민중운동이 벌어져, 수천의 사람들이 복수의 당을 허용하라고 정부에 압력을 가하고 있었다. 그러나 그 전날 시작된 폭동의 진짜 이유는, 평균 연령이 17세인 나이로비 시민들의 3분의 1이 실직자라는 사실에 있었다. 우리는 나이로비에서 도시 교회 세미나를 인도하려던 중이었다. 그 도시에 얼마간의 회복을 가지고 갔던 셈이다. 우리는 폭동이 둘째 날까지 계속될 줄은 예상하지 못했다. 우리가 로터리로 꺾어져 일방도로로 진입하는 순간, 돌멩이와 각목을 든 50여명의 사람들이 우리를 공격해 왔다. 그들은 차를 뒤집어 불 지르려

했다. 구사일생으로 나는 일차선 길에서 유턴하여 차를 반대 방향으로 돌릴 수 있었으나 폭도들이 차를 따라잡았다. 커다란 돌멩이 하나가 창문을 뚫고 들어와 내 목을 스쳐가 앞 유리를 박살냈다. 돌이 1cm만 왼쪽으로 날아왔어도 나는 기절하여 의식을 잃었을 것이고 우리의 탈출은 불가능했을 것이다.

분노의 진짜 이유는 흑백 문제가 아니라 빈부의 문제였다. 우리는 차를 몰고 있었고 따라서 분명 부자였다. 폭도들 중에는 교회 지체들이 많았는데, 그들은 "의의 실현"의 일환으로써 불의한 제도에 대한 격분을 그 불의의 상징인 두 쌍의 부자 부부—묘하게도 자기네 도시에 회복을 가지고 온—에게 표출하고 있었다. "공교롭게도" 그 일이 벌어지던 바로 그 시각에 고국에 있는 우리 교회에서는 우리를 위해 기도하고 있었다. 이 사건이 있기 2년 전, 우리 교회의 한 교인이 그 두 쌍의 부부 중 한 쌍이 아프리카 어느 도시를 탈출하는 환상을 보고는 그런 일이 없도록 2년 동안 기도했다. 거기서 무슨 일이 벌어진 것일까? 타락한 인간 본성과의 조우? 불의하고 개혁되지 못한 사회적·경제적·정치적 구조? 사탄의 직접적 공격? 우리 눈에 보이지 않는 천사들이 우리 차를 에워쌌을까? 하나님께서 한 자매가 2년 동안 우리를 위해 드린 중보기도에 응답하신 것일까?

일부 잘못 알고 있는 교사들은 그리스도인이 되면 모든 문제가 해결된다고 말한다. 환난과 고생 없이 행복하게 살다가 천국의 마지막 축복에 들어간다고 주장한다. 그러나 이것은 거짓말이다. 예수를 따르는 길은 승리한 삶이 아니라 승리한 싸움이다. 고난을 간단히 설명할 수 있다고 말하는 사람이 있거든 조심하라. 십중팔구 틀린 말이다. 사실 고난을 둘러싼 혼란스런 메시지가 하도 많아, 분별의 은사야말로 오늘날 교회에 필요한 가장 중요한 은사 중 하나일 것이다.

어떤 사람들은 우리가 죄 없이 완전한 상태, 완전한 승리의 삶을 얻을 수 있다고 주장한다. 한번은 찰스 스펄전(Charles Spurgeon)이 어느 집회에서 강연을 들었는데 강사는 자기가 그런 복된 상태에 들어갔다고 말했다. 스펄전은 당장은 아무 말을 하지 않았다. 그러나 이튿날 아침식사 때, 그 강사의 교리를 시험코자 그에게 우유 한 주전자를 쏟았고, 결국 그의 교리는 확실히 잘못된 것으로 드러났다! 가장 경건한 성도들도 여전히 씨름하는 것이 현실이다. 사실 우리는 「기도서」에 나온 대로 세상, 육신, 마귀라는 다중 전선의 전투에 임하고 있다. 이 다중 전선의 전투에 대해 다중 전선의 승리가 신약성경에 나와 있다. 첫째, 세상이 있다.

세상: 바깥의 환난

캐나다의 한 상업 미술가는 고객을 신중히 가려서 받는 유수한 광고대행사에서 일하고 있다. 회사의 고위 간부들은 그리스도인은 아니지만 도덕적인 사람들이다. 그들은 인간의 삶에 유해한 제품의 광고에 관여할 뜻도 없고, 자기들 보기에 욕망에 호소하여 합리적 결정을 저해하는 명백히 조작적인 광고 기법을 사용할 뜻도 없다. 이 회사에서 일하는 어떤 그리스도인은 지난 수년간 어느 체인점 광고를 맡아 특별히 즐겁게 일했고, 신제품을 상상력 있게 표현하여 상도 여러 번 수상했다. 그러나 그 체인점은 매우 의심스런 제품과 연관된 것으로 알려진 새 분야에 투자하며 진출했다. 그 회사 제품들이 일반에 널리 수용되고 있었지만, 이제 회사 배후에 마피아의 자금이 있다는 소문이 사무실에까지 들려왔다. 이 굵직한 고객을 잃지 않으려면 그 미술가는 사회의 도덕 구조에 해롭다고 의심 가는 그 제품을 광고해야만 한다. 그러나 그의 사장의 말대로 "이 사회에서 우리는 더 이상 개개인 고객을 상대하지 않고 각양각색의 다국적 네트워크를 상대하고 있다. 업계에서 살아남는 유일한 길은 어디서 나오는 돈인지 꼬치꼬치 캐묻지 않고 제도 속에서 일하는 것이다." 여기 무슨 일이 벌어지고 있는가?

세상의 환난

대기업에서 일하든 작은 사업을 하든, 일은 신자들을 하나님 나라의 원리대로 살기 곤란하게 만드는 사회 속으로 들이민다. 기준을 낮추라고 강요하거나 타협으로 유혹하는 구조, 세력, 권부, 영향력, 제도에 둘러싸인 신자들은 자신의 직장 상황에 무력감을 느낀다. 문제는 상사나 동료나 심지어 "육신"으로 인한 개인적 죄보다 더 깊다. 사실 바울은 "우리의 씨름은 혈과 육에 대한 것이 아니요"(엡 6:12)라고 말한다. 단순히 사람들의 죄악된 태도와 행동의 총합 그 이상이 있다. 제도가 개입된다. 예수께서 이르시기를, 세상은 성령을 받지 못하고(요 14:17) 예수를 미워하고 신자들을 미워한다고(15:18) 하셨다. 신자들은 세상 "속에" 살아야 하지만(17:15) 세상에 "속한" 자가 아니며(17:14), 세상 "에서" 택함을 입었다(15:19). 예수는 "세상에서는 너희가 환난을 당하나"(16:33)라고 하셨다.

환난은 다면체다. 환난은 불의하거나 매정한 구조, 사업과 금융제도, 동조 원리, 사회적 관행, 신앙생활을 주변으로 몰아내거나 대놓고 박해하는 관습과 전통, 상존하는 대중매체의 영향력을 통하여 우리에게

온다. 대학교에서 마케팅을 가르치는 내 친구 하나는 광고 업계가 분노, 정욕, 탐욕, 폭식, 나태, 시기, 교만 등 칠대 죄악에 호소하고 있음을 입증하는 학술 기사를 썼다. 여러 연구에 따르면, 북미인은 하루 평균 1,400개의 광고에 노출된다. "바깥"에서 줄잡아 1,400개의 메시지가 들어오는 셈이다. 날로 더해 가는 신(新)이교적 사회에서 삶의 복잡성이 어찌나 혼란을 주는지, 일부 잘못 알고 있는 사람들은 오로지 교회나 기독교 기관에서 일하는 것만이 안전한 안식처로 느껴질 정도다. 그러나 종종 보다 교묘하게 위장되었을 뿐 거기에 가도 상황은 똑같기에 그들은 이만저만 실망이 아니다. 쉬운 탈출구는 없다. 다행히 우리의 환난과 거기에 대처하는 방식을 이해하는 데 꼭 필요한 틀이 성경에 제시되어 있다.

하나님이 세상을 이처럼 사랑하사

성경에서 "세상"은 창조된 질서를 가리켜 사용되며, 그 질서를 두고 하나님은 "심히 좋았더라"(창 1:31)고 말씀하셨다. 그러나 세상의 창조에 들어간 것은 물질만이 아니다. 인류를 구조화된 우주에 두신 것도 하나님의 창조 활동에 포함되며, 그 우주에는 시간(칠일), 공간(성소 동산), 관계(언약의 결혼과 가정), 권세와 구조(지식의 나무), 다른 피조물(동물들과 뱀)이 들어 있다. 결혼과 가정과 정부와 경계(행 17:26)가 없는 세상을 상상해 보라! 이 모두는 하나님이 우리를 보호하시고 삶을 의미 있게 하시려고 설계하신 것이다.

성경에서 "정사, 권세, 능력, 주관자, 보좌, 이름"(롬 8:38; 고전 15:24; 엡 1:21, 3:10, 6:12; 골 1:16, 2:10, 15)은 하나님이 구조와 질서를 두어 세상을 창조하신 것을 가리켜 사용되는 단어들이다. 이런 용어들에는 정부, 인간 권위, 국가 구조, 가정과 부족 구조, 또래 관계 내의 서열, 천사의 영역 등이 내포된다. 이런 권세들은 "타락"의 결과이기는커녕 하나님의 좋은 피조세계의 일부다. 그것들은 본래 악한 것이 아니며, 그리스도로 말미암아 그리스도를 위하여 지어진 것들이다! 바울은 "만물이 그[그리스도]에게 창조되되 하늘과 땅에서 보이는 것들과 보이지 않는 것들과 혹은 보좌들이나 주관들이나 정사들이나 권세들이나 만물이 다 그로 말미암고 그를 위하여 창조되었고"(골 1:15)라고 선포한다. 헨드리커스 버코프(Hendrikus Berkhof)는 이것을 피조세계의 보이지 않는 배경으로, 즉 "하나님이 자신의 좋은 피조세계를 자신과의 교제 안에 두시고 혼돈에서 보호하시고자 빙 두르신 방벽들"[1]로 멋지게 묘사한다.

하나님의 이 좋은 선물들은(골 1:15) 본래 하나의 틀이고, 우리는 그 틀 안에서 하나님을 섬기도록 되어 있었다. 그러나 인류의 죄와 우주에서 벌어진 내전(유 6절) 때문에 이제 그것들은 망가져 적대적이 되었다. 고집스레 하나님의 법칙에 반항하고 있다. 이 권세들 중 일부는 정부, 종교, 문화, "주의"(ism)들, 귀신 따위—뉴스를 뒤덮는 각종 "이름"과 "명칭"(엡 1:21)으로 상징되는—로 스스로 생명을 입고는, 인간에게 우상 행세를 하고 있다. 성경은 "정사들과 권세들"의 궁지를 여러 모양으로 말하고 있다. 때로 성경은 우리에게 이런 오만하고 포학한 권세들을, "하나님이 아닌 자들"이면서 하나님 행세하는 "약하고 천한 초등 학문"으로 여기라고 말한다(갈 4:8-9). 에베소서에서 바울은 우리의 씨름은 인간의 문제들, 곧 혈과 육에 대한 것이 아니요 "하늘에 있는 악의 영들"에 대한 것이라고 했다. 여기에는 마귀 자신이 자기 목적을 위하여 이런 권세들을 차출하거나 "예속" 시켰다는 의미가 들어있다(엡 6:10-13). 인간이 이 타락한 만성적 구조에 부딪치지 않고 이 세상을 살아간다는 것은 불가능한 일이다. 우리는 경쟁에서, 동조를 강요하는 세력들에서, 그리고 최악의 형태로 사술과 사탄숭배를 통한 사탄의 직접적 공격에서 그런 구조를 경험하게 된다.

일부 그리스도인 저자들은 권세들에 대한 신약의 증언을 마귀나 타락한 천사들과는 전혀 무관한, 오직 우리 세상살이의 구조로만 본다. 다른 저자들은 마귀와의 전쟁에만 전적으로 집중한다. 그러나 세상 속에서 살아가는 그리스도인들은 둘 다를 상대해야 한다. 성경은 구조, 영계의 무리들, 마지막 원수인 사망(고전 15:24-27) 등 복잡한 제도적 악을 증언하고 있다. 이 모두가 영적 전투의 장이다. 그러나 그리스도인들은 이 영적 전투에서 무력하지 않다. 그리스도께서 이미 권세들과 싸워 이기셨기 때문이다.

무력한 권세들

오스카 쿨만(Oscar Cullmann)은 사슬에 묶여 자신을 발길질하다 죽어가는 짐승에 권세를 비유한다. 예수의 부활과 재림 사이에 권세들은 밧줄에 묶여 있다. 아직도 흉포한 본색을 드러낼 수 있으나, 그럼에도 결박되어 있다. 정녕코 이것이 성경 마지막 책이 보여주는 시각이다(계 18-19장). 그리스도와 권세들의 관계는 평신도 영성에 대단히 중요하다. 그리스도는 인간의 십자가형을 감수하심으로 자진하여 권세들의 "피해자"가 되셨다. 권세들의 표면적 승리는 십자가 위에 걸린 3개 국어의 죄패로 상징된다. 라틴어는 정부, 헬라어는 문화, 히브리어는 종교를 대표한다. 그러나 역설적으로 그리스도의 죽음은 정사와 권세들을 하나님의 주권에 부속된 도구라는 제자리로 되돌려 놓았다. 그분의 십자가는 인류의 죄에 대한 승리일 뿐 아니라 권세들에 대한 승리였다. 그리스도의 십자가 죽음은 정치적 행위요 우주적 승리였다. 그분은 권세들을 "벗어 버려〔무장 해제하여〕 밝히 드러내시고" 그들의 오만이 얼마나 착각인지를 보이시고 "승리하셨다"(골 2:15). 이에 관해 버코프는 "십자가를 전할 때마다 권세들의 정체가 폭로되고 무장 해제가 벌어진다"[2]고 말한다. 믿음의 눈이 없다면 이들 권세들은 아직도 전능해 보인다. 그러나 믿음의 눈으로 보면, 이들 권세들은 계속해서 억지 주장을 펴며 세상 속 그리스도인들의 삶까지 복잡하게 만들지만, 사실은 이미 패배자다.

권세들의 거짓 주장에 대적하는 첫째이자 가장 중요한 전략은 복음 선포다. 우리의 직무는 권세들을 우리 앞에 무릎 꿇리는 것이 아니다. 그것은 그리스도의 일이다. 우리의 직무는 그리스도로 무장하고(엡 6:10-18) 그분의 십자가를 선포하는 것이다. 권세들을 "기독교화"하려고 무던히 애쓰는 중에라도, 우리는 복음을 전하고 사람들에게 회개와 믿음으로 그리스도의 통치를 받아들이도록 권하는 일을 저버려서는 안된다. 이 과제는 오로지 교회 목사들만의 직무가 아니라 하나님 백성 전체가 증거해야 할 소명이다.

이런 권세들 중에는 그리스도인들이 마땅히 충성스레 복종해야 하는 부분도 있다(롬 13:1). 그러나 그리스도인들과 교회가 창조적 과제에 참여함으로써 기독교화해야 하는 부분도 있다. 즉 교육·정치·문화 자원들을 하나님의 의도를 기준으로 삼아 인류에게 유익한 쪽으로 배치하는 것이다. 어떤 권세들은 신실한 신자들의 순교를 통하여 정체가 폭로될 것이다(계 12:11). 그러나 그리스도인들과 교회가 절대 착각해서는 안될 것이 있다. 마커스 바스(Markus Barth)는 말한다.

이들 권세들을 포함하여 "만물"을 충만케 하고 복종시키고 통치하는 능력은 하나님과 그리스도께만 속한 것이다. 그러나 하나님의 통치와 사랑을 내보이는 역할은 교회에 맡겨졌다. 하나님은 교회를 은혜와 연합의 공적 해설자……새 하늘과 새 땅의 시발점으로 위임하고 무장시키신다.[3]

공적 제자도의 위력

정세들과 권세자들, 사탄과 죄와 죽음을 이긴 그리스도의 완전한 승리가 우리에게 심어 주는 확신이 있다. 그리스도인이 부름받아 섬길 수 없을 정도로 귀신의 세력이 강한 곳은 우주 그 어디에도 없다는 사실이다. 우리는 이미 이긴 싸움을 싸우는 것이다. 그러므로 현재 힘닿는 대로, 우리 그리스도인들은 권세들을 기독교화해야 한다. 교육, 상업, 정부, 예술, 사회운동에 참여하여 권세들을 "평정"해야 한다. 단 권세들을 복종시키는 일이 전적으로 그리스도께 속한 것임을 시종 명심해야 한다(엡 1:10; 빌 2:10-11). 우리는 공해, 식량 분배, 부정부패, 유전공학, 폭력과 무기 확산 등의 문제에 힘써야 한다. 그 일이 사역이며 거룩한 일임을 우리는 알고 있다. 이 일이 단기적으로는 실패처럼 보일 수 있지만 장기적으로 보면 영광스런 성공을 이룬다. 만물을 새롭게 하시고자 그리스도께서 하고 계신 일에 우리도 협력하고 있기 때문이다. 이 부분에서 우리는 그리스도께서 "하늘과 땅의 모든 권세를 내게 주셨으니"(마 28:18)라고 말씀하신 것을 알고 하늘에 생각을 두고 살아야 한다. 짐승이 잠시 이곳을 지배하지만(계 13:1-18), 모든 차원의 사회적 연합은 결국 하나님의 설계대로 회복될 것이다. 그리하여 새 예루살렘에서 "정사들과 권세들"은 우리의 삶과 일 전반에 구조(構造)로서 역할할 것이다(계 21:24).

지금까지 본 대로, 세상에서 우리가 겪는 고난은 단지 세상의 모든 죄인들의 결과의 총합이 아니다. 우리는 구조악을 상대하며, 구조악은 영적 전투를 부른다. 이 사역을 위해 하나님은 우리에게 영광스럽게 필요한 것을 공급해 주신다. 그러나 그 외에도 우리는 우리 자신, 악으로 치닫는 우리의 성향, 우리의 "육신"을 해결해야 한다. 체스터튼이 했다는 말이 예리하게 정곡을 찌른다. "세상의 문제가 무엇인가? 세상의 문제는 나로다!"

육신: 내면의 싸움

설교하기를 좋아하는 어느 목사가 설교하려고 강단에 서면, 회중 가운데 유난히 예쁜 여자와 눈이 마주친다. 그의 기분에 여자도 똑같이 자기를 유심히 보는 것 같다. 둘 사이에 뭔가 희한한 일이 벌어지고 있다. 설득력 있고 유창한 설교가 진행되는 동안 목사와 여자 사이에 찌릿 전기가 통한다. 둘 다 유부남, 유부녀. 그는 딴 여자에 대해 공상조차 즐겨서는 안되는 줄 알지만 그의 꿈속에 그 여자가 자주 등장한다. 일요일마다 둘은 눈으로 정사를 나눈다. 비서가 목사에게 오늘 오후에 그 여자가 결혼생활 상담을 받으러 온다고 방금 알려 왔다. 뭐가 어떻게 된 일일까?

사실 그리스도인들은 죽는 날까지 씨름한다. 그리고 그 씨름의 일부는 혈과 육, 즉 죄로 말미암아 변질된 인간 본성과 관련된다. 바울의 서신에서 "육신"이나 "육체"로 번역되는 '사륵스'(*sarx*)라는 말은 복잡한 단어이기 때문에 잠시 설명이 필요하다.

성령을 거스르는 육체

첫째, 우리는 바울이 종종 이 단어를 단순히 우리의 인간적인 면을 가리켜 사용하고 있음을 주지해야 한다. 전에 우리는 그리스도를 "인간적 관점에서" 보았다(고후 5:16, 1:17). 고린도 교인들 중에는 "인간적 기준에서" 지혜롭고 배운 자들이 많지 않았다(고전 1:26). "육체"는 때로 단순히 신체 생활을 가리키는데(롬 2:28), 그것은 보통 선하거나 적어도 중립적인 것이다. 바울은 몸을 방해물로 보는 헬라적 시각에서 신자들이 몸을 입고 몸으로 하나님께 영광을 돌릴 수 있다는 성경적 시각으로 전향했다. 우리의 궁극적 미래는 영원을 떠다니는 거룩한 영혼이 아니라, 새 하늘과 새 **땅**에서 하나님 존전과 그 백성 앞에 인간의 완전한 인격적·신체적 생명을 누리는 부활한 인격체다(계 21-22장). 그러므로 "육신"이 언제나 그리스도나 성령 안에서 사는 삶을 대적하는 것은 아니다.

이 대목에서 주목할 사실이 있다. 더러운 것, 우상숭배, 술수, 원수를 맺는 것, 분쟁, 시기, 분냄, 당 짓는 것, 분리함, 이단, 투기 등 바울이 갈라디아서 5:19 이하에 열거한 육체의 일은 대체로 비육체적인 것들이다. 이것들은 종종 심리적·영적·관계적 문제다. 내면에 벌어지고 있는 전쟁은 주로 물리적 육체와 인간 영혼 사이에 벌어지는 것이 아니라 "성령을 거스르는 소욕"과의 사이에 벌어지는 것이다(5:17). 열거된 육체의 일 가운데 넷—음행, 호색, 술 취함, 방탕함—에는 물리적 육체가 개입되는 것이 사실이다. 그러나 이런 파괴적 활동들의 뿌리는 우리 생각에 있고 성경이 말하는 마음에 있다. 성적인 문제들은 주로 육체적인 문제가 아니다.

많은 현대역들이 '사륵스'를 "인간 본성"이라는 말로 옮기고 있지만, 이 말을 우리 인격에 두 부분—선한 부분과 악한 부분, 고상한 부분과 저속한 부분, 하나님께 속한 부분과 죄에 속한 부분—이 있다는 뜻으로 이해해서는 안된다. 아니, 성령 안에서 그리스도의 통치 아래 살아가려고 씨름하는 것은 우리의 전인격, 곧 몸과 영과 혼이다. 그러므로 "육체의 일"에 열거된 성적인 죄들은 인격적인 죄이며, 우리 신체의 억누를 수 없는 본능에서 나오는 것이 아니라 우리의 변질된 인격에서 나온다. "우상숭배"와 "술수"에는 마약이나 사술을 통한 악한 세력들과의 밀통(密通)이 포함된다. "원수를 맺는 것, 분쟁, 분냄, 당 짓는 것, 분리함, 이단, 투기"는 관계적인 죄다. 즉 다른 사람들과 조화를 잃고서 인간이 자기 이익을 구하거나 남이 잘될 때 배 아파하는 것이다. "술 취함"과 "방탕함"도 둘 다 화학물질에 인간의 의식을 내어주는 것이므로, 결국은 전적으로 육체적인 문제라기보다는 깊이 들어가 보면 인격적인 문제다. 그러므로 육체의 일의 본거지는 우리의 신체적 욕구와 욕망이 아니라 우리 삶의 근본적 방향이다.

이와 관련된 것으로, 바울은 때로 서신서의 로마서 7:18("내 속 곧 내 육신[sarx]에 선한 것이 거하지 아니하는 줄을 아노니")과 갈라디아서 5:16-17("육체[sarx]의 소욕은 성령을 거스리고")에서 "육신"을 특별한 방식으로 사용한다. "육신"은 죄로 말미암아 변질된 인간 본성을 대변한다. 이것은 마치 그리스도께서 오셔서 죽으시고 부활하시지 않은 것처럼 사는 삶이다. 성령 밖의 삶, 성령을 거스르는 삶이다. 인간이 마땅히 할 바를 알면서도 그럴 힘이 없다고 느껴지는 상황이 빈발하거니와, 그것도 "육신"으로 기술되되(롬 7:18) 궁극적으로 "육신"으로 설명되는 것은 아니다. 로마서 7:15에 "[내가] 원하는 이것은 행하지 아니하고 도리어 미워하는 그것을 함이라"고 한 바울의 특이하고 까다로운 고백을 두고 여러 다양한 해석이 있다. 한쪽 극단에는 바울이 그리스도인이 되기 이전의 자신의 상태를 말하는 것이라는 견해가 있고, 반대쪽 극단에는 그가 사도로서 현재 겪고 있는 씨름을 고백한 것이라는(그리하여 그가 우리의 분투의 대표자라는) 해석도 있다. 이 구절에 대한 논쟁은 어쩌면 끝내 결론이 나지 않을 것이다. 그러나 제임스 스튜어트(James Stewart)는 유익한 목회적 소견을 이렇게 들려준다. "바울의 실패를 '내가 아니요 내 속에 거하는 죄니라'는 표어로 설명하는 것이 바울 같은 그리스도인에게는 안전하지만 다른 모든 사람에게는 안전하지 못하다. 참된 성인은 마음이 뜨거워진 순간에 그렇게 말할 수 있으나 죄인은 그것을 원리로 삼지 않는 편이 좋다."[4] 정확하게 이것이 갈라디아서 5:16-26에서 바울의 강조점이라는 것이 내 견해다.

육체를 거스르는 성령

바울 서신에서 거의 주목되지 않는—때로 번역 때문에—사실이 있다. 바울이 명사로나 형용사로 사용한 "영"이라는 단어는 첫 글자가 (영어로) 대문자인 경우가 가장 많다. 내면의 전쟁은 낮은 본성(육신)과 높은 본성(영혼)의 싸움이 아니라, 육체와 성령의 싸움이다. 즉 하나님의 뜻을 거슬러 안으로만 향하는 인간 본성 전체와 하나님의 임재와 능력 사이의 싸움이다. "[육체와 성령이] 서로 대적함으로 너희의 원하는 것을 하지 못하게 하려 함이니라"(갈 5:17)는 바울의 말의 요지는, 신자들이 내면에서 벌어지는 전쟁에 이길 힘이 없어 능히 전심으로 하나님을 위해 살 수 없음을 강조하려는 것이 아니다. 이 본문은 이미 "성령 안에" 있는 자들에게 준 말이다. 그들은 그리스도를 영접했다. 그들은 율법의 행위로가 아니라 예수를 믿음으로 의롭다 함을 얻었다. 바울은 그들이 그리스도인으로 살아가는 것이 인간의 노력으로 시작된 것이 아니라, 예수에 관하여 들은 것을 믿고 성령을 받음으로 시작된 것임을 일깨우고 있다(3:2-3). 성령으로 시작하였기에 **마찬가지로** 그리스도인 삶의 목표에도 행위로—종교적인 행위이든 다른 행위이든—도달할 수 없다. 복음은 우리를 천국으로 데려다 줄 뿐 아니라 지금 승리의 삶을 살도록 무장시켜 준다! 처음부터 끝까지 믿음이요 성령이다.

그러므로 그리스도인은 육체의 욕심을 채우지 않고 성령을 좇아 행할 의무가 있다(5:16). 이 문맥에서 "육체"는 단순히 인간 본성이 아니라 그리스도가 오셨다는 사실 밖에서 사는 인간의 삶이다. "육체를 좇는" 삶과 "성령을 좇는" 삶은, 포위당하여 고생하는 그리스도인 안에서 싸우는 두 분파가 아니다. 그것은 완전히 모순되며 양립 불가능한 두 가지 생활방식이다. 바울은 예수를 따르기 시작한 사람들이 "육체를 좇아" 살 수도 있다는 것을 부인하지 않는다. 그가 부인하는 것은 그들이 그렇게 **살 수밖에 없다는** 생각이다.

고든 피(Gordon Fee)는 지적하기를, 본문의 주안점은 내면에 화산처럼 타오르는 육신의 위력 앞에서 신자들이 무력하다는 것이 아니라고 했다. 그는 갈라디아서 5장을 로마서 7장에 비추어 해석해서는 안된다고 힘주어 역설한다. 우리는 바울이 갈라디아 교인들에게 뭐라고 말하고 있는지 알아야 한다. 이 착각에 빠진 신자들에게 바울이 강조하는 것은 성령이 그들에게 생명을 주셨다는 것이다. 그러므로 성령 안에 행하는 삶은, 육체 안에 행하여 이전 생활방식의 소욕을 채우려는 계획을 **배제한다**. "성령의 사람들은 무엇이든 마음 내키는 대로 할 수 없다. 자유는 육체를 위한 자유가 아니라 성령을 위한 자유, 사랑으로 서로 종노릇하라는 자유다."[5]

그리스도인이 때때로 죄에 넘어질 수 있는 가능성은 남아 있다. 육체가 그리스도와 함께 십자가에 못 박혔지만 그리스도인은 마치 구속과 입양과 용서를 받지 못하고 성령께서 친히 내주하시지 않는 것처럼 여전히 육체를 좇아 살 수 있다. 그러나 그것은 모순된 삶이다. 씨름이 계속되기에, 우리는 싸움의 본질을 이해하는 데서 그치지 말고 싸움에 대처하는 법도 배워야만 한다. 그래서 지금부터 우리는 육체의 소욕을 채우지 않고 성령 안에 행하는 방법을 모색해야 한다.

성령 안에 행하는 삶
바울이 갈라디아서에서 가르치는 것은 싸움의 한복판에서 승리하며 사는 법이다. 그는 성령의 열매로 시작하여, 그리스도 안에 있는 혜택을 생각나는 대로 열거한다. 열매의 어떤 측면은 체험적이고(기쁨 등) 어떤 측면은 태도와 관련되며(인내 등) 어떤 측면은 행동과 연관된다(절제 등). 이 목록이 놀라운 점은, 바울이 일련의 규율과 행동 요건으로 그리스도인의 삶을 규제한 것이 아니라는 것이다. 그리스도인들에게는 음식, 복장, 종교적 습관, 오락, 여가를 규제할 법이 있을 수 없다(갈 5:23). 인간의 계명은 전혀 가치가 없다. 그보다 바울이 권하는 것은, 성령께 친히 우리 삶 속에 그분의 열매를 맺으시도록 해드리라는 것이다. 육체의 일과 성령의 열매―사실 7중 열매―의 대비는 자주 지목되는 바다. 일은 이루어야 하는 것인 반면에, 열매는 내면에 생명의 번식만 있다면 별 노력 없이 맺힌다. 역설적으로, 육체의 삶을 물리치는 가장 으뜸가는 전략은 간접적이다. 즉 육체에 집중하지 말고 돌이켜 성령에 집중하는 것이다.

'내면의 전쟁: 정욕의 해부'라는 제목의 충격적인 익명 기사에서, 미국의 어느 영성 지도자는 포르노와 관음증과 오래 싸워 왔음을 털어놓았다. 그는 정욕이 정말 즐겁고 막강한 보상이 있음을 시인했다. 수없이 회개기도를 하고 욕망을 없애 달라고 하나님께 부르짖었건만 아무것도 달라지지 않아 그는 절망했다. 그러다 우연히 순결을 구할 이유는 하나뿐이라는 프랑수와 모리악(François Mauriac)의 글을 접했다. 모리악은 순결이란 보다 높은 사랑―모든 소유보다 뛰어난 소유, 곧 하나님 자신―을 위한 조건이라고 했다. 정욕을 비난하는 모든 부정적 논리는 실패했고 죄책감도 전혀 변화의 동인이 되지 못했으나 이 기독교 지도자는 비로소 깨달았다. "내가 계속 정욕을 품고 있느라 놓쳤던 것이 바로 여기 있었다. 나는 하나님과 나 자신의 친밀함을 제한하고 있었다."[6]

또한 열매를 맺는다는 문맥에서 바울의 두번째 전략이 나온다. 이 역시 긍정적 동기의 전략인데, 즉 육체를 십자가에 못 박는 것은 극도의 부정적 전략이 아니다. 이는 회개와 같다. 일찍이 루이스(C. S. Lewis)는 회개란 "하나님이 우리를 도로 받아주시기 전에 요구하시되, 혹 원하신다면 면제해 주실 수 있는 그런 것이 아니다. 한마디로 회개란 돌이킴을 말한다"[7]고 했다. 갈라디아서에 되풀이되는 바울의 권면을 우리는 그렇게 이해해야 한다. 그는 말한다. "그리스도 예수의 사람들은 육체와 함께 그 정과 욕심을 십자가에 못 박았느니라"(5:24). "성령으로 시작하였다가 이제는 육체로 마치겠느냐"(3:3). "내게는 우리 주 예수 그리스도의 십자가 외에 결코 자랑할 것이 없으니 그리스도로 말미암아 세상이 나를 대하여 십자가에 못 박히고 내가 또한 세상을 대하여 그러하니라"(6:14). 이 말들은 자아를 십자가에 못 박음, 신체 생활의 고행, 자기혐오 따위를 부르짖는 말이 아니다. 마치 그런 부정적 "선한" 행위가 긍정적 "선한" 행위 이상으로 뭔가를 이루어 줄 수 있을 것처럼 말이다. 바울은 지금 우리의 자율적 삶, 자기 정당화의 삶에 대한 하나님의 심판을 완전히 지속적으로 수긍할 것을 호소하고 있다. 그런 삶은 죽어 마땅하다. 그런 삶은 하나님을 죽이며 우리 마음속에서 그분을 살해하는 삶이다. 존 스토트(John Stott)가 일깨워 주는 것처럼, 십자가의 죽음은 무자비하고(우리는 "육체"를 정중히 대해서는 안된다) 고통스럽고("육체"의 낙은 잠시뿐임에도) 결정적이다(헬라어 부정과거 시제가 보여주듯이, 완전히 성취되었다).⁸ 그리스도인의 삶의 다른 모든 부분들처럼 여기서도 우리는 직설법(존재하는 것)에서 명령법(반드시 해야 하는 것)으로 넘어간다. 예수는 우리를 위해 이미 죽으셨고 육체는 실질적으로 이미 정복되었다. 그러므로 우리는 육체가 십자가에 못 박혔다는 시각을 견지해야 한다. 그러나 고행은 전투에 승리하는 삶의 절반에도 못 미친다.

다시 한번 바울은 기쁜 소식을 전한다. 우리는 패배의 삶을 살 필요가 없다. "내가 이르노니 너희는 성령을 좇아 행하라. 그리하면 육체의 욕심을 이루지 아니하리라"(5:16). "너희가 만일 성령의 인도하시는 바가 되면 율법 아래 있지 아니하리라"(5:18). "만일 우리가 성령으로 살면 또한 성령으로 행할지니"(5:25). 여기서도 우리는 직설법에서 명령법으로 넘어간다. 우리는 이미 하나님의 자녀이며 성령으로 말미암아 하나님을 "아버지"라 부른다(롬 8:14). 우리는 이미 성령의 인도하시는 바가 되었다(이는 소를 인도하는 농부나 죄수를 법정으로 호송하는 군인들을 기술할 때 사용되던 이미지다). 우리에게는 선을 향한 조용하고 지속적인 부담이 있다. 성령께서 인도하시기에 우리는 이미 행하고 있다. 행한다는 뜻으로 두 가지 단어가 쓰였다. 하나는 "걷는다"는 평범한 단어이고, 또 하나는 '스토이케오'(stoikeo)로 사람들을 줄 세우거나 스스로 성령의 주도권에 줄을 맞춘다는 뜻이다.⁹ 둘 다 우리 쪽의 행동을 가리키지만 이는 우리 삶 속에 일하시는 성령의 지속적·창의적 주도권에 대한 반응 행위다. "육체를 위하여 심는 자"가 썩어진 것을 거두는 것과 반대로 "성령을 위하여 심는 자"는 영생을 거둔다(갈 6:7-8).

　부정적으로 표현하자면, 성령을 좇아 행한다는 것은 육신의 일을 생각하거나(롬 8:5) 육체의 일을 하지 않는다는 뜻이다(갈 5:19-21). 우리는 이런 소욕과 행실을 성령으로써 죽인다(롬 8:13; 갈 5:16-18, 24-26). 여기에는 인간의 성취, 인간의 지혜, 인간의 율법 준수를 의를 얻는 길로 자랑하지 않는 것도 포함된다. 긍정적으로 표현하자면, 성령을 좇아 행한다는 것은 그리스도인들이 성령께서 이미 하고 계신 일에 "보조를 맞춘다"는 뜻이다(갈 5:25). 우리는 성령의 일을 생각하고(롬 8:5), 성령께 그분의 성품을 열매로 맺으시게 해드리고(갈 5:19-21; 롬 12-14장), 성령의 능력을 받아 거룩하게 살아간다(롬 12:9-21. 사 58장 참조). 그리스도께서 다시 오셔서 이 땅에 그 나라를 모두 완성하시고 새 하늘과 새 땅을 이루실 때까지 우리가 겪는 긴장과 싸움은 절대 끝나지 않을 것이다. 그러나 우리는 패배의 삶을 살 필요가 없다. 그리스도께서 오셔서 죽으시고 부활하신 것만큼이나 틀림없이, 우리는 지금 성령의 시대를 살고 있다. 그리고 우리는 성령으로 살 수 있다. 사실 그렇게 살 것이다. 신약의 "영성"은 성령의 영성(Spirit-uality)이다. 그래서 바울은, 직역하여 "너희는 성령을 좇아 행하라. 그리하면 육체의 욕심을 이루지 아니하리라"(갈 5:16)고 말한다. 그러나 승리의 삶은 육체를 이기는 것으로 끝나지 않는다.

마귀: 보이지 않는 전쟁

어느 그리스도인 구강 외과의사가 잇따른 이상한 사고로 한 해에 환자가 셋이나 죽는 참변을 겪었다. 각 경우마다 환자 사망의 직접적 책임은 외과의사가 아닌 마취 전문의에게 있었다. 그러나 책임은 집도 외과의사에게 돌아왔다. 한 환자는 심장에 문제가 있는 줄 모르고 전신 마취를 했다가 평범한 구강 수술중에 사망했다. 또 한 환자는 장비 결함 탓이었다. 두 번 다 부검 결과 구강 외과의사는 원칙대로 유능하게 수술을 집도했음이 밝혀졌다. 그러나 외과의사 같은 전문의의 사업은 환자를 의뢰하는 일반의들의 호의에 전적으로 달려있는데, 사연이 언론에 알려지면서 그 부분이 타격을 입었다. 이 외과의사의 사연이 대중 신문과 지역 라디오 방송에 소개되면서 외과의사로서 그의 "이력"은 대중의 입방아에 오르내리게 되었다. 구강 외과의사 인증기관의 조사 결과 그의 잘못이 아닌 것으로 밝혀졌고 그의 친구들도 전혀 얼토당토않은 사고의 연속이라고 굳게 믿었지만, 이전의 의료계 친구들 중 그에게 거리낌 없이 환자를 의뢰하는 사람은 아무도 없었다. 그는 점점 일이 없어졌고 결국 자기 나라를 떠나 타국에서 다시 시작해야 했다. 뭔가 얘깃거리를 더 건지려고 집 모퉁이에 숨어 있는 기자들을 따돌리며 여론에 시달리는 상황에서, 그의 가족들은 이 일을 계기로 하나님과 더 깊어질 수밖에 없었다. 하지만 사업 길이 막힌 의사는 이것이 사탄의 직접적 공격이 아닌가 하는 의문을 떨칠 수 없었다. 어떻게 된 일일까?

적을 알라

이제 우리는 싸움의 더 깊은 차원으로 들어섰다. 하지만 우리는 그것을 제대로 알지도 못한다! 서구 사회는 삶의 영적 해석을 대부분 거부해 왔다. 심지어 교회도 가시적·현재적 세계 안팎에서 영적 실체들을 제외시켜 버린 채 사회적 분석에서 현상을 설명하려 하고 있다. 오래 전 제임스 스튜

어트는 성경적 틀이 붕괴되는 지성의 역사를 이런 멋진 말로 추적했다.

> 알다시피 바울의 "정사들과 권세들"—인간들의 영혼을 악하게 거머쥐고 있는 "악한 영의 세력들", 그래서 "둘째 아담이 싸워 구해야" 했다—은 이제 묵시적 상상력 정도로 치부되고 있다. 뉴턴과 다윈과 프로이트가 분명히 이런 결과에 일조했다. 뉴턴의 작업은 자연에 비합리적 원리의 여지를 전혀 남기지 않았으나, 마귀는 본질상 신학적으로 정의하기 힘든 비합리적 존재다. 요한의 중요한 표현인 "불법"(*anomia*, 요일 3:4)과 바울의 표현 "불법의 비밀"에 그것이 잘 나타나 있다.……생물학적 생존 경쟁에 대한 다윈의 시각은 일대 반향을 일으키며, 귀신들과 주의 나라 사이의 우주적 싸움에 대한 성경의 시각을 완전히 대체했다. 마지막으로, 프로이트는 어둠의 세력들을 심리적 콤플렉스나 신경증 따위로 성공적으로 분해시켜 마지막 요새인 영혼에서 어둠의 세력들을 몰아냈다. 그 결과 믿음의 선한 싸움은 단순히 개인의 내적 적응의 문제가 되고 만다.[10]

최후의 적은 하나님과 하나님의 뜻에 전적으로 대적하는 악한 영적 존재다. 그는 이 세상 임금(요 14:30), 마귀(마 4:1), 큰 붉은 용(계 12:3, 9), 옛 뱀(12:9), 사탄(12:9), 참소하는 자(12:10) 등 여러 이름으로 불린다. 그의 전략은 이러하다. 성직자들과 기독 교회를 미련하게 보이도록 하는 **조롱**, 신자들을 괴롭혀 기쁨을 앗아가는 **파괴**(계 12:10), 관능주의와 세속주의와 상대주의와 독한 원한에 빠뜨리는 **이탈**(고후 11:3), 종종 험담으로 시작하여 하나님 가정을 갈라놓는 **분열**(약 3:14), 사람들로 인간 지도자를 의존하게 하거나(갈 4:17) 신자들을 꾀어 타협의 생활방식을 받아들이게 하는(벧전 5:8) 미혹이다. 구체적인 축사(逐邪) 사역은 다음 장에서 다루기로 하고 여기서는 영적 전투의 다른 면들에 국한하고자 한다.

기도로 영적 갑옷을 입으라

에베소서 6:10-18에서 바울은 로마 군인이 착용하는 갑옷 한 벌을 우리 무장의 정교한 은유로 사용하고 있다. 이 편지를 쓸 때 아마도 그는 그런 병사에게 사슬로 묶여 있었을 것이다. 진리의 허리띠는 정직한 삶을 뜻한다. 의의 흉배는 하나님과 바른 관계를 맺고 의롭게 산다는 뜻이다. 복음의 "가라!"는 명령에는 우리가 준비된 모습으로 복음을 전하러 "가는 중"이라는 의미가 들어있다. 즉 방어 이상의 의미다! 믿음의 방패는 적의 공격을 막아내며, 구원의 투구는 우리가 하나님께 속한 자이며 하나님이 절대 우리를 버리지 않으신다는 확신을 우리 마음에 심어 준다. 성령의 검은 우리가 읽고 순종하고 전하는 하나님의 말씀이다. 이 모두가 "그리스도를 옷 입는" 길이다. 즉 우리는 그리스도의 의, 그리스도의 메시지, 그리스도의 믿음, 십자가에서 이루신 그리스도의 일, 그리스도의 말씀을 입는다. 이 모두를 우리는 기도로 입는다. 범사의 기도, 모든 종류의 기도다(6:18).

기도의 삶을 살며 항상 그리스도를 옷 입으면 우리는 보이지 않는 위협에서 보호받는다. 때로 우리는 위협이 오래 지나서야 자기가 어떻게 보호받았는지 알게 될 때도 있다. 앞에 말한 대로 우리는 나이로비에서 위험을 면했다. 차를 에워싼 천사들이 보이지는 않았으나 나는 천사들이 거기 있었다고 믿는다. 하나님은 보이지 않는 천사 무리를 언제라도 부리실 수 있다. 1년 전 리젠트 칼리지의 한 학생이 영국의 친구한테서 편지를 받았다. 친구가 캠퍼스를 혼자 걷고 있는데 너저분한 복장의 위협적인 남자가 앞에서 혼자 걸어왔다. 그녀는 갑옷을 입고 주님께 간구했다. "도와주세요." 그녀가 무사히 집에 돌아와 텔레비전을 켜니 현지 경찰이 그녀가 캠퍼스에서 보았던 바로 그 남자의 인상착의에 대해 도움을 요청하고 있었다. 이미 여러 사람을 성폭행한 남자였다. 그녀는 즉시 출두하여 그 사람의 인상착의를 제보했다.

나중에 그녀는 그 남자에게 물었다. "그때 왜 나를 건드리지 않았나요?"

그는 말했다. "힘센 남자 둘이서 당신 좌우에 하나씩 서 있으니 감히 그럴 수가 없었습니다."

영적 전투를 하다보면 귀신의 세력과 직접 대치할 수도 있다. 이 주제에 대해서는 곧 다시 다룰 것이다. 그러나 영적 전투는 날마다 예수를 옷 입고 복음대로 사는 것일 때가 더 많다. 거기서 대단히 중요한 차원은 우리를 해친 사람들을 용서하는 것이다. 나아가 자기 자신을 용서하는 것이다.

용서와 중보기도를 연습하라

용서는 지옥을 노략질하며, 사탄의 무리로 질겁하여 숨게 만든다. 용서는 영혼에 평안을 주고 사람들 사이에 평화를 이룬다. 용서는 우리를 과거에서 확실히 해방시켜 주고, 새로운 미래를 열어 주며, 진심으로 현재에 살 수 있게 한다. 용서는 영혼의 가장 뜻 깊은 치유요 우주 전쟁의 가장 심원한 승리다. 용서할 때 우리는 여러 가지 일을 한다. 우리 자신도 하나님께 용서받았음을 기억하고 그리하여 다른 사람들을 용서할 힘을 얻는다. 내게 대한 가해 행위의 본뜻을 잊어버리고 이제 그것을 부활 후 예수의 몸의 상처처럼 남들에게 믿음을 전하는 방편으로 삼는다. 다른 사람들이 내게 진 빚을 **탕감해** 주고, 간편한 보상 절차나 교환 조건을 내걸지 않는다. 상처를 준 행동보다 관계의 가치를 더 **중시한다**. 그리고 죄에 구애받지 않고 새로운 미래를 **창조한다**(요 8:11). 루이스 스미디즈(Lewis Smedes)는 "잔혹할 만큼 불공평한 역사에서 벗어나는 유일한 출구, 창의적 가능성이 있는 미래로 들어서는 유일한 입구는 용서의 기적이다"[11]라고 말한다.

바울은 갑옷을 입으라는 **훌륭한** 비유를 "또 나를 위하여 구하라"(엡 6:19)는 단순한 부탁으로 맺는다. 칼 바르트는 "기도로 두 손을 모으는 것은 세상의 무질서에 대한 반란의 시작이다"[12]라고 말한 바 있다. 그것은 또한 다른 사람들과 우리 자신 속에 드러나는 무질서에 대한 반란의 시작이다. 중보기도는 힘든 일이다. 에베소서 1:15-23과 3:14-21은 중보기도의 탁월한 예다. 사람들을 심중에 품고 기도하는 마음으로 하나님께 데려가기란 힘이 든다. 그러나 새 예루살렘의 관점에서 보면, 우리가 다른 사람들을 위해 기도할 때 몇 가지 매우 중요한 일이 벌어진다. 첫째, 우리는 하나님 앞에 올려드리는 그 사람이나 상황에 대해 하나님의 주목을 받는다. 둘째, 우리의 기도는 아무리 유창해도 성령의 능변에 비하면 신음과 중얼거림에 지나지 않으므로(롬 8:26) 우리는 성령의 중보기도에 얹혀간다. 셋째, 세상의 사고방식에 어긋나는 신비로운 방식으로, 다른 무엇보다도 기도를 통해 사람들과 더 깊은 차원에서 연결된다. 본회퍼는 사람들 사이의 직접적 관계란 불가능하다고 설명한다. 그러나 우리의 중보자 예수께서 각자에게 손을 얹어 둘을 연결해 주신다. 그러므로 우리 형제에게 이르는 가장 직접적인 길은, 그리스도를 통하는 간접적인 길이다. 마지막으로, 우리가 사람들을 위해 기도할 때 뭔가 일이 벌어진다. 파스칼은 "기도란 하나님이 인간에게 인과(因果)의 존엄성을 부여하시는 길이다"¹³라고 했다. 마찬가지로 포사이스도 성도들의 기도로 날마다 땅이 진동한다고 말한다. "역사 속에서 기도의 진정한 위력은 그리스도를 대장으로 한 기도 부대의 집중사격이 아니라, 중보자이신 구주와 그분께 속한 공동체의 연합작전이요, 성령 안에서와 성령이 지으시는 교회 안에 편성되는 대용량 에너지의 기도다."¹⁴

영적 전투가 다른 사람들을 위한 기도에서 시작되는 것은 당연하다. 우리 동료이자 친구인 제임스 휴스턴 박사가 싸움을 위한 기도 하나를 내놓았다.

> 그래서 우리는 아버지께 이렇게 부르짖는다. 제 마음의 모든 악한 성향 속에서 저를 인도하소서. 제 기질의 유혹들을 이기게 도와주소서. 다른 사람들을 대할 때 제 속에 있는 제 성품의 악한 성향들을 고쳐 주소서. 인생의 시기마다 제 연령층의 유혹에서 저를 지켜 주소서. 젊을 때는 정욕에서, 중년에는 냉소에서, 늙어 외로울 때는 자기연민에서 건져 주소서. 우리 문화, 우리가 살고 있는 현대 세계의 유혹거리로부터 저를 구해 주소서. 이 모든 영역에서 그리고 무엇보다 제 마음의 죄성에 저는 쉽게 유혹당합니다.¹⁵

세상, 육신, 마귀는 각각 맞서 싸우는 법이 다르다. 세상을 상대할 때는 세상을 본받지 않고 하나님 뜻에 따름으로 싸운다(롬 12:2). 육신을 상대할 때는 죽음(그리스도의 십자가 죽음에 동화함)과 새 희망(성령을 들이마심)으로 싸운다. 마귀를 상대할 때는 대적하고 피함으로 싸운다(약 4:7; 계 12:11). 세상, 육신, 마귀로 이루어진 다중 전선의 전투다. 우리 주님은 각 전선에서 우리를 만나 주신다. 그분은 우리가 세상을 본받지 않고 오히려 우리 일과 사명을 가지고 세상 속에 들어가 세상을 변화시킬 수 있도록 안으로부터 우리를 **변화시켜 주신다**(롬 12:2). 또 우리가 결연히 성령 안에 행하며 육체를 십자가에 못 박힌 것으로 여길 때, 그분은 우리를 통해 **성령의 열매를 맺으신다**(갈 5:22, 25). 그리고 우리가 모든 종류의 기도로 그리스도의 갑옷을 입을 때(엡 6:13-18) 그분은 악한 자 **마귀를 이기신다**(계 12:10). 나는 케냐에 여러 번 갔는데, 한번은 어느 목사와 함께 시골 오지를 가던 길이었다. 나는 늘 아프리카 형제들한테 배우려는 마음이 간절한데, 대체로 그들은 정말 하나님을 믿고 정말 천사와 마귀를 믿고 정말 그리스도께서 우리에게 능력을 주셔서 승리의 삶을 살게 하실 수 있음을 믿기 때문이다. 그들은 성경적 세계관을 갖고 있다.

"당신은 사역의 일환으로 귀신도 쫓아내십니까?" 내가 순진하게 물었다.

"절대로 하지 않습니다!" 뜻밖에도 그는 그렇게 대답했다. 그리고는 이렇게 덧붙였다. "오직 주님만이 하십니다!"

11
치유와 축사

하나님의 치유

치유의 사례는 사회 도처에 명백하다. 전통적 의술을 통한 치유가 가장 보편적이다. 그것이 없으면 우리는 어떻게 될까? 그러나 치유는 침술 같은 대체의술을 통해 이루어질 때도 있고 전혀 의술을 쓰지 않고 될 때도 있다. 나는 이런 맥락에서 하나님의 치유를 살펴보려고 한다. 예수와 그의 제자들이 치유를 그들의 영적 삶의 중요한 부분으로, 하나님 나라가 침투한 증거로 보았음은 의심할 여지가 없기 때문이다. 예수의 사역에 너무도 돋보이는 치유는 사도행전에도 계속되고(예: 3:1 이하, 9:18, 14:8 이하, 20:9-10, 28:8 등) 서신서에도 암시된다(예: 고후 12:12; 고전 12:9, 30; 약 5:16). 세대주의자들은 성령의 다른 두드러진 은사들과 더불어 치유도 사도 시대가 끝나면서 그쳤다고 주장하지만, 교부들의 증언을 사실로 믿을진대 그 주장은 명백히 틀렸다. 교부들은 그들 가운데 수시로 있었던 하나님의 치유를 익히 알고 있었고 치유를 기대했다. 여기 몇 가지 사례가 있다. 존 윔버(John Wimber)의 「능력 전도」(*Power Evangelism*) 부록A에 보기 쉽게 정리되어 있고, 존 울머(John Woolmer)의 「치유와 축사」(*Healing and Deliverance*)에 더 자세히 다루어져 있다.[1]

순교자 유스티누스(Justinus)는 「변증 상·하」(*First and Second Apology*)에서 이 주제를 많이 다루었다. 그는 "우리 많은 그리스도인들은 본디오 빌라도 치하에 십자가에 못 박히신 예수 그리스도의 이름으로 귀신을 쫓아내고 있다.······그들은 치유해 왔고 지금도 치유하고 있다"(*2 Apol.* 6)고 말한다. 2세기의 위대한 지도자 이레나이우스(Irenaeus)는 "분명히 그리고 진실로 귀신을 쫓아내는 사람들이 있다. 그래서 그렇게 악령에서 해방된 사람들이 자주 교회에 소속된다. 안수하여 병자를 치유하는 사람들도 있다. 그러면 병자들이 성해진다"(*Adv. Haer.* 2.32)고 말한다. 테르툴리아누스도 누구 못지않게 이 주제에 대해 명시적이다. 그는 악령이 쫓겨나간 사례들을 제시하고, 그리스도인들의 기도로 각종 병에서 고침을 얻은 유명 인사들의 이름(안토니우스 피우스 황제의 부친 세베루스 등)을 거론한다(*Apol.* 23). 밀라노의 암브로시우스(Ambrosius) 주교는 "치유의 은혜와······방언의 은사"를 주시는 하나님 아버지를 증거한다. 그러나 사람들을 치유하고 어두운 세력들로부터 해방시키시는 하나님의 개입을 가장 확신 있게 기록한 사람은 그의 유명하고 박식한 제자 아우구스티누스다. 그는 「신의 도성」(*The City of God*, 22. 28)에서 이렇게 말한다. "그리스도인들이 일어났다고 주장한 기적들이 더는 일어나지 않는다며 반론을 펴는 이들이 있다.……사실로 말하자면 오늘도 그리스도의 이름으로, 때로는 성례를 통해 때로는 성인들의 유골의 중보를 통해 기적이 행해지고 있다." 혹시라도 누가 이것을 경건한 일반론으로 여길까 하여 아우구스티누스는 자기가 직접 경험한 사례를 줄줄이 늘어놓는다. 시각장애, 치질, 중풍과 탈장, 통풍 등이 치유된 일, 히포의 한 어린 소녀, 아우구스티누스의 몇몇 이웃들, 어느 귀신들린 소년이 귀신에게서 해방된 일 등이다. 특히 그 소년은 귀신의 발작으로 눈알이 뽑혀 나와 "뿌리에 매달리듯 가느다란 핏줄에 매달려" 있었는데, 눈도 함께 나왔다. 아우구스티누스는 "우리 시대에도 기적이 엄연히 존재함은 분명한 사실이다. 그리고 성경에 나오는 기적들을 행하시는 하나님은 원하시는 대로 어떤 수단이나 방법도 사용하신다"고 결론지었다. 이 주장에 대해 고금의 교회는 아멘으로 화답한다. 교회사에서 합리주의가 강했던 시기에는 생생한 믿음의 시기에 비해 이 같은 하나님의 능력이 훨씬 드물게 나타나기는 했지만 말이다.

물론 기도와 안수와 깊은 믿음의 태도에도 불구하고 병이 낫지 않는 독실한 신자들의 사례를 우리는 많이 알고 있다. 우리는 깊은 신비를 마주하고 있다. 치유에 대한 어떤 세련된 일반론도 소용이 없다. 몸이 낫지 않는 이런 실패를 기도 부족이나 믿음 부족으로 돌리는 것은 잔인하고 순진한 처사다. 고난과 죽음은 여전히 우리 모두가 직면해야 할 궁극적 신비이며, 이 세상의 인생 반경 내에서는 최종 해답이 없다. 그러나 성경은 이 치유의 주제에 대해 들려줄 말이 많다. 치유는 분명히 초대 그리스도인들이 자기들 가운데서 보기를 기대했던 일이었다.

인류를 향한 하나님의 뜻
창세기 기사에 분명히 나오듯, 하나님은 인류를 남자와 여자로 함께 완전하게 지으셨다. 그분은 그들을 동산에 두셨다. 고난과 죽음이 인간을 향한 그분의 뜻의 일부였다는 흔적은 어디에도 없다. 오히려 고난과 질병과 죄와 죽음은 모두 태초의 순결과 순종을 저버린 그 비참한 타락의 일부라고 분명히 드러나 있다. 인간의 반역이 몰고온 참혹한 피해가 희미하게 보이는 창세기 3장, 바로 그 장에서 하나님은 친히 구세주로 개입하신다. 그분은 그들의 벌거벗은 몸을 짐승가죽으로 덮어 주시는데, 이는 성경에서 희생을 언급하는 최초의 단서이자 구속의 대가에 대한 최초의 암시다. 이 첫 장면과 조응하듯, 구약 전체에 걸쳐서 온 인류를 향한 하나님의 관심이 나타난다. "구원" 내지 "온전함"이란 신묘하고 "영적"인 것이 전혀 없다. 그것은 황당할 정도로 물질적이다. 그것은 죽음(시 6:4, 5), 엄습하는 두려움(시 107:13), 질병(사 38:20), 각종 환난(렘 30:7)에서 구조되는 것을 뜻한다. 그것은 적들(삼상 14:23)로부터의 구조를 뜻하며, 종종 하나님이 특별히 일으키신 삼손이나 기드온 같은 "구원자"를 통해 이루어졌다. 때로는 하나님 홀로 개입하여 이루어졌다. 그러나 우리는 언약 백성의 안녕을 억압하고 위협하는 것이면 무엇이든 없애 주려고 일하시는 하나님을 언제나 보게 된다. 그것이 '구원하다', '치유하다'의 어근인 '야샤'($yasha'$)의 기본 의미다. 목표는 전인(全人)의 회복이다.

예수께서 이러한 이해를 강조해 주셨다.

예수의 치유

복음서에 쓰인 "구원하다"는 단어에는 의도적인 모호함이 있다. 이 단어에는 치유한다는 뜻도 있고 더 깊은 의미로 구조한다는 뜻도 있다. 마가복음 2:1-12의 중풍병자 기사와 마가복음 5:34, 10:52 같은 구절에 그것이 아주 명백히 나타난다. 믿음은 몸의 치유로 가는 관문이다. 믿음은 또 "구원"의 더 깊은 의미인 하나님과의 영적 회복도 가져다 준다. 성경 기자들은 성과 속, 물질과 영혼을 나누는 계몽주의 이후의 이분법을 전혀 몰랐다. 복음서 기자들은 "구원하다"는 단어를 예수의 치유 기적에 더 자주 사용했다. 그래서 "손을 대는 자는 다 성함[구원]을 얻"었다(막 6:56). 소경 바디매오는 예수를 믿어 "구원"을 받았다(막 10:52). 사마리아인 문둥병자(눅 17:19), 한편 손 마른 사람(막 3:3-4), 그 외에도 무수한 사람들이 구원받았다. 언제나 그런 것은 아니나 통상적으로 예수는 **믿음에 반응하여** 고쳐 주신 것으로 나온다. "네 믿음이 너를 구원하였느니라"가 늘 후렴처럼 등장한다(예: 막 9:23, 11:24; 눅 8:50). 동시에 이런 치유들은 의도적으로 **메시아적**이었다. 치유는 메시아 예수의 인격과 결탁되어 있었고, 그분의 리더십 아래 그분의 인격 안에서 침투하는 하나님 나라와 결탁되어 있었다. 수많은 남자와 여자가 구원 곧 치유를 받은 것은 예수의 말씀, 예수의 인격, 예수의 전체 사명을 통해서였다(요 5:34, 10:9, 12:47). 이것이 우리 앞에 가장 강력하게 제시된 부분은 예수와 삭개오의 이야기다. 누가복음 19:5-6에 보면, 예수께서 삭개오의 집에 오셨다. 그런데 9절에 보면 그 집에 구원이 이르렀다고 되어 있다. 예수가 곧 구원이다.

지금도 계속되는 치유

제자들을 통해 자신의 치유 사역을 계속되게 하는 것이 예수의 뜻이었다. 제자들에게 주신 파송의 말씀을 보면 아주 분명하다. "모든 귀신을 제어하며 병을 고치는 능력과 권세를 주시고 하나님의 나라를 전파하며 앓는 자를 고치게 하려고 내어보내시며"(눅 9:1-2). 칠십 문도를 보내실 때도 예수는 "병자들을 고치고 또 말하기를 하나님의 나라가 너희에게 가까이 왔다 하라"(눅 10:9)고 이르셨다.

초대 그리스도인들은 분명히 이것을 사명의 일부로 여겼다. 그들은 하나님 나라가 단지 말에 있지 않고 능력에 있다고 확신했다(고전 4:20). 사도행전의 첫머리인 3장부터 마지막 28장까지 분명히 나타난다. 야고보서는 기도 응답으로 형제를 일으켜 주실 하나님을 기대한다(5:14 이하). 앞서 본 것처럼, 치유는 2세기와 3세기에도 계속되었고, 오늘날까지 이어지고 있다.

상상 속에서 나와 함께 고풍스런 옥스퍼드 대학의 안뜰로 가 보자. 뜰 구석에 방이 하나 있고 한 청년이 자리에 누워 있다. 등에 통증이 심해 누운 지 몇 주나 되었다. 그는 야고보서 5:14 이하를 읽고는 순종하는 마음으로 대학의 그리스도인 지도자들과 교구 목사인 나를 함께 불렀다. 우리는 그를 위해 간절히 안수기도를 한 뒤 그에게 일어나 걸으라고 권했다. 그는 일어나 걸었다. 기쁨에 겨워 안뜰을 여러 바퀴 돌았다. 우리는 서둘러 그에게 몇 주 만에 처음으로 식사다운 식사를 챙겨 주었다!

이번에는 우리 교회의 어느 할머니가 죽어가고 있는 병실로 가 보자. 나는 연락을 받고 심방을 갔다. 내가 기도하는 동안 그녀는 잠시 의식을 되찾았으나 의료진은 그녀가 확실히 한두 시간 안에 운명할 것이라고 했다. 그날 저녁에 내가 다시 가 보니, 그녀는 거뜬히 회복중인 정도가 아니라 성격마저 달라져 있었다. 독설과 불평이 많기로 유명하던 그녀였는데 그런 태도는 간곳없고, 그녀 안에 온화함과 그리스도를 닮은 모습이 새롭게 피어나 자라기 시작했다. 그렇게 그녀는 몇 년이나 더 살았다.

말라위에서 있었던 일이 생각난다. 목회자 집회였는데, 모임 후 한 성직자가 내게 자기 다리를 위해 기도해 달라고 부탁했다. 그의 다리는 전혀 제 기능을 못하고 있는데, 내 믿음은 확신과는 거리가 멀었다! 나는 다른 두 사람을 청하여 함께 기도했다. 우리는 그 사람의 다리에 사랑의 손을 얹고는 기도로 하나님께 마음을 토로했다. 그는 곧 벌떡 일어나 교회를 뱅뱅 돌며 춤추기 시작했다. 우리가 조심하라고 말리려 했으나 소용없었다!

이번에는 어느 병원 중환자실을 생각해 보자. 스물한 살의 아가씨가 버스에 치여 뇌에 심각한 내상을 입었다. 죽거나 만에 하나 살더라도 식물인간이 될 거라는 진단이 나왔다. 동료와 나는, 입실하여 기도할 수 있게 해달라고 부탁했다. 허락이 떨어졌다. 사고 후 나흘 동안 깊은 혼수상태에 빠져 있던 그녀가 우리가 도착하니 잠시 우리를 알아보는 듯했다. 우리가 방언으로 기도를 시작하자 간호사들은 당황하여 비켜났고, 도무지 안정하지 못하던 환자의 증상이 갑자기 잦아들었다. 얼마 후 우리는 하나님께서 그녀를 완치해 주시리라는 확신이 들었다. 우리는 떠났다. 그때가 오후 4시경이었다. 이튿날 아침에 아가씨는 일어나 앉아서 아침을 먹었다(물론 사고 이후 아무것도 먹지 못했었다). 점심때는 일어나 섰다. 그녀는 하루 만에 일반 병동으로 돌아와 며칠 후 퇴원했다. 지금 그녀는 해외 선교사다! 그녀의 치유는 전문의들로부터 짐꾼들에 이르기까지 온 병원의 화젯거리가 되었다. 그것은 인간의 진단을 무색케 하는 하나님 능력의 놀라운 역사였다.

그러나 우리는 언제나 이런 경우만 있지 않다는 것을 안다.

치유의 실패

방금 언급한 사연들은 모두 내 개인적 경험에서 나온 주님의 치유하는 능력에 대한 영광스런 증거다. 그러나 이것은 이야기의 절반에 지나지 않는다. 예수께서 승천하신 후 첫날부터 그랬다. 제자들은 주님의 은혜로운 사역을 계속하였건만 그들을 통해 나타난 치유는 주님의 치유와 질적으로 똑같지 않았던 것이다. 우선, 예수는 실패율도 전무했고 나은 병이 나중에 원상태로 돌아가는 일도 없었다. 반면에 모든 그리스도인 치유자들은 그 둘을 다 경험한다. 또 하나, 그분의 치유는 완치 이전에 약간의 지체와 후속 조치가 있었던 두 번의 경우를 제외하고는 늘 즉석에서 완치했던 것으로 보인다. 안타깝게도 교회의 치유는 그렇지 않다. 지체도 흔하고 실패도 흔하다.

치유를 위해 기도할 때 우리가 그토록 자주 실패를 경험하는 까닭이 무엇일까? 이는 새삼스런 문제가 아니다. 사도 바울도 "드로비모는 병듦으로 밀레도에 두었노니"(딤후 4:20)라고 말해야 했다. 그는 자신의 처지에 대해서도 응답받지 못한 기도를 기록했다. 즉 그는 스스로 "육체의 가시"라 표현한 모종의 병을 고쳐 달라고 주께 간구하였으나 아무 소용이 없었다(고후 12:7 이하). 그가 기도한 대로 응답되지 않았다. 다만 주님은 그분의 힘, 인간의 약함 중에 오히려 온전해지는 힘을 공급하셔서 그 상황을 감당할 수 있게 하셨다. 오늘날도 그런 경우가 많다.

프랜시스 맥너트(Francis MacNutt)와 존 윔버는 각각 「치유」(*Healing*)[2]와 「능력 치유」(*Power Healing*)[3]에서 이 문제를 아주 허심탄회하게 정면으로 다룬다. 두 책 모두 치유 사역에 널리 사용되어 왔다. 이 주제에 대한 두 사람의 글은 깊은 묵상과 풍부한 경험에서 온 것으로 지혜가 충만하다. 치유에 실패하는 것은 하나님이 우리 몸의 병에 무관심하셔서가 아니다. 또한 고백하지 않은 죄나 믿음이 부족하기 때문만도 아니다. 그렇지 않다. 무조건 그렇게 주장하는 것은 그러잖아도 고통이 심한 사람에게 불난 데 부채질하는 격으로 불필요한 고뇌만 더하는 꼴이다(물론 때로 그런 경우일 수도 있고, 그렇다면 지적해야 한다). 그럼에도 하나님의 치유하시는 은혜에 장애물이 되는 네 가지 커다란 이유가 내 마음에 확연히 떠오른다.

첫째, 우리가 얻지 못함은 구하지 않기 때문인 경우가 많다(약 4:2). 오늘날도 하나님이 치유하신다는 사실을 믿지 않는 듯 보이는 교회와 목회자들이 많다. 그들의 가르침과 교회생활 어디에도 치유의 자리는 없다.

둘째, 성경은 우리에게 막강한 외부의 적이 있다고 가르친다. 질병에 사탄이 개입되어 있다. 복음서에 나오는 등이 굽은 여자를 생각해 보자(눅 13:16). 사탄이 십팔 년 동안 그녀의 등을 굽혀 놓았다. 바울의 육체의 가시를 생각해 보자. 그것은 바울을 괴롭히려는 사탄의 사자였다. 언젠가 내 병이 나았던 일이 기억난다. 친구들이 와서 악의 존재를 감지하고는 사탄에게 명하여 손을 떼고 떠나라 하자 병이 사라졌다. 이렇게 고통에는 귀신의 차원이 들어설 여지가 있건만, 우리는 그것을 배제할 때가 많다.

셋째, 예수는 하나님이시고 우리는 그렇지 않음을 늘 기억해야 한다. 그분의 치유 사역과 우리의 치유 사역 사이에는 확실히 연속성이 있다. 이 연속성의 요인은 성령이다. 그러나 불연속성도 있다. 불연속성은 예수의 승천으로 인한 것이다.

넷째, 성경에 나오듯이 구원에는 세 가지 *시제*가 있다. 구원이 이미 성취되고 이루어졌다는 의미가 있고, 우리가 계속해서 구원을 경험하고 있다는 의미도 있으며, 구원이 장차 올 것이라는 의미도 있다. 그런데 구원의 주제에 관한 성경의 가르침은 이 세 가지 의미가 주를 이룬다. 이생에서 구원과 치유는 언제나 불완전하다. 이렇게 생각해 보자. 우리가 질병과 고난을 겪는 것은 하나님의 뜻이 아니다. 우리가 죄 짓는 것이 그분의 뜻이 아닌 것과 마찬가지다. 그러나 이 세상의 삶에서 그분은 둘 다 원하시지 않음에도 둘 다 용인하신다. 상황을 균형 잡힌 시각으로 보려면, 우리는 우리의 현 상태가 하나님이 세상을 지으실 때의 원래 상태도 아니요 우리가 천국에 가서 그분 집에 함께 살 때의 최종 상태도 아니라는 성경의 가르침으로 돌아가야 한다. 바울식으로 표현하자면 우리는 "오는 세대"의 건강케 하는 침투 능력을 일부 맛보고 있지만, 동시에 "이 세대"에 남아 그 공격과 연약함에 노출되어 있다. 언젠가 우리는 "오는 세대"에 완전히 들어갈 것이다. 지금은 그 세대의 열매를 간헐적으로 맛본다. 그 열매는 우리에게 그 세대가 실체라는 확신을 주어 식욕을 자극한다.

그리스도인의 태도

첫 제자들처럼 하나님의 치유를 믿는 그리스도인들은 병과 질환의 구체적 사례에 접근할 때 다음 묵상을 염두에 두면 유익할 것이다.

첫째, 하나님은 치유의 최고 근원이시며 그 자녀들의 온전함(*soteria*)이 그분의 뜻이다. 우리는 인생을 살면서 그 온전함을 많이 맛보겠지만, 그것은 우리가 최종적으로 질병과 죽음에서 해방된 후에야 완전해질 것이다. 오직 그때에만 온전함이 완성된다.

둘째, 하나님이 치유자이심을 기억하는 것이 중요하다. 그분은 때로는 인체의 자연 회복력을 통해, 때로는 의술을 통해, 때로는 아무것 없이도 치료하신다. 출애굽기 15:26은 우리에게 "나는 너희를 치료하는 여호와"임을 일깨워 준다. 기도를 통한 치료가 의술을 통한 치료보다 나은 것이 아니며, 그 반대 역시 아니다. 하나님은 주권적으로 무엇이든 원하시는 대로 사용하시며, 치유되지 않는 것이 궁극적으로 우리에게 가장 좋다고 보시면 그냥 두신다. 병들었을 때 중요한 것은, 어느 누구에게 가기 전에 먼저 주님께 가서 문제 전체를 그분 손에 맡기는 법을 배우는 것이다. 그러면 의술이나 치유 사역이나 어느 쪽이든 모두 그분의 가능한 치유 방편으로 보게 된다.

셋째, 그것과 관련하여 우리는 병이 찾아올 때 하나님 앞에서 우리 마음을 살필 필요가 있다. 이 일을 통해 그분이 우리에게 뭔가 가르치시려는 바가 있을 수도 있다. 죄의 고백이 필요하며 무엇이든 그분이 주시는 결과를 받아들이려는 열린 마음이 필요하다. 설령 그것이 세상 모든 병의 최종 치유인 죽음일지라도 말이다. 그럴 때에야 하나님이 그분 원하시는 대로 우리에게 복을 주실 수 있다. 그럴 때에야 우리는 치유를 위한 우리의 기도가 내 뜻이 아니라 그분의 뜻대로 하는 기도임을 확신할 수 있다. 우리는 하나님이 주권자이심을 한시라도 잊어서는 안된다. 우리의 기도는 그분의 팔을 비틀어 무엇을 얻어 내려는 것이 아니라 그분의 뜻에 협력하기 위한 것이다. 우리는 죽음도 우리에게서 최후의 완벽한 온전함을 앗아갈 수 없다는 확신 가운데 당당히 그분께 나아갈 수 있다. 얼마든지 능히 고쳐 주실 수 있는 하나님께 우리는 믿음으로 나아가야 한다. 그분의 뜻과 때를 구하고 받아들여야 한다. 죄를 용서받고 버려야 한다. 어떤 경로로 주어지든 치유의 선물에 마음을 열어야 한다.

마지막으로, 치유에 다양한 종류가 있음은 묵상할 가치가 있다. 우리는 안락과 몸에 너무 젖어 있어 무엇보다 일차로 육체의 치유를 구한다. 그러나 궁극적 선은 그것이 아니다. 우리의 목표는 건강이 아니라 천국이다. 본질상 병인(病因)이 몸에 있지 않은 병들도 많다. 몸과 마음의 갈등, 의식과 무의식의 갈등, 가정과 직장의 갈등, 개인과 사회의 갈등, 가족 간의 갈등, 야망과 성취의 갈등이 병과 연관이 깊다. 이 가운데 어느 부분에서든 긴장이 도를 넘어서면 우리는 아프고 치유가 필요해진다. 주님은 자신의 몸된 교회가 인간을 치유하는 대행자가 되기를 원하신다. 우리는 좌절과 분열을 치유하기 위해 그리스도께 나아가야 한다. 불안을 치유하기 위해 그리스도를 의지해야 한다. 고통스런 기억을 치유하는 데 그리스도의 손길이 필요하다. 원한을 치유하는 데 그리스도가 가져다주시는 화해가 필요하다. 두려움을 치유하는 데 그리스도의 임재가 필요하다. 인간의 필요가 있는 이런 가시적 영역들에 그리스도는 지금 여기 이생에서도 더없는 적임자이시다. 하지만 궁극적 치유는 무덤 저편에 있다.

축사

이제 우리는 영성에서 논란이 많고 어두운 영역으로 넘어간다. 초대 그리스도인들은 여기에 매우 익숙했고 오늘날 세상의 3분의 2에 해당하는 세계 도처의 신자들도 그렇지만, 나는 무수한 서구 그리스도인들과 마찬가지로 여기에 철저히 무지했다. 그러다 하필 세상의 가장 세련된 도시에서 거기에 정면으로 부딪쳤다. 귀신이라는 개념 일체를 비웃는 그리스도인들이 많다. 그런가하면 아무데서나 귀신을 보는 이들도 있다. 성경은 무엇이라고 말하는가?

첫째, **하나님을 대적하는 최고위 세력이 존재한다.** 성경에 이 세력은 사탄, 마귀, 이 세상 임금, 공중의 권세 잡은 자, 바알세불, 거짓말쟁이, 참소하는 자, 살인자, 기타 여러 이름으로 등장한다. 성경 기자들은 그를 매우 진지하게 다룬다. 하나님을 대적하는 이 세력의 존재를 강하게 입증하는 요인을, 나는 적어도 일곱 가지를 들 수 있겠다. 철학, 신학, 환경, 사술(邪術), 개인적 유혹의 경험, 성경의 일관된 증언, 그리고 예수의 분명한 가르침이다. 「나는 사탄의 몰락을 믿는다」(*I Believe in Satan's Downfall*)[4] 1장에 이 일곱 가지를 자세히 다룬 바 있기에 여기서 더 반복할 뜻은 없다. 성경 전체를 통틀어 어떤 교사보다도 예수께서 친히 마귀에 대해 더 많이 말씀하신 것은 의미심장하다고 본다(예: 마 4:1-11, 6:13, 12:22-45; 막 3:22-26, 4:15; 요 12:31, 14:30 등). 순응(accommodation) 이론이나 신성 포기(*kenosis*)론에 의지해야만 이같이 강력한 증거를 따돌릴 수 있는데, 두 이론은 모두 엄격한 심사를 통과하지 못한다. 사탄의 대단한 실체에 대해 예수께서 모호하지 않고 명확하셨다면 그리스도인 제자들도 그것으로 충분하다.

성경은 마귀라는 주제를 절제하여 다룬다. 그럼에도 성경은 사탄이 타락한 천사이며 극도의 교만 때문에 하늘에서 쫓겨났다고 밝히고 있다(겔 26-28장; 사 14장; 눅 10:18; 계 12장). 욥기에 매우 분명히 나오듯이, 사탄은 하나님께 필적할 상대가 아니다. 마귀는 어디까지나 하나님의 수하에 있으며, 상대적 자유가 있지만 기다란 사슬 끝에 묶여 있을 뿐이다. 그의 목적은 사회에서는 전쟁으로, 가정에서는 깨어진 관계로, 몸에는 병으로, 영혼에는 죄로 하나님의 세상을 망가뜨리는 것이다. 그는 힘센 존재지만 멸망할 운명이다(계 20:10). 그 동안 그는 모든 선한 것과, 무엇보다 하나님을 대적하여 끊임없이 싸움을 벌인다.

둘째, **사탄은 귀신들을 동지로 거느린다.** 그리고 그 동지들이 인간을 괴롭힌다. 성경은 하나님이 인간의 생명뿐 아니라 천사의 생명의 근원임을 재차 밝힌다. 하나님의 세계에는 천사라는 존재가 있으며 천사들은 성경에 크게 등장한다. 그중 일부는 하나님을 향한 사탄의 반란에 가담하여 그와 함께 타락했고, 그의 동지와 심부름꾼이 되어 하나님을 대적한다(계 12:7-9; 벧후 2:4; 유 6절). 이 어둠의 영적 세력들은 인간을 공격한다. 그들이 인간을 장악하는 정도는 매우 다양한 것으로 보인다. 그러나 (귀신에) "눌림"과 "씌움"의 통상적 구분은 성경적 근거가 전혀 없다. 성경에 가장 흔히 쓰인 단어는 *daimonizesthai* 로 '귀신들리다', '귀신의 영향을 입는다'는 뜻이다. 귀신들은 지식과(막 1:24; 행 19:15) 감정과(막 1:24; 약 2:19) 언어와 의지력이(마 12:44) 있을 수 있는 존재로 나타나곤 한다. 그럼에도 헬라어로 그들은 항상 중성으로 지칭된다. 이 모두가 우리에게 해괴해 보인다면, 그것은 우리가 초자연적 세계를 무시하는 계몽주의 이후의 합리주의적 세계관에 갇혀 있기 때문일 수 있다. 그러면서도 동시에, 매혹적이고 위험한 사술(occult)의 실존 세계에 빠져드는 사람들이 무수히 많다! 최소한 성경적 대안을 살펴볼 가치가 있다.

셋째, **예수는 사람들을 자유케 하려고 오셨다**. 그분은 마귀의 일을 멸하려 오셨다(요일 3:8). 그분은 포로 된 자들을 자유케 하려고 오셨다(눅 4:18). 복음서에는 예수께서 귀신들린 자들을 해방시켜 주셨다는 일반 언급이 많이 나온다(예: 막 1:32-34, 1:39; 눅 4:41, 6:18). 소경, 벙어리(마 12:22), 간질(마 17:14-17), 정신 질환(눅 8:27) 등 어떤 질병의 배후에는 귀신의 활동이 있을 수 있다. 신체 질환도 귀신이 원인일 수 있으나(눅 13:11 이하) 그것이 통상적이라는 암시는 성경에 없다. 모든 질병이 귀신의 활동으로 인한 것이라는 암시는 전혀 없다. 사실 성경은 병 고치는 일과 귀신 쫓아내는 일을 애써 구분한다(눅 13:32). 누가복음 4:40 이하에 예수의 자유케 하시는 사역에 대한 전반적 그림이 나오는데, 그분은 병자들에게는 종종 손을 얹어 고쳐 주시지만 귀신들린 자들에게는 손을 얹지 않으시고(그것은 귀신들과의 결속의 표현일 수 있다) 귀신들을 꾸짖어 쫓아내셨다. 귀신은 쫓겨난다. 병은 낫는다. 구분이 명확하다. 예수는 마귀의 일의 그 두 측면 모두를 멸하러 오셨다. 복음서 전체에서 우리는 그 일을 행하시는 그분을 본다.

이런 일반 언급 외에 예수께서 귀신에 붙들린 개인들을 해방시키신 사건이 일곱 번 나온다(마 9:32; 막 1:21-18, 3:22-27, 5:1-20, 7:24-30, 9:14-29; 눅 13:10-17). 이 중 세 가지 사건—거라사 광인, 간질병 걸린 아들, 바알세불 논란—은 공관복음 세 곳에 모두 나온다.

여기서 몇 가지 중요한 원리가 도출된다.

첫째, 예수는 귀신을 일부러 찾아다니며 대결하지 않으셨다. 사람들이 그분께 환자들을 데려왔다.

둘째, 대체로 예수는 귀신과 협상을 벌이지 않고 명령하는 말로 귀신을 쫓아내셨던 것으로 보인다(막 9:25). 사실 그분은 종종 귀신의 발언을 막으셨다(막 1:34). 유일한 예외로 귀신과 대화하신 것은 거사라 광인의 경우다.

셋째, 귀신에 대한 예수의 접근은 매우 직접적이지만 상당한 다양성을 보였다. 그분은 때로 귀신에게 "재갈을 물리셨고"(눅 4:35), 때로 귀신을 "결박하셨고"(마 12:29), 때로 명령을 반복하셔야 했다(마 5:8; 눅 11:14의 헬라어 참조).

때로 그분은 악귀가 다시 돌아오지 못하게 단단히 금하신 것으로 보인다(막 9:25). 그분은 재침입의 위험을 잘 아셨다(마 12:43-44). 그리고 그분은 문제에 대고 직접, 언제나 사람이 아닌 귀신에게 말씀하셨다.

그분이 멀리서 귀신을 쫓아내신 경우는 딱 한 번뿐이다(마 15:28). 남다른 믿음으로 일편단심 끈질기게 요청한 상황에서 벌어진 일이다.

물론 십자가는 최고의 축사(逐邪)였다. 바로 거기에서 사탄과 그 동지 귀신들은 궤멸되었다. 마태복음 8:16-17에 그 중요한 단서가 나오지만, 가장 확실한 표현은 골로새서 2:15에 있다. "정사와 권세를 벗어 버려 밝히 드러내시고 십자가로 승리하였느니라."

넷째, 예수는 제자들에게 귀신을 몰아내는 사역의 지속을 위임하시고 권세를 주셨다. 누가복음 9:1의 열두 제자의 경우도 그랬고, 누가복음 10:17의 칠십 문도의 경우도 그랬다. 그것은 사도들의 교회에도 계속되었고(막 16:17; 행 16:16-18, 19:11-17), 그 후계자들의 진보에도 주요 요소가 되었다. 예컨대, 2세기 초의 저자인 순교자 유스티누스는 이렇게 단언했다.

> 우리 많은 그리스도인들은 본디오 빌라도 치하에 십자가에 못 박히신 예수 그리스도의 이름으로 온 세상과 당신의 도시에서 수많은 귀신들린 자들의 귀신을 쫓아내고 있다. 다른 모든 귀신 쫓는 자들과 주문(呪文) 외는 자들과 약(藥) 전문가들은 실패했으나, 그리스도인들은 귀신들을 무력하게 만들어 쫓아냄으로써 치유해 왔고 지금도 치유하고 있다.[5]

장소와 사람 모두 귀신의 침입에서 해방시키고자 하는 것은 언제나 교회 사역의 일부였다. 이는 아주 잘못되기 쉽기 때문에 세심한 주의를 요하는 사역 분야다. 귀신이 없는데 귀신의 방해로 진단하면 당사자에게 온갖 두려움을 야기할 수 있다. 기독교 사역에서 이것은 최초 수단이 아니라 최후 수단이 되어야 한다. 그럼에도 불구하고 이 축사 사역은 교회의 총체적 정식 사역의 일부다. 그러므로 초대 그리스도인들에게 그랬던 것처럼, 우리에게도 닥쳐올 몇 가지 실제적인 사안을 언급하고자 한다.

실제적인 사안
1. 요즈음도 귀신의 활동이 증가하고 있는가? 물론이다. 그것은 히틀러의 독일에서도 스탈린의 러시아에서도 보란 듯이 위세를 떨쳤다. 우리 세대에 사술에 대한 집착이 거세지고 있는데, 이것은 종종 사탄숭배 의식으로 이어진다. 이 같은 증가에는 이유가 있다. 물질만능주의의 허망함, 인간의 종교적 본성, 성령의 활동에 대해 죽어 버린 교회 등이다. 아울러 개인의 가치가 점점 떨어지는 사회이다 보니 짜릿함과 의미에 대한 갈급함이 있다. 사회가 와해되어 감에 따라 그룹 응집력에 대한 욕구와 다른 사람들에 대한 권력욕도 있기 마련이다.

    2. 사람들이 사술에 빠지는 목적은 무엇인가? 사술 활동의 세 가지 주요 분야에 상응하여 세 가지 목적이 있다. 의도가 선하든 나쁘든, 마술은 영계를 제어하려 한다. 권력 욕구다. 손금이든 카드든 투시든 별점이든, 점은 미래를 넘보려 한다. 지식 욕구다. 점판과 입신과 강신과 영매를 통한 심령술은 저승을 침범하려 한다. 죽은 자와의 접촉에 대한 욕구다.

    3. 이것은 잘못된 일인가? 그렇다. 성경은 그것을 명백히 금하고 있다. 신명기 18:9 이하에 보면, 이스라엘 자손이 인접 이교도들의 꼬임에 넘어가 사술의 세 분야 중 어느 하나에라도 빠지는 것이 금지되어 있

다. 그것은 사형에 해당하는 죄였다(출 22:18). 신약에 와서도 마찬가지로 엄격하게 금지되었으며(예: 고전 10:20-21), 사술의 기원은 사탄으로 명백히 밝혀져 있다(계 16:12 이하). 왜 이렇게 강경 일변도인가? 사술에 빠질 때 당신은 하나님께로부터 오지 않은 권력, 필연적으로 그분을 대적하여 적극 반역하고 있을 권력에 자신을 바치는 것이기 때문이다. 뿐만 아니라, 그것은 사람들에 대한 불법적인 권력의 욕구와 우리가 모르도록 돼 있는 지식에 대한 욕구를 반증해 준다. 그것은 하나님이 주신 죽음의 벽을 깨뜨리려 한다. 그것은 위험할 뿐더러 사울 왕과 므낫세 왕의 경우처럼 파멸을 부를 수 있다. 무엇보다도, 사술에 빠지는 것은 직접적 불순종이기 때문에 하나님께 가증한 것이다. "거역하는 것은 사술의 죄와 같고"(삼상 15:23).

4. **사술에 빠지는 것은 귀신이 침입하는 유일한 길인가?** 아니지만, 주된 길이다. 고의적이고 지속적인 죄를 통해서도 외부 세력이 침투할 수 있는 것으로 보인다. 성적인 죄도 사람을 취약하게 만들 수 있고, 자연이나 거짓 신들을 숭배하는 것도 마찬가지다. 때로 이교 신들에게 바쳐진 부적이나 장식을 소유하고 있어도 같은 효과가 날 수 있고, 선조 대의 저주와 고생도 그럴 수 있다.

5. **그리스도인들도 귀신의 영향을 받을 수 있는가?** 물론이다. 그것이 있을 수 없는 일이라는 신념은 "눌림"과 "씌움"의 비성경적 구분에서, 그리고 그리스도의 영이 우리를 소유하면 악령은 절대 그럴 수 없다는 신념에서 비롯된 것이다. "씌움"의 관점에서 본다면 그 주장은 맞다. 그러나 앞서 보았듯이, 신약성경에서 *daimonizomai*의 뜻은 그런 것이 아니다. 신자들이 어두운 세력들의 영향을 받지 못할 이유가 없다. 최측근의 세 제자가 심오한 영적 통찰의 순간에 깨달은 것처럼(마 16:23), 사

실 신자들이야말로 주요 표적이다! 때로 그리스도인이 되기 이전의 삶에 귀신의 영향력이 있었을 수 있다. 그리스도인이 되는 시점에 처치하지 않는 한, 그것은 복병처럼 숨어 두고두고 괴롭힐 수 있다. 깔끔한 정원에 방치된 잡초 덩어리처럼 말이다.

6. 그리스도인들은 이 문제에 어떻게 접근해야 하는가? 전체적으로 우리는 모든 악한 세력에 대한 결정적 승리를 예수께서 십자가에서 이미 이루셨음을 인식할 필요가 있다. 그것이 전체 역사를 이해하는 열쇠다. 전에 죽임을 당했던 어린양이 하나님의 보좌 한가운데에 계신다(계 5:1-12). 우리가 대결하는 사탄은 패배한 적이다(계 12:7-11).

구체적인 지침은 영적 전투에 관한 유명한 에베소서 6장 말씀에 나온다. 우리는 우리 삶 속에서 악은 어떤 모양이라도 거부한다는 단호한 태도로 굳게 서야 한다(14절). 우리는 이 사역에 타협 없이, 패배주의 없이, 두려움 없이 임해야 한다. 아울러 주님의 보호를 주장하며 하나님의 전신갑주를 취해 입어야 한다(13절). 우리는 기도해야 하며 다른 사람들에게 기도 지원을 요청해야 한다(18절). 그리고 사역을 하는 동안 아주 냉철하게 깨어 있어야 한다(18절).

7. 활동하는 악의 세력을 어떻게 분별할 것인가? 분별은 은사다(고전 12:10). 작은 사역 그룹에 이 은사를 가진 사람이 있으면 큰 도움이 된다. 몇 가지 지표를 꼽는다면 비정상적 공격과 힘, 초자연적인 지식, 예수의 이름을 듣거나 십자가나 성찬이나 성경을 대하거나 교회에 들어갈 때 나타나는 격렬한 반응 등이다. 사술, 크리스천 사이언스, 초월 명상, 모든 물활론 종교(애니미즘)에 조금이라도 가담된 경우는 귀신의 존재 가능성에 유의해야 한다. 가까운 친척들의 연쇄 자살이나 선조 대(대개 할머니)의 심령술도 마찬가지다. 성적 변태행위에 대한 이상한 집착, 기타

강박적 습관, 난데없는 신성모독, 하나님에 대한 걷잡을 수 없는 조롱도 마땅히 의심을 품어야 할 특징들이며, 눈꺼풀을 깜박인다든지 목소리와 웃음소리가 바뀐다든지, 도저히 기도를 못한다든지, 무지막지한 두려움에 사로잡힌다든지 하는 이상한 행동도 그럴 수 있다.

    이 같은 특징들이 전부는 아니며, 또 그런 특징을 보인다 해서 반드시 귀신에 붙들렸다는 표시도 아니다. 그중에는 정신 질환과 연계되어 나타나는 것도 있고, "육체를 십자가에 못 박는다"는 것이 무엇인지 모르는 사람들에게 나타나는 것들도 있다. 이 사역에 있어 성급한 결론으로 비약하는 것은 극히 지혜롭지 못하다. 그러나 악령들은 숨어 있기를 좋아한다. 통상적으로 그들은 생생한 카리스마가 있는 예배나 성찬식 중에, 또는 몇몇 깊이 헌신된 그리스도인들 앞에서 어쩔 수 없이 자기 정체를 드러낸다. 거라사 광인이 그랬던 것처럼, 당사자는 예수께 애증의 반응을 보일 때가 많다. 양쪽에 끼어 심하게 갈팡질팡하는 것이다. 우리는 그들이 자유를 얻도록 도와주어야 한다. 혹 우리가 진단에 실수를 범한다 해도 결과가 반드시 비참해지는 것은 아니며, 상대와 편안한 관계를 형성했을 경우라면 특히 그렇다. 악한 세력의 존재 여부가 확실치 않으나 존재할 경우를 대비해 일단 쫓아내겠다고 설명하라. 결과는 분명할 것이다. 한마디만 덧붙이자. 자기가 귀신들렸다고 주장하는 사람이 있거든 감히 의심하라.

    8. 축사 사역의 때를 위해 어떻게 준비할 수 있는가? 아주 간단하게 하면 된다. 최소한 한 사람이라도 이런 일에 경험 있는 사람과 함께 갈 필요가 있다. 주 안에서 당신의 윗사람들의 흔쾌한 동의 아래서만 시행하는 것이 중요하다. 악의 세력들은 권위의 수준을 아주 잘 알고 있으며, 우리 자신이 권위에 순종하지 않고 있다면 그들은 떠나지 않을

것이다. 물론 기도는 필수다. 사역이 실제로 진행되는 동안 뒤에서 기도해 주는 사람들이 있으면 좋다. 일이 끝날 때 바를 기름, 적절한 경우 비공식적 성찬에 쓸 떡과 포도주, 십자가 등을 가지고 가는 것도 좋다. 모두 예수의 승리의 상징물들이며, 당신은 그분의 이름으로 간다. 서두르지 않는 것, 작은 사역으로 될 일에 절대 큰 사역을 동원하지 않는 것이 중요하다.

    9. **축사 사역**. 정해진 길은 없다. 귀신들린 사람들 각자에 대한 예수의 다양한 접근에 주목하면 흥미롭다. 우선 우리는 모두의 두려움을 가라앉히고 상대가 편안한 마음으로 적극 협력하도록 준비시켜야 한다. 그러면 시간과 수고가 많이 덜어진다. 시행할 축사 작업에 대해 사실적으로 설명해 주라. 내 경우는, 그것을 목회 사역의 지극히 정상적인 일부로 말해 주면 많은 도움이 된다.

    설명이 끝나면, 이제 정직한 고백의 시간으로 들어간다. 귀신의 힘이 침투하는 통로가 되었을 수 있는 모든 활동을 세세하게 버려야 한다. 그러고 나면 사면을 선고하고 성경말씀의 권면이 따라야 한다. 내가 경험한 바로, 자유의 길을 막는 가장 보편적인 두 가지 방해물은 두려움과 원한이다. 나는 종종 "용서되지 않는 사람이 있습니까?"라고 묻는다. 그것부터 해결해야 진행이 가능하다.

    함께 우리는 그리스도의 갑옷을 주장한다. 이어 삼위일체의 이름으로, 십자가에서 흘리신 그리스도의 피를 밝히 언급하며, 신속 단호하게 악한 것에게 떠나라고 명한다. "마귀를 대적하라. 그리하면 너희를 피하리라"(약 4:7). 떠나서 다시는 돌아오지 말라고 명하라. 귀신은 반항하거나, 절대 떠나지 않겠다고 맹세하거나, 당신한테 욕하거나, 쫓아내지 말아달라고 우는소리를 하는 등 귀신들린 자의 이상한 목소리로 시간을 벌려 할 수 있다. 그런 경우, 떠나라고 단호히 명령을 반복해야 한다. 함께 사역하는 이들 중 하나의 마음에 성경구절들이 떠오를 수 있는데, 그것이 도움이 되기도 한다. 찬양하거나(종종 노래로) 기도를 반복하거나 의존하거나 방언의 은사를 사용하는 것도 물론 도움이 되며, 성수(聖水)나(내 경우 아주 효과적이다) 십자가 상징물도 그럴 수 있다. 우리는 어떤 상황도 각오해야 하며, 어떤 일이 벌어지는지 예의 주시해야 한다. 난폭해짐, 속임수, 냉소적 미소, 조롱, 구토, 동물 같은 행동 등 무엇이든 벌어질 수 있다.

내 경우, 진행 도중에 당사자에게 기분이 어떠냐고 물으면 가장 도움이 된다. 당사자는 더 할 일이 남아 있는지 여부를 언제나 알며, 자기가 해방되는 순간도 안다. 당사자로 하여금 축사를 위해 직접 주님을 부르게 할 수 있다면 더 바랄 게 없다. 그러면 그들은 자신을 사역의 대상이 아니라 사역의 파트너로 보게 된다. 악한 세력들은 종종 정체가 분명하고 때로 제 이름을 밝히기도 하지만, 내 경우 그들의 이름을 대는 것이 반드시 필요하지는 않았다. 그들이 이름을 밝히면 우리한테는 이점이다. 이름을 알면 힘이 뒤따른다. 자유가 오기까지 꽤 시간이 걸릴 수 있다. 서두르지 않고, 사역이 진행되는 동안 하나님의 조명을 기다리는 것이 중요하다. 하나님은 확신을 통해 또는 사역하는 사람의 마음에 떠오르는 어떤 그림을 통해 인도하실 수 있다. 당신이 성령을 의지하면 성령께서 당신을 인도하신다. 한두 시간 지나도 아무 진척이 없거든, 개입된 악한 세력이 무엇이든 그것을 결박할 그리스도의 능력을 주장하고는 새로 사역할 시간을 다시 정하라. 당사자는 당사자대로 일이 막힐 만한 원인을 충분히 숙고해 보고, 당신은 당신대로 충분히 기도하고 혹 더 경험 많은 이들의 조언을 들은 후라야 한다. 한번에 오래오래 질질 끌지 않도록 하라. 그것은 모두를 탈진시킬 뿐 아니라, 행여 성공으로 끝나지 않을 경우 깊은 실망을 안겨 준다.

당사자들은 악한 것이 떠난 때를 언제나 알며, 대개 기쁨과 안도의 눈물이 따른다. 끝난 후 그들은 사랑, 음식, 휴식이 필요하다. 수술만큼이나 기운이 진할 수 있으므로 휴식은 필수다. 계속해서 따뜻한 사랑으로 보살펴 주라.

이 사역에 임하는 자들에게 마지막으로 한 마디만 덧붙이자. 이 일에 **빠지지** 말라. 이것은 너무 극적이다 보니 해로운 중독성을 띠기 쉽다. 내 경우, 다른 방식들로 이미 내가 섬기고 있는 사람들 사이에서가 아니고는 아예 하지 않는 것이 지혜롭다고 생각한다.

결론

독자들에게 이 모두가 딴 세상 이야기처럼 들린다면 나도 공감이 간다. 나한테도 그렇게 들렸었다. 불행히도 나는 그것이 괴로울 정도로 현실임을 발견했다. 교회는 예로부터 이것을 알아 왔다. 금세기에 와서야 서구 그리스도인들은 귀신들린 자들에 대한 축사의 기대를 버렸다. 우리가 이렇게 실패한 결과는 대단하다. 귀신들린 사람들은 의사한테 가지만 의사는 그들을 도울 수 없다. 정신병원에 가지만 거기는 그들의 상태에 적합하지 못한 곳이다. 오직 그리스도만이, 생명을 주시는 성령을 통하여 그들을 자유케 하실 수 있다. 주님은 교회에게 이 축사 사역에 소홀함으로 사람들을 저버리지 말라고 명하신다.

소생, 영적 전투, 기대, 하나님의 능력. 이것이 우리의 무기들이다.

누가복음 10:19-20을 잊지 말라. "내가 너희에게······원수의 모든 능력을 제어할 권세를 주었으니······그러나 귀신들이 너희에게 항복하는 것으로 기뻐하지 말고 너희 이름이 하늘에 기록된 것으로 기뻐하라."

12

소망의 자녀들

내가 깨달은 바, 우리에게 닥칠 수 있는 유일한 궁극적 재앙은 여기 이 땅이 집처럼 느껴지는 것이다. 말콤 머거리지(Malcolm Muggeridge)

현세에 가장 많이 기여한 그리스도인들은 내세를 가장 많이 생각한 사람들이었다.……그리스도인들이 저 세상에 대한 생각을 거의 접은 이래로 이 세상에서 이토록 힘을 못쓰게 되었다. 마음을 하늘에 두면 땅도 따라오지만, 땅에 마음을 두면 아무것도 남지 않는다. C. S. 루이스

언젠가 채드 월쉬(Chad Walsh)는 말하기를, 정통 신학은 종말론을 버리지 않았다고 했다. 그러나 오늘의 신학은 종말론을 관 속에 넣어 버렸다! 종말론은 요한계시록에 관한 정교한 도표들 속에 또는 새 하늘과 새 땅으로 인도하는 사건들의 예정 시기를 알려 준다고 장담하는 서적들 속에 시

체처럼 누워 있을 때가 비일비재하다. 이런 책들은 인간의 깊은 불안, 곧 세상과 그 안에서 우리의 수고가 허망하고 부질없다고, 엘리엇(T. S. Eliot)의 표현을 빌자면 세상이 결국 대성공을 거두며 끝나지 않고 흐느낌으로 끝날 것이라는 불안에 기생한다. 그래서 핼 린지(Hal Lindsey) 같은 대중작가들이 바로 지금이 종말 세대라고 주장하여 횡재하고 있다.

소망의 신학

즉각적 피난을 약속하는 신학들이 미래에 대해 절망이 넘쳐나는 역사의 시점에 유행한다는 것은 놀랄 일이 아니다. 한때 세상의 "예언자들"이 영광스런 미래를 설교하고 그리스도인 예언자들은 지옥 불과 유황을 설교하던 시절이 있었다(솔직히 내가 그런 설교를 들어 봤다고 말할 수는 없지만). 그러나 세상의 "예언자들"이 파멸을 가르치고 있는 오늘날, 우리 그리스도인들은 영광의 소망이 되신 분과 영광스런 소망을 전하는 특권을 지녔다. 이것이 이번 장의 주제다.

종말론과 미래학의 정의

우선 용어부터 정의해 보자. 종말론은 끝(*eschaton*) 곧 종말에 대한 연구라 정의할 수 있다. 종말에 대한 신약의 가르침을 이해하려는 시도는 마치 로키 산맥이나 알프스 산맥의 개척 탐험자와 같다. 상세한 지도 없이 동쪽에서 출발한 탐험자는 여러 산자락과 봉우리를 보면서도 그 사이의 골이 얼마나 깊은지는 모른다. 마찬가지로 신약에는 종말에 관한 여섯 "봉우리"가 계시되지만, 그 순서나 서로 간의 거리를 알려 주는 상세한 지도는 없다. 여섯 봉우리란 예수의 재림, 몸의 부활, 심판, 영생, 하나님 나라의 완전한 실현, 새 하늘과 새 땅이다.

종말론의 여섯 가지 차원을 말할 때 우리가 사용하는 "소망"(희망)이라는 단어는, 예컨대 "머잖아 뵙게 되기를 희망합니다" 따위의 평상시 대화 때와는 그 의미가 다르다. 인간의 희망 사항과는 달리 이 소망은 그리스도의 첫 강림만큼이나 확실하고 하나님 자신만큼이나 확실하다. 그래서 신약성경은 그리스도가 우리의 소망이라고 말한다(딤전 1:1). "너희 안에 계신 그리스도[가] 곧 영광의 소망"이라고 단언한다(골 1:27). 또한 모든 그리스도인이 한 소망 안에서 부르심을 입었다고 말하고(엡 4:4), 하나님 없는 삶은 "소망이 없다"고 역설한다(엡 2:12; 살전 4:13). 이것이 종말론이다. 미래학은 관련은 있으나 판이하게 다르다.

미래학은 인간이 마지막 날까지 지구별에서 어떻게 살 것인지를 기술하는 용어다. 미래학이 내다보는 미래는 밝은 미래부터 캄캄한 미래까지 다양하며, 그 둘 사이에 온갖 시각이 다 존재한다. 모든 사람이 중산층이 되어 잘 먹고 잘 사는 무공해, 무제한의 세상을 약속하는 세속 미래학자들이 더러 있다. 마르크스주의는 정의와 부가 만인에게 골고루 분배되는 계급 없는 사회를 희망으로 내놓았다. 밝은 미래를 주창하는 사람들은 인간이 유토피아를 이룰 수 있다고 믿는다. 그러나 오늘날 대다수의 미래학자들은 정반대인 캄캄한 미래를 예측한다. 그들은 세계의 자원이 마침내 고갈되고 오존층이 파괴되어 치사량의 광선이 유입되며 핵 군축 협약에 서명하지 않은 자들에 의해 세계 비축 핵무기가 무모하게 폭발하는 우울한 종말을 내다본다. 어떤 사람이 저녁뉴스를 곰곰이 듣다가 이렇게 말했다. "비참한 뉴스를 더 이상 소화할 수 있는 사람이 누구인가?" 마음에 깊이 와닿는 질문이다.

나이 예순넷의 어느 영국 노인은 자신의 기력이 떨어졌다는 아들들의 지적에, 너희들도 그 나이가 되어 얼마나 건강한지 보라고 말했다. 잠시 침묵이 흐른 후 한 아들이 말했다. "다 알다시피 우리는 아무도 예순네 살까지 가지도 못할 겁니다." 이런 근시안적 미래관의 한 가지 명백한 결과는 즉석 만족 문화의 확산이다. 내일이 없을지도 모르니 사람들은 현 순간에서 최대의 낙을 짜내려 한다. 내일이 확실치 않고 오늘이 전부라면 그것도 일리가 있다. 심지어 그리스도인들도 그런 생각에 사로잡혀 있는 것 같다. 종말론이 관 속에 누워 있다는 확실한 근거다. 곧 보겠지만 개인의 미래학은 그에게 종말론적 소망이 있는가에, 다시 말해 그가 어떤 종류의 종말론을 믿고 있는가에 달려 있다.

종말론과 미래학의 연결

종말론과 미래학의 연결은 매우 중요하다. 미래에 대한 근시안적 사고에 깊이 경도되어 새 하늘과 새 땅의 실현에 대한 영광스런 소망을 망각한 그리스도인들은 간절한 소망이 있어 기다리는 것도 아니지만, 내생을 기다리는 동안 이생에서 최대한 모든 것을 짜내어 "꿩 먹고 알 먹고" 하려 한다. 때로 무심코 하는 말에 우리 내면의 실체가 드러난다. 한번은 어느 교구위원이 자기가 사후에 어떻게 되겠느냐는 질문을 받았다. 그는 "즉시 떠나 영원한 복에 들어갈 겁니다"라고 답했으나 곧 이런 식으로 덧붙였다. "하지만 그런 재미없는 주제에 대해서는 묻지 말아 주셨으면 좋겠군요!" 소망의 영성이 아직 그의 영혼에 배어들지 못했던 것이다. 어떤 그리스도인 부부들은 이런 세상에서 아기를 가져야 하는지, 또는 이미 잉태한 경우 그대로 두어야 하는지 확신이 없다. 젊은 그리스도인들은 졸업 후 일자리가 있을지, 그나마 결혼을 한다면 자신의 결혼생활이 오래갈지 걱정한다. 많은 젊은이들이 이렇게 세상에 지친 나머지, 이 말세에 세상에서 할 만한 가치 있는 일은 전문 사역에 들어가는 것뿐이라고 생각하는 것도 어쩌면 당연하다.

    대조적으로, 초대 교회 예수의 제자들은 미래가 어서 오기를 애타게 기다렸다. 그들은 미래의 압박을 긍정적으로 느꼈다. 그들이 품은 미래학은 종말론의 확실한 소망과 연결되어 있었다. 그들은 미래를 환영했다. 그들은 종말을 의식하며 사는 정도가 아니라 주 예수의 재림을 앞당기기 원했다. 그들은 재림이 자신들과 하나님의 피조물들을 위한 매우 긍정적인 목표라 믿었고, 자신들의 미래관 전체가 그런 종말론적 시각으로 형성되었다고 믿었다. 베드로는 "너희가 어떠한 사람이 되어야 마땅하뇨. 거룩한 행실과 경건함으로 하나님의 날이 임하기를 바라보고 간절히 사모하라"(벧후 3:11-12)고 말했다. 당시의 로마제국은 작금의 우리 사회와 크게 다르지 않았다. 제국은 무섭게 쇠퇴 일로로 치닫고 있었다. 동성애가 만연했고, 가정은 분열되었고, 결혼은 멸시되었고, 남자들은 저마다 집안 살림을 위한 아내와 쾌락을 위한 정부를 따로 두었다. 노예제도와 빈곤이 넘쳐났다. 그리스도인이 된다는 것은, 멸시받는 급진 분파에 속하여 언제라도 박해받고 일자리를 잃고 사회적으로 거부당한다는 뜻이었다. 그럼에도 불구하고 이들 그리스도인들은 **소망 중에** 살았다.

    사도 바울은 종말을 위해 살되 서두르지 않은 사람의 전형이다. 그는 14년이나 준비하여 선교사가 되었고, 드디어 이방인을 위한 "세계" 선교로 부름받은 후에도 그는 매주 40시간 이상 자기 손으로 천막을 만들었다. 아직 복음을 듣지 못한 사람들이 수없이 많은 줄 알면서도 하나님을 섬기는 일의 일부로 그렇게 한 것이다. 그럼에도 불구하고 그는 자기가 시간을 낭비하거나 인생을 허송하고 있다고 말한 적이 없다. 이 감옥 저 감옥 전전할 때도 마찬가지였다. 성경적 종말론을 주축으로 한 미래학이 있어야만 이런 삶이 가능하다.

어떤 그리스도인들의 종말론에는 미래학이 없다. 그들은 그리스도가 오늘밤이나 늦어도 내일은 오실 거라고 믿는다. 그래서 흰옷을 입고 주님의 재림을 준비하는 것 말고는 이 세상에서 할 일이 없다. 또 어떤 그리스도인들의 종말론에는 미래학이 한정되어 있다. 핼 린지처럼 그들은 지금이 종말 세대이며 기다릴 시간이 기껏해야 얼마 안 남았다고 믿는다. 말할 것도 없이 이는 내세적 시각을 낳고, 따라서 세상의 환경 문제나 부당한 식량 분배를 위해 수고하는 것은 무의미해 보인다. 교육자, 과학자, 장인, 사업가가 되어 하나님을 섬기며 살려는 준비 작업은 하나님 말씀을 전하라는—그것도 가급적이면 풀타임 기독교 사역의 길에서— 명령 앞에서 부수적인 것으로 보인다. 그러나 분명히 모든 사람이 그렇게 살 수는 없으며, 종말이 금세 오지 않는다면 특히 그렇다.

예수와 바울의 시각이 바로 그랬다는 주장이 심심찮게 나온다. 즉 그들이 자기네 당대 이후의 미래를 믿지 않았다는 것이다. 그러나 면밀한 성경학자들의 증거처럼, 예수와 바울은 인간사에서 종말의 확실성과 특징에 대해서는 말했으나 그 시점에 대해서는 거의 함구했다. 그들은 종말이 어느 순간에 닥쳐올지라도 거기에 준비되어 있었지만, 자신의 활동이나 심지어 윤리의 기초를 종말이 금세 와야만 한다는 필연성에 두지 않았다. 그들에 따르면, 우리가 세상을 사는 방식에는 시간이 짧을 수도 있다는 사실이 감안되어야 하지만, 우리가 이 세상을 철저한 세속주의자들과 다르게 사는 진짜 이유는, 하나님 나라가 이미 왔고 언젠가 완전히 임할 것이라는 사실에 있다. 그래서 루터는 예수와 바울의 강조점

소망의 자녀들 269

을 포착하여 이렇게 말했다고 한다. "내일 세상이 멸망할 것을 안다 해도 나는 뒤뜰에 작은 사과나무를 심겠노라."[1]

신약성경은 **원시안적** 미래학의 종말론을 가르친다. 신자들은 주께서 언제 다시 오시더라도 준비되어 있어야 하지만, 필요하다면 다시 수천 년을 더 이 세상에서 수고할 준비도 되어 있어야 한다. 열 처녀의 비유에 나오는 지혜로운 여인들처럼(마 25:1-13), 우리는 **지금** 준비되어 있지만 필요하다면 오래 기다릴 각오도 되어 있다. 오래고 오랜 기다림일 수 있다. 오랜 기다림은 부질없는 기다림이 아니다. 기다림은 아무 행동이 없는 것이 아니다. 오히려 종말에 대한 아름다운 전망은 이생의 매사를 믿음과 소망과 사랑 중에 행할 강력한 동기가 된다. 신학자 위르겐 몰트만은 탁월한 지혜로, 종말론이 우리 믿음과 현재의 변화된 삶에 원료가 된다고 설명한다.

> 종말론은 모든 신학적 시각 중에 가장 목회적인 것으로, 어떻게 종말이 현재에 작용하여 복음의 진리가 "중간기" 삶 속에 입증되게 하는지 보여준다. 종말론은 신자들이 "삶의 절정"에 있지 않고 새 날의 여명 속에 있음을, 곧 밤과 낮, 지나가는 것들과 장차 올 것들이 서로 드잡이하는 시점에 있음을 보여준다.[2]

침몰하는 배의 갑판에서

사도행전 27:13-44에 그 생생한 예가 나온다. 바울을 싣고 가던 배가 폭풍에 요동하여 침몰하고 있다. 죄수로 배에 탄 그가 선장이 되어 선장, 선원들, 다른 죄수들, 자신의 길동무인 의사 누가에게 목회자적·예언자적 사역을 감당한다. 누가의 동행은 대명사 "우리"의 사용을 보아 알 수 있다(27:18). 첫째, 바울은 장기적인 인생 계획이 있었다. 그의 경우 그 것은 로마제국 전체의 복음화였다. 그 일을 죄수의 신분으로 하든, 그것은 중요하지 않았다. 현 상황이 아무리 부정적이어도 이 세상에서 이룰 그의 인생의 궁극 목표는 흐려지지 않았다. 둘째, 바울은 용기를 보였다. "그러므로 여러분이여, 안심하라. 나는 내게 말씀하신 그대로 되리라고 하나님을 믿노라"(27:25). 이는 그저 어둠 속의 휘파람이나 오기가 아니었다. 바울은 하나님의 뜻이 꺾이지 않을 것과 하나님을 사랑하는 자들에게(또한 그렇지 않은 자들에게도!) 모든 것이 합력하여 선을 이룰 것을 확신했다. 그러므로 그는 일행에게 배를 섬에 좌초시켜야 한다는 어려운 말을 할 수 있었다. 희망을 품고 한 말이다.

셋째, 바울은 미래가 보장된 사람처럼 당면한 일을 했다. 모든 일행이 며칠째 먹지 않아 아프고 지치고 절망적이었지만, 바울은 "떡을 가져다가 모든 사람 앞에서 하나님께 축사하고 떼어 먹기를 시작"했다(27:35). 평범한 식사로 성찬식 드라마를 연출함으로써 동료 선원들의 실제적 필요를 섬긴 것이다. 끝으로, 바울은 자신의 소망이 하나님과의 인격적 교제에서 온 것임을 밝혔다. "나의 속한 바 곧 나의 섬기는 하나님의 사자가 어젯밤에 내 곁에 서서 말하되 바울아, 두려워 말라. 네가 가이사 앞에 서야 하겠고 또 하나님께서 너와 함께 행선하는 자를 다 네게 주셨다 하였느니라"(27:23-24). 포스트모던 세상의 폭풍 속에 침몰하는 문명의 갑판에 선 현대 그리스도인들도 동일한 소망으로 살 수 있고 그 소망을 선포할 수 있다.

소망의 영성

그리스도인의 소망의 구심점에는 예수 그리스도의 재림이 있다. 이는 성경에 318번이나 언급된 진리다. 그러나 신약성경의 강조점은 언제나 시기를 계산하기보다는 준비성과 사모함에 있다. 예수는 친히 제자들에게 달력을 쳐다볼 것이 아니라 그분을 기다리라고 경고하셨다(행 1:6-7; 눅 12:36; 빌 3:20; 히 9:28). 예수의 재림은 신랑이 신부인 교회를 맞이하는 최후의 인격적 발걸음이다(계 21:2). 그리스도인의 소망의 파노라마를 이루는 다른 다섯 "봉우리"는 저마다 중심 되신 그리스도의 실체를 지시한다.

미래에 있을 우리 몸의 실존은, 무덤의 첫 열매가 되신 예수의 몸의 부활로 보장되고 예시되었다. 부활이란 몸으로 그리스도와 같아지는 것이다. 최후의 심판은 엄한 재판관 앞의 비인격적 재판 장면이 아니다. 예수는 우리의 심판자이자 친구이시다. 영생은 새 시대에 그리스도와 함께 사는 삶이다. 이레나이우스는 그리스도를 '몸소 하나님 나라'(*autobasileia*)라 불렀거니와, 그분이 자기 백성의 왕이자 또한 종으로서 하나님 통치의 화신이 되셨으므로 이는 맞는 호칭이다. 신약성경에 보면, 하나님 나라의 완전한 실현은 예수의 초림과 같고 그 이상이다! 여섯번째 "봉우리"인 새 하늘과 새 땅의 특징은 만물이 새롭게 될 뿐 아니라 어린양 예수께서 중심에 계시다는 사실이다(계 21:23, 22:3). 이 이미지는 무슨 뜻인가?

재림

예수의 재림은 인격적이고(계 22:7) 문자적이고(행 1:10-11) 영광스럽고(살후 1:7-9) 불시에 일어난다(살전 5:2-3). 이 소중한 약속은 우리 믿음이 만천하에 드러날 것과, 이생에서 그리스도에 대한 우리의 부분적이고 불충분한 체험이 완성될 것을 보장해 준다. 성경에 나오는 결혼의 은유는 그리스도인과 예수의 이생에서의 관계를 가리키는 것이 아니다. 그것은 성경 마지막 책에 생생히 기록된 어린양의 마지막 혼인잔치에 쓰일 말이다(계 19:6-9). 오히려 바울이 우리와 그리스도의 현재의 관계를 가리켜 사용한 단어는 "정혼"이다(고후 11:2). 고대 세계에서 이는 성 관계만 없는 결혼 상태로서, 현대의 약혼보다 구속력이 강한 언약이었다. 그분의 재림은 주님과의 완전한 결혼 경험을 뜻한다! 지금은 우리가 하나님을 안다고 하기 어렵다. 사실 바울도 하나님이 우리를 아신다고 말하는 편이 더 맞다고 스스로 정정하고 있다(갈 4:9). 어떤 사람들은 이생에서 하나님과 소위 "영적 결혼"을 누린다고 멋있는 주장을 펴지만, 우리는 예수께서 다시 오시거나 우리가 먼저 죽을 때까지는 예수에 대한 충만하고 신비로운 궁극적 체험을 기대할 수 없다. 그러나 결혼이 절대적으로 확실하기에 우리는 정혼 경험으로 소망 중에 살아갈 수 있다.

몸의 부활

몸의 부활(고전 15:12-58)은, 그리스도 안에서 우리의 미래가 몸 없이 천국을 떠다니는 영이 아니라 철두철미하게 온전한 인간―"심리적 몸"을 지닌 이생에서보다 더 온전한―이 될 것을 약속한다. 내 딸이 인턴으로 일하던 병원은 당시 우리 시에서 에이즈 환자를 받는 유일한 곳이었다. 딸은 이 현대의 문둥병자들의 병상에 앉아 그들을 만지며 그들에게 몸의 부활을 말해 주곤 했다. 얼마나 영광스러운 소망인가! 우리의 소망은 "신령한 몸"(고전 15:44)을 입는 것이다. 그 몸은 현재의 몸과 연속성도 있고, 또 변화될 것이므로 불연속성도 있다. 부활은 성육신의 끝이다. 그러나 그리스도인의 소망은 일부 종교에서 말하는 것처럼 단지 천상의 심미적·유물론적 미래를 투사하는 것과는 거리가 멀다. 오히려 **우리 몸에 있어서까지** 마침내 완전히 하나님 아들의 형상으로 화하는 삶을 고대하는 것이다. 그러므로 예수의 부활은 부활이 가능하다는 가시적 증거 정도가 아니다. 더 중요하게, 그분의 부활은 우리가 최종적으로 취할 그리스도의 형상의 첫 단계다. 바울의 말대로 **몸이 주를 위한 것**이라면, 우리는 식사 같은 평범한 일과 성관계 같은 민감한 일까지 포함해 우리 몸의 삶으로 **지금** 하나님께 영광을 돌려야 한다. 몸으로 무엇을 하든 상관치 않던 "너무나 영적인" 고린도 교인들에게 이것이 얼마나 충격적인 말이었을지 가히 상상이 된다. 정말 영적인 사람은 부활의 몸을 지닌 사람이라는 바울의 단언도 똑같이 충격적이었을 것이다.

최후의 심판

심판은 요즘 기독교 설교자들도 거의 언급하지 않는 주제다. 반면에 시편 기자는 하나님의 심판을 고대했다(시 67:1-4, 96:10-13). 이유는 당장에 시편 기자가 정의가 시행되지 않는 요지경 세상을 살았기 때문이다. 그는 하나님의 심판이 정의의 회복과 압제당하는 자들의 신원을 뜻함을 알았다. **우리는** 세상에 정의가 적어도 웬만큼은 있다고 생각하며, 하나님의 심판이 우리의 계획을 망쳐 놓지 않을까 겁낸다. 그러나 심판과 그에 따른 돌아올 책임이 없으면 이 세상의 삶은 의미를 잃는다. 우리가 겪는 불의한 고난에 대한 마지막 응보도 없고, 신실함에 대한 마지막 보상도 없다(히 9:27-28).

심판자가 우리의 모든 죄를 덮어 주신 우리 구주요 친구와 동일인이라는 것이 기독교 신앙의 독특한 입장이다(롬 2:16; 행 17:30-31; 고후 5:10; 요 5:22). 그리스도인들도 판단은 받지만 정죄는 없다. 하이델베르크 교리문답 52번 문항은 이렇다. "다시 오셔서 산 자와 죽은 자를 심판하실 그리스도가 당신에게 어떤 위안이 되는가?" 답은 이렇다. "이전에 나를 위해 친히 하나님의 심판을 당하여 내 모든 저주를 없애 주신 바로 그분이, 하늘에서 심판자로 오실 것을 내 모든 고난과 박해 속에서 고개를 똑바로 들고 기다리는 것이다." 우리의 미래에 관한 이러한 차원이 우리에게 소망을 줌은 **하나님이** 심판하시고 만물을 회복하실 것이기 때문이다. 이는 경고이기도 하다. 하나님이 최후 심판자이실진대, 우리는 지금 다른 사람들을 판단하는 일을 삼가야 한다(약 4:11-12). 여기에는 초대도 있다. 하나님은 피조물들에게 회개의 기회를 조금이라도 더 주시려고 최후의 심판을 보류하고 계신다. 우리는 법정에 가기 전에 문제를 해결해야 한다.

영생

영생이란 단순히 새 시대의 삶이다. 10장 '고난을 아는 삶'에서 본 것처럼, 그리스도인들은 두 시대가 중복된 시기를 살고 있다. 이것을 그림으로 나타내면 다음과 같다.[3]

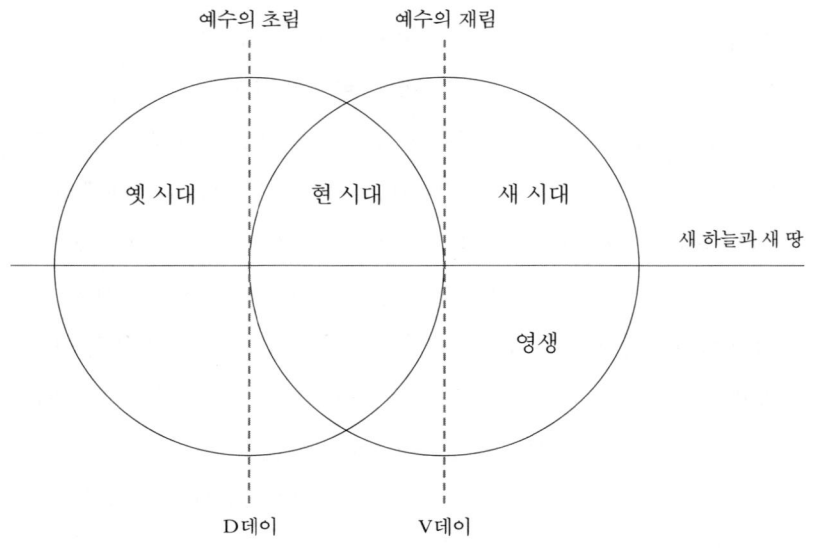

오스카 쿨만은 2차 세계대전 용어를 요긴하게 사용하여 두 시대의 중복 기간을 사는 실체를 설명한다. D데이는 연합군이 적 점령 지역에 침투한 "작전 개시일"이었다. 그러니 기막힌 비유다. 여기 최후 승리의 확실성이 담겨 있다. 프랑스 카엥에 교두보가 설치되었고, 이후의 교전은 병가지상사인 일시적 패배에도 불구하고 갈수록 승리를 사실로 굳혀 주었다. V데이가 올 것이다. 과연 몇 달 후에 그날은 왔다! 예수의 초림과 죽음과 부활은 D데이였다. 죄와 사탄은 정복되었고, 우리를 지배한다고 떠드는 정사들과 권세들은 정체가 드러나 무장 해제되었다(골 2:13-15). 교두보가 설치되었다. 승리가 임박했다.

그래서 우리는 그리스도로 말미암아 도래한 새 시대에 비추어 두 시대의 중복 기간을 살 수 있다. 장차 올 시대의 권세를 우리는 사실상 지금부터 누릴 수 있다. 그렇게 영생은 우리의 현 실존 속으로 침투해 들어

온다. 시인 브라우닝(Robert Browning)의 말처럼 "이 땅에는 천국이 가득하다." 물론 지금의 전투에는 때로 패배도 있다. 유럽의 연합군 경우처럼, 우리가 맞서는 적도 사실상 패하였으나 패배를 인정하지 않는다. 그러나 V데이는 오고 있다. 어느 날 우리는 최종적으로 완전히 영생에 들어갈 것이다. 영생은 단순히 끝없는 삶이 아니라 영원의 특성을 지닌 삶, 곧 그리스도 안의 삶이다.

하나님 나라

소망의 파노라마의 다섯째 봉우리인 하나님의 나라는 영토 이상이다. 그것은 한 조각의 영지가 아니다. 그것은 왕 되신 하나님의 통치와 그 백성들의 반응이다. 그것은 교회 훨씬 이상이다. 교회는 하나님 나라의 일부 돌출부다. 그 이상이 있다. 교육, 가정생활, 정치, 문화 같은 영역들에 예수의 왕권이 완전히 미친다. 철가루가 자력에 끌려 한 줄로 늘어서듯이, 인간의 삶과 인간 이외의 삶이 왕 되신 그리스도의 영향력 아래 한 줄로 늘어선다. 하나님의 나라가 완전히 실현되리라는 소망은 그리스도인의 삶에서 강력한 동인이 된다. 우리는 그 나라의 첫 열매들을 이미 받았다(마 12:28, 21:31, 23:13). 예수는 왕으로서 하나님의 통치와, 백성으로서 하나님 사람의 반응을 둘 다 몸소 구현하셨다. 그러나 예수께서 다시 오실 때 하나님 나라는 완전히 실현된다. 인간의 모든 제도는 물론 환경까지도 변화되어 하나님의 완전한 통치 안에 들어간다(고전 15:24). 그 나라는 유대인과 이방인, 그야말로 각양각색의 사람들이 하나님의 큰 잔치에 함께 앉는, 참으로 국제적인 나라다(눅 13:29). 그러므로 이생에서 우리의 근본적 관계 대상은 교회가 아니라 하나님 나라다. 아울러 우리의 근본적 관계 대상은 이 지나가는 시대가 아니라 끝없는 세상이다. 우리는 잘못된 희망과 잘못된 비관 둘 다에서 건짐받은 이들이다. 이 생에서 변화에 힘쓰는 우리의 작은 노력들로 하나님 나라의 도래를 이룰 수 있다는 잘못된 희망, 그리고 사역과 일에 있어 우리의 부질없어 보이는 노력들이 영원에 아무런 영향도 미치지 못한다는 잘못된 비관에서 말이다. 바울은 이런 실체를 고대하며 이렇게 말했다. "견고하며 흔들리지 말며 항상 주의 일에 더욱 힘쓰는 자들이 되라. 이는 너희 수고가 주 안에서 헛되지 않은 줄을 앎이니라"(고전 15:58).

새 하늘과 새 땅

장소는 그리스도인에게 소망의 일부다. 우리의 궁극적 미래는 무형의 진공 속을 떠다니는 불멸의 영혼이 아니라, 예수께서 우리를 위해 예비하신 곳에 거하는 것이다. 그리스도인들의 미래의 소망은 단지 "하늘"만도 아니다. 우리의 미래는 물질을 벗지 않는다. 우리는 성경의 마지막 환상의 주제인 "새 하늘과 새 땅"에서 감히 "땅"을 빼지 않는다(계 21-22장). 그곳은 형체와 구조와 절경(絶景)을 갖춘 장소다. 이 동산 성(城)에는 보석류로 암시되는 하나님의 창의력과, 땅의 왕들이 가지고 들어온다는 영광으로 암시된 인류의 창의력이 둘 다 충만하다(계 21:24-26). 또 그곳은 만물과 인간이 최후의 완전한 치유를 경험하는 곳이다(22:2). 그래서 그리스도인의 소망은 만물을 새롭게 하실 그리스도를 내다본다(엡 1:22). 이 마지막 환상에서, 새로운 만물의 한가운데에 계시는 분은 어린 양이다. 레슬리 뉴비긴은 이 소망을 이렇게 멋있게 요약한다.

> 복음을 받아들이는 자들은 개인의 삶에 의미를 얻지만, 복음은 그 훨씬 이상이다. 복음은 하나님의 우주적 뜻의 선포다. 그 뜻이 인류의 공적

인 역사 전체를 떠받치고 지배하며, 인간은 누구도 예외 없이 그 뜻에 따라 심판받을 것이다. …… 복음은 그리스도의 속죄 사역과 성령의 증거를 통하여 그 뜻을 실현하는 일에 하나님의 동역자들이 되라는 초대다. 복음은 사람들을 불러 마르크스주의보다 더 대담하고 더 원대한 세계적 사명에 헌신하게 한다. 그리고 복음에는 하나님 뜻이 마침내 완성될 것이라는 믿음—마르크스주의에는 없는 것—이 있다. 개인 역사를 무의미하게 하지 않으면서 세계 역사의 의미를 찾고, 세계 역사를 무의미하게 하지 않으면서 개인 역사의 의미를 찾는 것은 복음의 능력 안에서 가능하다.[4]

얼마나 영광스런 미래인가! 마침내 그리스도를 만난다. 부활의 몸을 입고 그리스도처럼 된다. 그리스도께 평가와 보상을 받는다. 그리스도의 영생에 참예한다. 그리스도의 나라가 완성되는 것을 경험한다. 새롭게 된 만물 속에서 그리스도와 함께 산다. 그분의 얼굴을 본다! 이런 생각들이 즉각적 만족을 구하며 이 세상에 집착하는 오늘의 기독교 문화와 얼마나 거리가 먼지는, 고린도전서 15:19의 바울의 비상한 고백만 인용해도 금방 알 수 있다. "만일 그리스도 안에서 우리의 바라는 것이 다만 이생뿐이면 모든 사람 가운데 우리가 더욱 불쌍한 자리라." 오늘 대부분의 사람들은, 만일 그리스도 안에서 우리의 바라는 것이 다만 내생뿐이면 우리가 불쌍한 자라고 말할 것이다. 다행히도 그리스도인의 소망은 이생과 내생 모두에 있다. 이는 지금 살아가는 소망이다.

소망 중의 삶

그렇다면 이런 확신들이 우리 삶에 어떻게 영향을 미칠 수 있을까? 소망 중에 산다는 것은 무슨 뜻인가?

첫째, 그리스도인의 소망은 **철저한 제자도의 삶을 요구한다**. 바울 서신에는 신자들이 맞이할 장래의 영광에 기인한 권면들이 가득하다. 우리는 근신함과 의로움으로(딛 2:12-13), 길이 참으며(약 5:7-8), 진실하게(빌 1:10), 형제 사랑을 보이며(살전 3:12) 살아야 한다. "우리 주 예수께서 그의 모든 성도와 함께 강림하실 때에 하나님 우리 아버지 앞에서 거룩함에 흠이 없게 하시기를 원하노라"(살전 3:13). 예수와의 궁극적인 교제가 우리 성품에 나타나야 한다. 우리는 사모함만 아니라 삶으로 준비되어 있어야 한다. 신약의 마지막 책에 이 주제가 특히 잘 표현되어 있다.

요한계시록에서 당신은 목숨을 버려 예수를 경배하거나 짐승을 숭배하여 멸망하거나 둘 중 하나다. "내 백성아, 거기서[바벨론에서]나와 그의 죄에 참예하지 말"라고(계 18:4) 요한이 전한 하늘의 부름 앞에서, 그들은 바벨론 **안**에 있는 동안에 구조 받아야 한다. 순교당하지 않는 한 그들이 하나님을 섬길 수 있는 곳이란 없다. 요한은 친구들에게 삶의 주변부가 아닌 중심부에서 하나님을 찾으라고 권한다. 요한의 묵시("계시, 노출"을 뜻하는 단어)에 명목상의 기독교는 들어설 자리가 없다. 요한계시록에는 신약의 어느 책보다 색채가 풍부하지만—벽옥, 홍옥, 에메랄드, 사파이어—제자도는 단호히 흑백으로 제시된다. 유진 피터슨은 이렇게 말한다. "요한계시록은 방화(放火)다. 즉 상상 속에 은밀하게 불을 놓아, 비만해진 '문화 종교'의 지방을 태워 없앰으로써 복음의 선명한 사

랑, 복음의 순수한 소망, 복음의 정화된 믿음만 남긴다."⁵

둘째, 이 세상에서 하는 우리의 일은 의미가 있다. 역사는 마지막 만남을 향하여 움직이고 있고 인간들은 숙명적으로 창조주를 대면해야 하므로, 전도하는 일과 하나님의 말씀 사역은 분명히 대단한 의미가 있다. 베드로후서 3:12는 약간 모호한 구절이기도 하고 그 내용을 우리가 다 아는 것이 우리 능력 밖인 것이 분명하지만, 그럼에도 전도하는 일과 교회의 세계 선교를 통해 우리가 주님의 재림을 "앞당기는" 데 일조할 수 있음을 암시한다. 이같이 그리스도인의 소망을 처음으로 적용한 "지상(至上)" 사역은 더 이상 설명할 필요가 없을 정도로 너무나 분명하다. 그러나 그리스도인의 소망과 사회 정의 및 긍휼 사업과의 연관성은 그보다 덜 분명하다. 영국의 가장 유명한 그리스도인 개혁가 중 하나인 샤프츠베리 백작(Earl of Shaftesbury)은 "지난 40년간, 의식이 깨어 있는 단 한 시간도 주님이 재림하시리라는 생각에 영향받지 않고 산 순간이 없는 것 같다"고 썼다. 이 땅에 가장 요긴했던 사람들일수록 천국을 가장 많이 생각한 사람들이라는 말은 그대로 사실이다. 기독교가 세상에 어떤 도움도 되지 않았다고 무지하게 주장하는 사람들에게는 첫 3세기의 그리스도인들을 보여주면 된다. 그들은 주님이 다시 오시기를 간절히 기다리면서도 눈부신 사회참여의 기록을 남겼다. 버려진 아기들과 낙태된 아기들을 구해 냈고, 역병이 돌 때면 큰 위험을 무릅쓰고 시신들을 묻어 주었고, 죄수들과 파선당한 사람들을 뒷바라지했고, 여자들의 위상과 존엄성을 찾아 주는 데 앞장섰다.

그보다 더 불분명한 것은, 그리스도인의 소망의 면면과 일상의 평범한 일—집안 청소, 자동차 판매, 교사로 가르치는 일, 세금 징수, 주택 건축, 국가 통치—의 연관성이다. 분명 바울은 데살로니가에서 이 문제에 부딪쳤다. 그곳의 일부 신자들은 시간이 다되었고 세상 일이 모두 무가치하다는 확신으로 일을 완전히 놓고 다른 사람들한테 빌붙어 지냈다. 바로 그 정황에서 바울은 "누구든지 일하기 싫어하거든 먹지도 말게 하라"(살후 3:10)고 말했다. 가능한 한 자기 생활을 스스로 책임지는 것이 그리스도인의 사랑인 까닭도 있지만, 또한 평범한 일도 예수를 위해 하면 절대 헛되지 않다는 사실이(고전 15:58) 그가 제시한 이유다. 인간은 하나님의 세상을 다스리고(창 28-30) 세상을 관리하도록(2:5) 지음 받았다. 아담과 하와는 피조세계의 제사장이었다. 그 피조세계가 어느 날 변화될 것이다. 경위는 다 알 수 없지만, 우리가 이 세상 삶에 기여한 것들도 믿음과 소망과 사랑으로 했다면(고전 13:13; 살전 1:3) 세상보다 오래 남을 것이며 새 땅에까지도 들어갈 수 있다. 반면에 소위 많은 기독교 활동들은 그날에 풀과 짚과 함께 타서 연기로 사라질 수도 있다(고전 3:10-15). 그러므로 역사의 수고와 피조물의 신음이 복된 종말을 맞는 날, 가장 평범한 활동들도 의미를 입는다.

셋째, 그리스도인의 소망은 **그리스도인 삶의 은유와 상징을 살아내도록** 우리를 부른다. "상징"(symbol)이라는 말은 '던지다, 합하다'는 뜻의 헬라어 단어에서 왔다. 반대로 "마귀"라는 말에는 '찢는다'는 의미가 있다. 성경에서 가장 상징적인 책 중 하나는 분명 마지막 책이다. 요한은 상징을 사용하여 독자들을 다른 차원ㅡ영적인 하나님의 차원ㅡ의 이해와 의미로 이어 주려 한다. 그는 하나님 나라 의식(意識), 곧 전투에 지고 있는 것 같아 보일 때에도 이 세상에서 승리의 삶을 살도록 우리에게 능력을 주는 또 다른 세계관을 심어 준다. 요한은 상징을 이용하여 그 일을 한다. 어린양, 용, 음녀, 바벨론, 잉태한 여자, 증인, 순교자는 다 정교회 성상들의 상징적 언어와 같다. 성상의 상징에 관하여 존 배글리(John

Baggley)는 이렇게 말한다. "성상은 단순히 성경의 주제나 이야기에 대한 삽화가 아니다. 성상은 그런 주제나 사건 그리고 그것이 인간 영혼에 미치는 의미에 대한 오랜 묵상의 전통을 구체적으로 표현한 것이다."[6] 비슷하게, 요한계시록도 구약의 수많은 상징적 개념·단어·장소·사람을 예수의 초림과 재림에 비추어 묵상한 영감의 산물이다. 존 스위트(John Swete)는 말하기를, 요한계시록은 "유대교 유산 전체를 기독교적으로 다시 읽는 것"이라고 했다.[7] 그러나 구약의 은유적 해석에 대한 요한의 관심은 지식적인 것이 아니라 목회적인 것이다.

이 목회적 관심은, 계시록에서 요한이 선택한 영적 삶의 중심 은유인 순교자에 특히 잘 나타난다. 처음 석 장을 지나서, 연속되는 환상 속에 등장하는 그리스도인들은 모두 다 순교자다. "증거"(*martyr*)라는 헬라어 단어가 두번째 의미를 입는다. 즉 그리스도인은 단순히 예수 안에서 다른 생명을 얻기 위해 생명을 버리는 자다. 직접적 박해나 간접적 유혹 앞에서 조금씩 서서히 죽어가든, 단번의 과격 행위로 죽든 그것은 상관없다. 이 은유를 살아내려는 시도는 간단히 말해 다음과 같다. 즉 우리는 예수와 함께 이기거나 아니면 붉은 용·짐승·음녀·바벨론한테 지거나 둘 중 하나다. 특별한 성인들이 이기는 것이 아니라 그저 그리스도인들이 이긴다. 요한의 묵시적 접근은 명목상의 신앙을 변화의 용광로에 녹여 버린다. 그렇다면 우리는 순교자의 은유를 어떻게 살아낼 수 있을까?

어느 켈트 자료—7세기의 아일랜드 설교—에 보면, 순교가 초대 그리스도인들의 평소 신앙관이었다는 개념과 더불어, 박해는 적지만 유혹이 많은 사회에서 가능한 몇 가지 방안이 나온다. 적색 순교는 예수를 위해 죽는 것이다. 녹색 순교는 신자가 금식과 노동을 통하여 자신의 악한 욕망을 피해 회개의 삶을 사는 것이다. 백색 순교는 자신이 사랑하는 모든 것을 하나님을 위해 버리는 것이다.[8] 유진 피터슨은 요한이 우리에게 기도하는 상상력을 길러주어 충분히 보게 함으로써, 적색이든 녹색이든 백색이든 순교자의 은유를 살아내도록 도와준다고 말한다. "요한계시록이 전도 사역에 기여하는 것은 신앙의 논리적 변증 방법을 보여주는 교육이 아니라, '견고하며 흔들리지 말며 항상 주의 일에 더욱 힘쓰게'(고전 15:58) 하는 이미지들을 가지고 우리 심령을 강하게 해주는 상상력이다. 전도에 교육도 중요하지만 전도가 총력전 속에서 이루어지려면 용기가 절대 필요하다."[9]

넷째, 그리스도인의 소망은 복잡한 세상살이 속에서 하나님을 예배하도록 우리를 부른다. 하나님은 순교 후보자들을 불러 천국을 보여주시며(계 4:1) 하나님의 영광에 감동한 하늘 생물들의 동심원에 끼게 하신다. 종말의 드라마를 대면하기 전에 창조주이자 구원자이신 하나님께 예배부터 드리게 하신 것이다. 마지막 두 장에서, 그리스도께서 만물을 새롭게 하시자 요한 앞에 끝없는 예배의 경관이 펼쳐지는데, 거기서 지고의 특권은 하나님의 얼굴을 보는 것이다(22:4). 하나님은 아름답다. 그래서 예배는 요한계시록의 지배적 분위기다. 각 장은 우리를 교만하고 거짓된 황제숭배 쪽이 아니라 하나님 쪽으로 데려간다. 목회자로서 요한이 성도들에게 하는 일은 계속해서 하나님과 교제하게 하는 것이거니와, 거기에 예배만큼 좋은 것은 없다.

사실 요한계시록에 나오는 사람들은 모두가 예배한다. 하나님을 예배하지 않는 한 우리는 "누가 이 짐승과 같으냐"라는 거짓 찬송을 부르며 지옥행을 선택하는 자들과 한패가 되어, 부득불 악의 삼위일체, 곧 짐승과 음녀와 거짓 예언자를 숭배하게 되어 있다. 요한에 따르면, 예배하지 않는다는 것은 불가능한 일이다. 요한의 교인들에게 있어 이 선택의 배후에는 황제숭배가 있다. 아시아의 일곱 교회가 세워진 각 도시마다 황제를 숭배하는 신전이 있었다. 그리스도를 예배할 것인가 가이사를 숭배할 것인가는, 곧 어린양을 택할 것인가 음녀를 택할 것인가의 문제다.

우상숭배와 배교의 유혹 앞에서 우리는 하나님을 예배해야 한다(22:9). 예배하기에 최적의 시간과 장소는 여가 시간만이 아니라 삶의 한복판이다. 유진 피터슨은 일상생활의 도전에 부딪침에 있어 예배의 결정적 역할을 이렇게 요약한다.

> 예배하지 않을 때 우리는, 경련과 반사작용의 삶으로 전락하여 모든 광고, 모든 유혹, 모든 사이렌에 놀아난다. 예배가 없으면 우리는 조종하며 살고 조종당하며 산다. 무서운 공포 속에 살거나 망상의 무기력 속에 산다. 그리하여 우리는 유령에 놀라고 위약(僞藥)으로 진정된다.[10]

끝으로, **우리는 하나님 나라 의식을 품고 살아가게 된다.** 이미 보았듯이, 절망의 증거들은 예수를 믿지 않는 사람들에게만 국한되지 않는다. 그리스도인들 중에도 세상에 대한 근시안적 절망과 원시안적 절망이 둘 다 있고(즉각적인 구조를 구하는 기도와 더불어), 아울러 이생에서 최대한 많은 것을 짜내려는 딱한 욕구가 있다(마치 다른 생과 다른 세계는 없다는 듯). 요한은 다른 길을 내놓는다.

요한계시록은 열린 천국을 보며 살도록 우리를 부른다. 천국을 "보면" 땅의 실상이 보인다. 하나님 나라 의식은 그것을 다르게 표현한 말이다. 즉 우리는 "여기"와 "아직 완성되지 않았지만 오고 있는"의 예수의 나라 사이의 긴장 속에서 소망 중에 살아간다. 오늘날 서구 기독교에는 이런 천국 의식이 눈에 띄게 부족하다. 하나님 나라 의식은 잘못된 메시아 신앙(우리의 일과 사회참여와 사역과 구제의 수고로 사회가 구원될 것이라는)과 잘못된 비관주의(이 세상에서 우리가 하는 일 중 성공한 "종교적인" 일만이 의미 있다는)에서 우리를 건져 준다. 모든 명상가들처럼, 이 소망으로 살아가는 그리스도인들도 주변의 세상 사람들 눈에는 약간 이상해 보일 수 있다.

이렇듯 우리에게는 영광스런 소망이 있다. 우리는 그리스도를 대면하여 볼 것이다. 영원히 그분과 함께 살 것이다. 예수를 중심에 모시고 새로워진 만물에 참예할 것이다. 완벽한 환경 속에서 하나님 백성의 궁극적 공동체 안에 살아갈 것이다. 영육 간에 그분의 형상으로 변화될 것이다. "사랑하는 자들아, 우리가 지금은 하나님의 자녀라. 장래에 어떻게 될 것은 아직 나타나지 아니하였으나 그가 나타내심이 되면 우리가 그와 같을 줄을 아는 것은 그의 계신 그대로 볼 것을 인함이니"(요일 3:2).

그래서 우리는 "주 예수여, 오시옵소서"(계 22:20)라고 기도한다. 그러나 삶의 의무와 기쁨과 실망의 한복판에서 드리는 이 기도는, 이생에서 피난시켜 달라는 요청이 아니다. 오히려 그것은, 그분이 다시 오셔서 우리를 더 좋은 세상으로 데려가실 때까지 이 세상에서 그분을 위해 살고, 일할 기회가 있는 동안 그리스도께 죽도록 충성하겠다는 헌신이다.

13

사랑의 사신들

초대 그리스도인들의 영성을 보면 다른 모든 것들보다 두드러진 특성이 하나 있다. 그들은 사랑의 사신이었다. 사랑은 하나님 자신의 생명이다. 성 삼위일체는 사랑 안에서 끊임없이 자신을 내어주는 관계다. 그리고 바로 그 사랑이 하나님께서 만드신 세상과 그 안에 있는 모든 사람에게 넘쳐흘렀다.

이런 사랑 저런 사랑

오용이 잦은 사랑이란 단어에는 많은 뉘앙스가 담겨 있다. 헬라어에 그런 뉘앙스가 풍부하다. 고대 세계는 '스토르게'(storge) 곧 가족애를 잘 알았다. 이는 부모와 자식, 집안의 형제자매를 하나로 묶어 주는 사랑이다. 그들은 또 '필리아'(*philia*)에 깊이 헌신되어 있었는데, 이는 친구들을 묶어 주는 끈이다. '에로스'(*eros*) 곧 성적인 사랑을 찬미하는 것은 그들의 전문이었다. 그러나 초대 그리스도인들은 이 단어들 중 어떤 것으로도 하나님의 사랑을 기술하는 데 성이 차지 않았다. 대신 그들은 아주 보기 드문 단어를 사용했다. 그전까지만 해도 매우 드물게 사용되던 단어 '아가페'(*agape*)였다. 그들은 그 단어에 심오하고 가장 비범한 의미를 가득 담았다. 다른 모든 종류의 사랑은 사랑하는 대상―그것이 혈연관계이든 연인이든 친구이든―에 대한 주관적 가치로 결정된다. 우리가 그들을 사랑함은, 어떤 식으로든 그들에게 자격이 있다고 느끼기 때문이다. 신약성경에 하나님의 사랑을 가리켜 사용된 '아가페'라는 단어는 그와 완전히 다르다. 그분의 사랑은 받는 자 쪽의 가치에서 비롯되는 것이 아니라, 크신 사랑이신 그분 자신의 후한 마음에서 나온다.

하나님의 사랑

바로 이것이 성경에서 가장 유명한 구절인 요한복음 3:16에 나오는 사랑이다. 하나님은 세상을 좋아하신 것도 아니고 세상을 매력 있게 보신 것도 아니다. 다만 그분은 세상을 사랑하셨고, 세상을 위해 최고의 희생을 감수할 마음이 있었다. 바로 그 사랑이 육신을 입고 드러난 것이 예수의 삶이다. 그분의 모든 행위와 말씀 안에 그 사랑이 있다. 예수는 하나님의 '아가페토스'(*agapetos*) 곧 사랑의 아들이며, 그분의 생활방식의 특징은 아가페다. 그러므로 당연히 그분은 제자들에게 명하셨다. "새 계명을 너희에게 주노니 서로 사랑하라. 내가 너희를 사랑한 것 같이 너희도 사랑하라. 너희가 서로 사랑하면 이로써 모든 사람이 너희가 내 제자인 줄 알리라"(요13:34-35). 번번이 메아리치는 명령이다. "내가 이것을 너희에게 명함은 너희로 서로 사랑하게 하려 함이로라"(요 15:17). 물론 어떤 의미에서 그것은 구약 율법을 그분 자신의 방식으로 요약·강조하신 말씀이다. "네 마음을 다하고 목숨을 다하고 뜻을 다하여 주 너의 하나님을 사랑하라 하셨으니 이것이 크고 첫째 되는 계명이요 둘째는 그와 같으니 네 이웃을 네 몸과 같이 사랑하라 하셨으니 이 두 계명이 온 율법과 선지자의 강령이니라"(마 22:37-40). 그러나 예수의 가르침에 불을 지른 것은 단순히 인간의 그 같은 이중 의무가 아니었다. 하나님은 사랑이시다. "사랑하는 자들아, 우리가 서로 사랑하자. 사랑은 하나님께 속한 것이니 사랑하는 자마다 하나님께로 나서 하나님을 알고 사랑하지 아니하는 자는 하나님을 알지 못하나니 이는 하나님은 사랑이심이라"(요일 4:7-8). 이것이 핵심이다. 하나님은 사랑이시며, 만일 우리도 그 사랑을 닮으면 그분의 자녀 된 신분을 드러내는 것이다. 그러나 만일 사랑하지 않으면 그 또한 우리의 신분을 드러낸다. 그것은 우리의 항변에도 불구하고, 자신이 예배한다는 하나님을 우리가 전혀 모른다는 증거다.

사랑은 기독교 제자도의 열쇠다. 사랑은 또한 제자도의 척도다. 이런 사랑에는 큰 요건이 뒤따른다. 그것은 "의로운 자와 불의한 자에게" 지극히 공평하게 내리는 비처럼 차별이 없다(마 5:45-46). 비가 오고 안 오고를 결정하는 것은 받는 자 쪽의 조건이 전혀 아니다. 우리 사랑도 그러해야 한다. 그리스도인들이 이렇게 사랑하면 사람들이 자세를 고쳐 앉고 주목한다. 그것은 너무나 보기 힘든 사랑이다. 너무나 딴 세상 같다. 그래서 테레사 수녀는 물질주의적·이기적인 현대 세계에 그토록 강력한 영향을 미친 것이다. 비록 그렇게 사랑하지 못하는 우리이지만, 그래도 그것이 눈앞에 보이면 우리는 그것이 "정품"임을 안다. 그것이 하나님한테서 온 사랑임을 안다.

복음서의 사랑

그래서 예수는 제자들에게 이웃을 제 몸 같이 사랑하고 원수까지도 사랑하라고 가르치셨다(눅 6:27). 그리고 친히 그렇게 사셨다. 그분은 자신이 설교하신 대로 완벽하게 실천하셨다. 여자들, 거지들, 문둥병자들, 세리들, 종교 지도자들, 창녀들, 부자 청년, 사마리아 사람들, 유다, 그리고 그분을 십자가에 못 박은 사람들에게 그분의 사랑은 언제나 흘러가고 있었다. 일찍이 이런 사랑이 있었을까? 절대 없었다. 하나님이 어떤 분인지 예수를 통해 유감없이 표현된다. 하나님은 탕자를 사랑하시는 아버지다. 그분은 노숙자들을 사랑하여 잔치를 베푸시는 부자다. 그분은 자신을 이해할 줄 모르는 제자들을 사랑하신다. 자신을 부인하는 제자의 수장을 사랑하신다. 베드로의 실족 후 그분이 그에게 알고자 하신 모든 것이, 세 번이나 되물으신 그 질문에 농축되어 있다. "네가 나를 사랑하느냐……네가 나를 사랑하느냐……네가 나를 사랑하느냐?" 사랑은 기독교 제자도의 시금석이다. 제자의 길도 주인께서 걸으신 길과 똑같다. 그분이 우리를 사랑하신 것처럼 우리도 서로 사랑해야 한다. 요한복음에만 이 아가페라는 단어가 34번이나 강조된다. 사랑은 기독교의 꽃이다.

사도행전의 사랑

이상하게도, 사도행전에는 그 단어가 나오지 않는다. 그러나 사랑의 가장 놀라운 예들이 이 박진감 넘치는 책 속에서 우리 앞에 펼쳐진다. 집과 소유를 공유하고 재산을 팔아 나온 돈을 나눠 쓰며 서로 큰 힘이 되어 준 그 사랑을 생각해 보라(2:43-47, 4:32-37). 예수를 통하여 하나님과 화목케 된 유대인과 이방인들이 함께 나눈 식탁의 교제를 생각해 보라. 바울이 친구들에게 작별을 고하는 장면에서 책장 밖으로 터져나오는 그 사랑을 생각해 보라(20:36-38, 21:5 등). 사랑은 천국의 언어다. 사랑은 지울 수 없는 도장처럼 천국 시민들의 표지다. 사랑은 궁극적 소속을 드러내는 배지다. 사랑은 참된 기독교 영성의 정수다.

요한일서의 사랑

사랑은 우리를 바로 하나님의 심장으로 데려간다. 아무리 부족하고 비뚤어졌어도 인간의 모든 사랑은 희미하게나마 하나님의 사랑이 반사된 것이다. 하나님 성품의 특징인 그 사랑이 있기에 세상은 지금도 돌아가고 있다. 요한일서에 그것이 아주 분명히 나타난다. 사랑은 인격적이다(4:8). 사랑은 엄중하다(5:3). 사랑은 후하다(3:1). 사랑은 희생적이다(4:10). 사랑은 심판 날이 지나도록 계속된다(4:17-18). 사랑은 다른 모든 헌신들에 대해 배타적이다(2:15 이하). 사랑은 크신 사랑이신 그분께 대한(4:19-20), 그리고 그분 사랑의 대상인 모든 사람 하나하나에 대한(3:16 이하) 반응을 요구한다. 말할 것도 없이 사랑은 단지 말의 문제가 아니라 대가를 치르고 희생적으로 자기를 내어주는 것이다(3:16-18). 노년의 요한에 대해 감동적인 사연이 전해지는 것은 당연하다. 그는 사랑에 대한 자기 주님의 가르침을 깊이 이해했던 것이다. 히에로니무스(Hyeronymus)에 따르면, 어느 그리스도인 집회에서 노년의 요한을 모시고 메시지를 부탁했다. 그는 "자녀들아, 서로 사랑하라"고 말했다. 그들이 좀더 말해 달라고 부탁하자 그는 "자녀들아, 서로 사랑하라"고 되풀이했다. 그들이 그에게 주제를 바꾸지 않는 이유를 묻자, 그는 "그것이 주님의 계명이기 때문이다. 그것만 하면 충분하다"고 대답했다.[1] 여기 우리는 하나님의 사랑에 속속들이 배어든 사람을 본다. 오죽 그랬으면 극히 연로한 나이에 그에게서 비췬 광채가 사랑뿐이었을까.

베드로 서신의 사랑

베드로 서신을 보아도 핵심은 똑같이 사랑이다. 그는 그리스도인 가정의 형제자매들에게 서로 사랑의 입맞춤으로 문안하라고 당부한다(벧전 5:14). 그는 그들에게 사랑은 허다한 죄를 덮으니 피차 깊은 사랑을 베풀라고 권한다(벧전 4:8). 사실 베드로후서 1:7에 아주 확실하게 나오는 것처럼, 사랑은 모든 덕의 면류관이다. 그러한 형제 사랑에는 엄청난 매력과 진실이 있다(벧전 1:22, 2:17). 그 모두는 보이지 않는 예수, 먼저 우리를 사랑하신 예수를 사랑하는 것에서 비롯된다(벧전 1:8).

야고보서의 사랑

야고보는 율법과 사랑 사이의 긴장을 말한다. 그는 "네 이웃 사랑하기를 네 몸과 같이 하라"는 명령을 최고의 법, 하나님 나라의 법이라 부른다(2:8). 사실 율법과 사랑은 적이 아니라 친구다. 둘의 출처는 똑같이 하나님이다. 사랑이신 그분이 법을 지킬 시민들을 위해 법치 세상을 지으셨다. 사랑 없는 법은 율법주의가 된다. 예수는 인간들을 거기서 해방시키려고 오셨다. 반면에 법 없는 사랑은 물러져 감상적이 된다(그나마 방종으로 빠지지 않는다면). 예수는 우리를 거기서도 해방시키려고 오셨다. 그러나 그 정도가 아니다. 사랑 자체가 곧 법이다. "내가 이것을 너희에게 명함은 너희로 서로 사랑하게 하려 함이로라"(요 15:17). 또 "너희도 내 계명을 지키면 내 사랑 안에 거하리라"(요 15:10). "너희가 나를 사랑하면 나의 계명을 지키리라"(요 14:15). 유대인들은 613가지 계명을 지키려 했다. 예수는 딱 하나만 주셨다. "새 계명을 너희에게 주노니 서로 사랑하라. 내가 너희를 사랑한 것 같이 너희도 사랑하라. 너희가 서로 사랑하면 이로써 모든 사람이 너희가 내 제자인 줄 알리라"(요 13:34-35). 우리가 이 계명 하나만 지킨다면, 교회들이 내놓는 부수적 규칙과 규정들은 대부분 전혀 불필요할 것이다.

히브리서의 사랑

히브리서는 사랑에 대해 할 말이 많다. 특히 13장에 그렇다. 서신 말미에서 기자는, 그리스도인의 3대 덕목인 믿음(11장), 소망(12장), 사랑(13장)에 집중하기 원하는 것 같다. 이 사랑은 커다란 도전이다. 우선 사랑의 대상이 구체적으로 그리스도인 형제들이다(종종 그들은 세상에서 가장 대하기 쉬운 사람들이 아니다!). 또 이것은 나그네를 영접하여 대접하는 사랑이다. 그리스도인의 결혼을 깊이 특징짓는, 따뜻하고 순결한 사랑이다. 있는 바를 족한 줄로 알고 재산을 나눠 쓰는 사랑이다(13:1-5). 히브리서 13장에는 교회 지도자들에 대한 순종, 소식과 기도의 교환 등 그리스도인의 사랑에서 비롯되는 것들이 그밖에도 아주 많다. 그러나 위의 내용만 보아도 융단에 수놓은 은실처럼 초대 그리스도인들의 영성을 관통하고 있는 사랑을 볼 수 있다.

바울 서신의 사랑

사랑의 중심성과 위력을 바울보다 더 확실히 말한 사람은 초대 교회에 없다. 사랑은 그의 거의 모든 서신에서 중심 위치를 차지한다.

예컨대 데살로니가에 보낸 그의 서신들을 보라. 그는 그들의 사랑에서 나온 수고를 기억하며 기뻐한다(살전 1:3). 그는 그들의 믿음과 사랑이 열매를 맺고 있다는 소식을 듣고 기뻐한다(3:6). 그는 그들 서로 간에 사랑이 더욱 넘치기를 원한다(3:12). 그러려면 흉배처럼 날마다 사랑을 입어야 한다(5:8, 이 초자연적 아가페는 우리의 타고난 천성의 일부가 아니기 때문이다). 그들은 그리스도인 지도자들을 그 사랑으로 대하며 격려해야 한다. 그들이 자기들을 그토록 사랑하신 주님께 삶을 드린 뒤로, 분명히 사랑은 본래 싸우기 좋아하던 이 헬라 도시의 두드러진 특징이 되었다. 그래서 당연히 바울은 "너희가 다 각기 서로 사랑함이 풍성한" 모습을 확신에 차서 기대한다(살후 1:3).

바울의 초기 서신에서 사랑의 강조를 볼 수 있었다면 후기 서신에는 더욱 분명하다. 에베소서의 예를 보자. 그는 하나님이 그들을 사랑 안에서 그분 앞에 흠이 없게 하시려고 택하셨다는—그것도 창세 전에—말로 그들을 놀라게 한다(1:4). 그는 그들의 믿음과 사랑에 대한 희소식을 듣고 기뻐한다(1:15). 그는 이기적인 반역자들인 우리에게 하나님이 큰 사랑을 부으셔서 예수로 말미암아 새 생명을 주신 데 감격한다(2:4-5). 기도할 때 그는 그리스도께서 그들 마음에 "거하시어" 그들이 "사랑 가운데서 뿌리가 박히고 터가 굳어질" 것을 위해 하나님께 간구한다(3:17). 그는 표현할 수 없는 그리스도의 사랑을 그들이 경험하기 원한다(3:19). 그리스도인의 삶은 쉽지 않다. 어느 누구와 다를 바 없이 우리들 사이에도 인간적 마찰이 자주 발생한다. 그래서 그는 그들에게 사랑으로 서로 용납할 것과(4:2), 뒷부분에 가서는, 사랑 안에서 진실을 말할 것을(또는 헬라어로 사랑 안에서 "정직하게 행하다"로 번역될 수도 있다) 권한다. 사랑이 없으면 기독교 공동체는 단합할 수 없다. 그는 공동체가 "그 몸을 자라게 하며 사랑 안에서 스스로 세움"으로써(4:16) 주께서 뜻하신 그리스도의 몸으로 연합하고 성장하기를 사모한다. 끝으로 그는, 그들에게 "사랑을 입은 자녀같이" 의식적으로 "하나님을 본받는 자가 되라"

고, "그리스도께서 너희를 사랑하시고……우리를 위하여 자신을 버리신" 것 같이(5:2) 매일의 삶을 사랑 안에서 살라고 당부한다. 이것은 그들의 힘으로는 절대 할 수 없는 일이다. 그러므로 바울은 그 사실에 대한 분명한 인식으로 편지를 맺으면서, 그들의 사랑이 채워질 수 있는 근원을 지적한다. "하나님 아버지와 주 예수 그리스도에게로부터 평안과 믿음을 겸한 사랑이 형제들에게 있을지어다. 우리 주 예수 그리스도를 변함없이 사랑하는 모든 자에게 은혜가 있을지어다"(6:23-24).

인간적으로 보아 깐깐하고 교만하던 운동가 바울이 하나님의 사랑에 푹 젖은 것이 아주 분명하며, 그래서 그는 사랑이 모든 그리스도인의 특징이 되기를 사모한다. 초기와 후기의 두 서신에서 본 것 같이, 이는 그의 모든 서신의 중심 주제다. 그러나 그 무엇보다도 그가 이 주제를 가장 깊이 파고들어간 곳은 유명한 사랑의 찬송인 고린도전서 13장이다.

사랑의 찬송(고린도전서 13장)

어떤 설명도 이 신기한 장을 망쳐 놓을 위험이 있지만, 몇 가지 적절한 질문으로 내용에 대한 우리의 지나친 친숙성을 깨뜨려 보자.

하나님의 임재의 표징은 무엇인가?
이것은 우리 시대와 마찬가지로 바울 시대에도 당면 문제였다. 히브리인들도 헬라인들도 여기에 대해 의견이 갈리기는 마찬가지였다.

한편에는, 하나님이 초이성적 차원에서 그분의 손길을 보이신다고 주장한 사람들이 많았다. 성령의 역사하심을 보려면 바로 그쪽을 보아야 한다. 구약에서 광인처럼 춤춘 사울이나 블레셋 사람들을 쳐부순 삼손을 생각할 수 있다. 헬라인들 중에는 플라톤처럼 이성적인 사상가도 "최고의 축복들은 바로 '마니아'(*mania*, 영감으로 인한 황홀경)를 통해 우리에게 왔다"[2]고 역설했고, 델포이 신전의 여예언자는 고대 사회에 큰 영향을 끼친 신탁들을 발하기에 앞서 신이 내려 차츰 광포해졌다. 디오니소스 숭배, 퀴벨레(Cybele, 대지의 여신-옮긴이) 숭배를 비롯한 많은 이교 집단들이 초이성적 차원의 신적 영감을 구했다.

다른 한편으로, 합리성이야말로 인간 안에 신이 와 있다는 최고의 표라고 역설한 사람들도 많다. 소크라테스는 헬라 세계에서 그 두드러진 예였고, 구약에는 논리의 부재가 아닌 지적인 방법으로 자신을 계시하시는 하나님이 매우 강조된다.

그러나 만일 바울에게 우리가 주님의 임재를 어떻게 식별하느냐고 묻는다면, 그는 그것이 철학자들처럼 합리적인 것에 있지도 않고—고린도 교인들은 때로 바울을 철학자로 잘못 생각했다—그렇다고 하나님이 주로 카리스마가 있는 은사들을 통해 자신을 계시하셨다고 확신한 고린도 교인들처럼 초이성적인 것에 있지도 않다고 말할 수밖에 없다. 하나님이 가장 분명히 보이는 곳은 사랑 안이다. 사랑은 우리를 그분의 심장으로 데려간다.

사랑은 얼마나 중요한가?

바울이 고린도전서 12-14장에 다룬 은사들의 사용에 있어 사랑은 절대 빠질 수 없는 한 가지 요소이다.

방언하는 사람도 사랑 없이는 소용없다(13:1). 고린도 교회에 방언은 흔했다. 일부 사람들은 이 은사를 가지고 다른 사람들을 기죽게 하거나 자신의 그럴듯한 신앙을 과시한 것 같다. 은사를 이런 식으로 뽐내는 것은 끔찍한 일이다. 그럴 때 방언은 천국의 언어처럼 들리는 것이 아니라 퀴벨레 숭배 집단에서 접할 수 있는 소리 나는 구리와 울리는 꽹과리 소리처럼 들린다. 사랑 없는 방언은 재앙이다. 그것은 비인격적·비윤리적인 부분에 집중한다. 그리고 교만과 분열을 조장한다. 사랑 없이 방언을 주장하다가 많은 교회가 갈라졌고, 독단적으로 방언을 거부하다가 또한 그랬다.

지식 있는 사람도 사랑 없이는 소용없다(13:2). 모든 부류의 지식은 영적인 지식이든 깊은 심리적 통찰이든 순수한 공부든, 사랑 없으면 재앙이다. 하나님의 관심이, 우리가 얼마나 사랑하는가에 있지 않고 얼마나 아는가에 있다는 착각이 지식에서 생겨난다.

믿음의 사람도 사랑 없이는 소용없다(13:2). 믿음의 위대한 영웅들은 우리에게 엄청난 도전과 영감을 준다. 우리는 그들의 전기를 즐겨 읽는다. 그러나 전기작가들은 종종 그들의 가정생활에 벌어진 재앙을 빠뜨리고 말하지 않는다. 그들의 부인은 무시당하며 살았고, 아버지가 신앙의 무모한 모험으로 늘 집을 떠나 있는 바람에 자식들은 내팽개쳐졌다. 그런 자녀들은 대개 장성하여 기독교를 대적한다. 사랑이 없으면 믿음조차 아무런 가치가 없기 때문이다.

구제하는 사람도 사랑 없이는 소용없다(13:3). 백만장자는 대학에 연구직을 희사하거나 집 잃은 자들에게 안식처를 마련해 줄 수 있다. 그러나 사랑이 없다면 결국 남는 것이 무엇인가? 죽는 날 우리는, 많든 적든 재산을 다 두고 가야 한다. 오직 자신의 성품만 가지고 갈 수 있다. 성품을 빚는 것은 사랑이다.

순교자도 사랑 없이는 소용없다(13:3). 그는 최고의 희생—어쩌면

(원어를 'kauthesomai'로 읽는 것이 옳다면) 가장 고통스런 방법 중 하나인 화형—을 치를 수 있다. 'kauchesomai'로 읽어야 옳다면 뭔가 자랑할 만한 일을 갖추려 그렇게 한다는 뜻이 된다. 어느 쪽이든 사랑이 수반되지 않는 희생은 냉정한 금욕적 행위다. 사랑이 없으면 우리에게 아무 유익이 없다.

중요한 것은, 우리가 무엇을 알고 어떤 은사가 있고 얼마나 믿느냐가 아니다. 심지어 얼마나 행하는가도 아니다. 우리가 어떤 **사람인가** 하는 것이 중요하다. 그리고 하나님의 통화(通貨)에서 그것은 정확히 그분의 사랑을 닮은 만큼만 가치가 있다.

사랑은 어떤 모습으로 나타나는가?
우리 안에 계신 예수의 생명으로 나타난다. 고린도전서 13:4-7에서 바울은 고린도 교회의 너무도 분명한 결점들에 예수의 사랑을 넌지시 대비시킨다. 그들은 영적 지식과 체험의 "높은 길"을 다니고 있다고 떠들었지만, 예수는 그들을 "낮은 길", 종 되신 그분의 길, 사랑의 길로 부르셨다.

사랑은 오래 참는다(13:4). 고린도 교인들은 그렇지 못했다. 그들은 소송의 권리, 섹스의 만족, 은사의 선호에 있어 참을성이 없었다.

사랑은 온유하다(13:4). 원어로 마음이 너그럽다는 뜻이다. 고린도 교인들은 그렇지 않았다. 부자들이 성찬식 이전의 애찬에서 음식을 다 먹어, 일 끝나고 늦게 오는 가난한 종들은 먹을 것이 없었다.

사랑은 투기하지 않는다(13:4). 고린도에는 은사가 더 많은 친구들을 투기하는 사람들이 많았다.

사랑은 자랑하지 않는다(13:4). 고린도의 많은 교인들과 달리, 사랑은 나서지 않으며 자기를 감춘다.

사랑은 교만하지 않다(13:4). 많은 고린도 교인들은 자신의 영적 체험과 공적(功績)으로 명성을 누리며 교만하게 행동한 것 같다.

사랑은 수치의 연못에 낚시질하러 가지 않는다[3](13:5). 고린도 교인들과 달리, 사랑은 죄를 들추어내지 않고 덮어 준다.

사랑은 자기의 유익을 구하지 않는다(13:5). 예수는 사리사욕과 거리가 멀었건만, 고린도에 있는 그분 제자들의 삶은 그 모습을 닮지 않았다.

사랑은 성내지 않는다(13:5). 걸핏하면 성내고 신경질부리며 분열을 일삼는 고린도 교인들은 이 점에 있어 예수께 배울 것이 많았다. 사랑은 날카롭게 쏘는 말과 악의에 찬 비방을 버린다.

사랑은 악한 것을 생각지 않는다(13:5). 사랑은 실제이든 허구이든 남의 잘못을 곱씹지 않는다. 고린도에는 여러 소송과 간음의 와중에서 틀림없이 이런 일이 많았을 것이다.

사랑은 불의를 기뻐하지 않고 진리와 함께 기뻐한다(13:6). 고린도에 만연했던 야비한 험담과 교회 분열과는 정반대다.

사랑은 모든 것을 참는다(13:7). 외로움, 오해, 고통, 무시, 방해를 참는다. 그러나 고린도의 영적 쇼맨들은 그러지 못했다. 사랑은 사람들에 대해 최악의 내용이 아닌 최선의 내용을 믿는다(13:7). 악의에 찬 소문을 덥석덥석 믿은 고린도 교인들과는 다르다.

사랑은 지금 여기서 경험되는 것이다. 곧 사랑은 보지 못하는 것에 대한 소망의 확실한 장이다(13:7). 그러나 고린도에는 그런 모습이 거의 없었다. 그들은 현재의 사랑에 너무 약했기 때문에(13장) 미래의 소망에도 약했다(15장).

사랑은 무슨 일이 닥치든 냉소에 빠지지 않고 견딘다(13:7). 변덕스런 고린도에는 그런 끈기가 별로 없었다.

끝으로, 예수의 십자가 사랑처럼 사랑은 절대 포기하지 않는다(13:8). 사랑은 천국 자체의 삶으로 이어진다. 고린도의 사랑은 분명 무너졌다.

다음의 간단한 연습으로 바울이 강조하려는 대조가 아주 선명히 부각된다. "사랑" 대신 "나"를 대입하여 읽고 어떤가 보라.

> 나는 오래 참고 나는 온유하며 투기하는 자가 되지 아니하며 나는 자랑하지 아니하며 교만하지 아니하며 무례히 행치 아니하며 자기의 유익을 구치 아니하며 성내지 아니하며 악한 것을 생각지 아니하며 불의를 기뻐하지 아니하며 진리와 함께 기뻐하고 모든 것을 참으며 모든 것을 믿으며 모든 것을 바라며 모든 것을 견디느니라. 나는 언제까지든지 떨어지지 아니하나.

억지 같지 않은가? 전혀 사실과 다른 과장이다. 그러나 "사랑" 대신 "예수"를 대입하면 어떤가 보라.

> 예수는 오래 참고 예수는 온유하며 투기하는 자가 되지 아니하며 예수는 자랑하지 아니하며 교만하지 아니하며 무례히 행치 아니하며 자기의 유익을 구치 아니하며 성내지 아니하며 악한 것을 생각지 아니하며 불의를 기뻐하지 아니하며 진리와 함께 기뻐하고 모든 것을 참으며 모든 것을 믿으며 모든 것을 바라며 모든 것을 견디느니라. 예수는 언제까지든지 떨어지지 아니하나.

억지나 허풍으로 들리지 않는다. 그렇지 않은가? 있는 그대로의 단순한 사실이다. 바울이 고린도전서 13장에 그린 사랑의 그림 전체는 사실 예수의 초상화다. 그것이 독자들의 성품 속에 그대로 그려지는 것이 바울의 소원이다.

사랑은 얼마나 오래가는가?

아주 오래간다. 자신을 내어주는 사랑이 예수의 도(道)다. 이 땅의 우리 모든 은사와 재능이 다하는 날, 모든 예언이 성취되는 날, 방언이 천국 노래로 화하는 날, 주께서 아신 것 같이 우리도 온전히 알게 되는 날, 믿음이 눈에 보이는 바에 삼켜지는 날, 사랑하는 주님께 완전히 소유되어 소망이 이루어지는 날 그때도 사랑은 남는다. 구원받은 자들은 그때도 사랑으로 연합해 있을 것이다. 하나님과 형제들에게 기쁨으로 자신을 바치는 사랑의 표가 비록 이 땅을 순례할 때는 부족했어도 말이다. 사랑은 영원의 언어다.

존 웨슬리(John Wesley)의 「온전한 그리스도인」(*Plain Account of Christian Perfection*)에 사랑의 궁극성에 대한 놀라운 말이 나온다.

> 천국의 천국은 사랑이다. 그것을 확실히 알고 있으면 좋다. 종교에 사랑보다 높은 것은 없다. 사실 사랑밖에 아무것도 없다. 더 많은 사랑 외에 다른 것을 찾는다면 당신은 최고의 길을 벗어나 엉뚱한 것을 찾는 것이다. 더 많은 사랑 외의 다른 것을 생각하며 다른 사람들에게 "이런저런 축복을 받았느냐?"고 묻는다면 당신은 잘못 생각하는 것이다. 그들

로 하여금 곁길로 벗어나 엉뚱한 것을 좇게 하는 것이다. 고린도전서 13장에 나오는 사랑이 더 많아지는 것 외에는 아무것도 구하지 않기로 마음에 작정하라. 아브라함의 품에 안기는 그날까지 당신은 그 이상 더 올라갈 수 없다.[4]

사랑은 계속되었는가?

사랑이 최고라는 이 가르침을 극히 진지하게 대해야 함을 초대 그리스도인들은 아주 분명히 알았다. 신약 시대 이후로 우리에게까지 전해 내려온 가장 초기의 기독교 저작은 주후 90년대에 씌어진 「클레멘트 1서」(*I Clement*)이다. 여기서 로마 주교 클레멘트는 그리스도께서 명하셨고 바울이 편지에 썼던 사랑에 미치지 못한 고린도 교인들을 책망하고 있다. 그들은 분열을 일삼았고 지도자들을 내쫓았다. 클레멘트는 그 지도자들한테 배운 대로 실천할 것을 그들에게 당부하고 있다.

> 그리스도 안에서 사랑이 있는 자는 그리스도의 계명을 지켜야 한다. 하나님의 사랑의 띠를 누가 능히 말할 수 있으랴. 그 한없는 아름다움을 누가 족히 말하랴. 사랑이 우리를 들어 올리는 높이는 말로 표현이 안 된다. 사랑은 우리를 하나님께 연합시켜 준다. 사랑은 허다한 죄를 덮는다. 사랑은 모든 것을 견디며 모든 일에 오래 참는다. 사랑 안에는 천한 것도 없고 교만한 것도 없다. 사랑은 분열을 허용하지 않고, 사랑은 선동하지 않으며, 사랑은 모든 일을 화합 속에 한다. 모든 택함 받은 자들은 사랑으로 온전해졌다. 사랑이 없이는 아무것도 하나님을 기쁘시게 할 수 없다. 사랑 안에서 주님은 우리를 자신께로 취하셨다. 사랑으로 우리 주 예수 그리스도는 우리를 낳으셨고 하나님 뜻에 따라 우리를

위해 피 흘리셨다. 우리의 육신을 위해 그분의 육신을, 우리의 영혼을 위해 그분의 영혼을 주셨다…….

그러므로 우리는 인간의 모든 파벌주의와 책임 공방을 벗고 사랑 안에 흠 없이 살 수 있도록 그분의 긍휼을 간구하며 기도하자.[5]

이어 그는 그들에게 회개하고 분열을 바로잡으라고 도전한다.

그와 동시대의 이그나티우스(Ignatius)도 이 교훈을 똑같이 잘 배웠음을 보여준다. "삶의 시작은 믿음이고 삶의 끝은 사랑이다. 이 둘이 함께 나타나면 하나님이 역사하신 것이다. 선한 삶을 위한 다른 모든 요건들은 그 둘에 따라온다."[6] 의미심장하게 그는 "그의 열매로 그들을 알리라"는 예수의 말씀을 인용한 다음 "그러므로 그리스도께 속하였다 고백하는 자들도 그 행동으로 알리라"고 결론짓는다.[7] 정말 그랬다. 그리스도인 테르툴리아누스와 이교도 루시안(Lucian)이 그 점을 피차 확증해 준다. 그들은 둘 다 이교도들의 입에서 "이들 그리스도인들이 얼마나 서로 사랑하는지 보라"는 말을 자주 들었다. 그들의 사랑은 수많은 방식으로 나타났다. 테르툴리아누스는 그중 일부를 이렇게 기술한다. "우리의 헌금은 절대 연회나 주연(酒宴)이나 감사를 모르는 음식점에 쓰이지 않고 대신 가난한 사람들을 먹이고 묻어 주고, 부모도 없고 돈도 없는 소년소녀들을 보살피고, 거동이 불편해진 노인들을 봉양하고, 파선당한 자들이나 광부들이나 유배당한 자들이나 옥에 갇힌 자들을 돕는 데 쓰이고 있다."[8]

2-3세기 저작에는 그리스도인들의 각종 활동의 경이적 영향력을 보여주는 증거들이 어마어마하게 많거니와, 그들의 영성의 비밀은 사랑이었다. 종들을 형제로 대한 사랑, 과부와 고아들을 거둔 사랑, 노동조

합을 결성하여 힘없는 자들을 지원한 사랑, 광산에서 쇠약해져 가는 사람들과 죄수들을 보살핀 사랑, 자연재해를 당한 사람들에게 부어 준 사랑. 역사가 유세비우스(Eusebius)의 책에 좋은 예가 기록되어 있다. 처참한 역병이 돈 후였다.

> 그때 그리스도인들이 가장 밝은 빛이 되어 이교도들 앞에 나타났다. 그런 끔찍한 병 한복판에서 행동으로 공감과 겸손을 보인 사람들은 그들뿐이다. 날마다 그들은 죽은 자들을 거두어 묻어 주느라 바빴다(아무도 거들떠보지 않는 시체들이 많았던 것이다). 온 도시의 가난에 찌든 사람들을 한곳에 모아 놓고 모두에게 빵을 나누어 주는 이들도 있었다. 이것이 알려지자 사람들은 그리스도인들의 하나님께 영광을 돌렸고, 자기들 눈앞에 벌어지는 행동에 감복하여 그리스도인들만이 진정 경건한 자들이라고 고백했다.[9]

말하자면 얼마든지 많다. 그러나 요지는 분명하다. 그리스도인들은 영성의 척도가 사랑임을 알았다. 하나님에게서 비롯된 사랑, 그리하여 그들도 본받아 모든 곤경에 처한 이들에게 차별 없이 베풀어야 하는 사랑이었다. 사랑은 그들이 차고 다닌 배지였다. 그들은 사랑의 실천으로 판단받는 데 만족했다. 본서의 막바지에서 이 모두는 바울의 사랑의 찬송에 함축된 의미를 도출하는 마지막 질문을 불러일으킨다.

우리의 현주소는 어떤가?
우리 그리스도인들이 판단받을 기준은 은사나 지식이 아니라 사랑이다. 결과는 어떻게 나올까?

우리 교회들이 사랑의 기준으로 판단받으면 결과가 어떨까? 우리가 교회에서 하는 많은 일들은 사랑의 소명, 주변 사람들의 필요, 하나님 나라의 일과 전혀 무관하다. 우리는 우리의 소소한 내부 관심사, 교회의 헌법과 회의에 정신이 팔려 있다. 우리는 사랑의 왕의 특공대가 아니라 바깥 세상과 무관한 신자용 주일학교처럼 보일 것이다. 우리의 교회 언어와 내부 지향성 때문에 다른 사람들이 우리 안에 들어오기 어렵다. 우리가 비효율적이고 시대에 뒤지기 때문에 젊은이들이 소외된다. 우리의 분열과 싸움은 보는 자들을 역겹게 만든다. 우리의 배지가 사랑이라 말할 수 있을까? 하지만 사랑이 없으면 우리는 아무것도 아니다.

우리 개인들이 사랑의 기준으로 판단받으면 결과가 어떨까? 직장과 가정에서 그리고 파트너에 대한 우리의 태도. 사방의 아우성치는 필요들, 개인적 낙심, 실망시키는 사건에 대한 우리의 반응. 우리는 정말 주님을 얼마나 사랑하는 것일까? 답하기 어려운 질문이다. 사도 요한도 그것을 알고 우리에게 유익한 지표를 제시했다. "보는 바 그 형제를 사랑치 아니하는 자가 보지 못하는 바 하나님을 사랑할 수가 없느니라"(요일 4:20).

우리의 고난이 이 기준으로 판단받으면 결과가 어떨까? 고난 속에서도 하나님의 사랑으로 환한 빛을 발하는 사람들을 우리는 모두 본 적이 있다. 그들을 찾아가 만나는 것은 축복이다. 그들은 고난을 목에 걸 자랑스런 메달로 여긴다. 고난 속에서 우리의 반응은 어떤가? 집이나 직장에서 내 삶을 어렵게 만드는 자들에 대한 우리의 반응은 어떤가? 사랑은 하나님이 찾으시는 기준이다.

우리의 헌금이 사랑의 기준으로 판단받으면 결과가 어떨까? 우리가 쏟아내는 쓰레기, 다른 사람들이 굶주릴 때 우리가 즐기는 부—그것이 일어나 우리를 쳐서 증거할 것이다. 하나님의 일에 인색한 우리의 실제 헌금도 그럴 것이다.

우리의 긍휼이 이 기준으로 판단받으면 결과가 어떨까? 굶주린 자들, 창녀들, 에이즈 환자들, 알코올 중독자들을 섬기기로 유명한 교회가 적어도 서구에는 많지 않다. 우리는 선한 사마리아인의 사랑을 보이기보다 빙 돌아 피해 가기를 더 좋아한다. 하나님은 거기에 대해 정녕 우리를 판단하실 것이다.

우리의 전도가 같은 원리로 판단받으면 결과가 어떨까? 구주를 사랑한다고 고백하면서 다른 사람들에게 그분을 전하는 데는 별로 열정이 없다는 인상을 주는 교회들의 아예 전무한 전도. 전도의 시도는 있으나 그 시도가 잔뜩 불쾌감을 주고 무성의하며 대상자들의 상황과 동떨어져 있어 기쁜 소식보다는 차라리 마케팅으로 비치는 일부 교회들의 사랑 없는 전도. 전체적으로 우리가 사람들에게 복음을 말하지 않는 것은 사랑이 부족하여 그들에게 신경 쓰지 않기 때문이다. 전도를 하기는 하되 받아들이기 어려운 방법으로 하는 것도 우리가 사랑이 부족하여 더 좋은 방법을 배우지 않기 때문이다. 우리는 바울의 결론으로 돌아가지 않을 수 없다. "사랑이 없으면 내게 아무 유익이 없느니라."

죽음을 맞아 우리에게 들려올 질문이 "지금 네가 가진 것이 얼마이고 그간 베푼 것이 얼마이며 행한 일이 얼마인가?"가 아닐 때 우리의 결과는 어떨까? 우리가 답해야 할 한 가지 질문은 이것이다. "너는 얼마나 사랑하였는가?" 그것이 신약 영성의 핵이요 맥박이다. 그때 우리의 결과는 어떨 것인가?

주

머리말

1. 다음 기사에 인용된 말. Loren Wilkinson, "Stories, Your Story and God's Story," *Crux* 33, no. 3(1997년 9월): 30.
2. M. Robert Mulholland, *Shaped by the Word: The Power of Scripture in Spiritual Formation*(Nashville: The Upper Room, 1985), p. 21. 멀홀랜드는 웨슬리의 성경 읽기 방식을 그대로 본받아, 성경을 도구로 이용하는 한낱 기능적 입장을 버리고 하나님 뜻대로 행하려는 결연한 의지를 품고 심령으로 듣고 순종할 것을 강조한다.
3. Mulholland, *Shaped by the Word*, p. 33.
4. Eugene Peterson, "Biblical Spirituality" (미간행 강의, Regent College, Vancouver, B.C.).
5. Steven Harper, "Old Testament Spirituality," in Kenneth Collins 편집, *Exploring Christian Spirituality: An Ecumenical Reader*(Grand Rapids: Baker Books, 2000), p. 312.
6. Alexander Schmemann, *For the Life of the World: Sacraments and Orthodoxy*(Crestwood, N.Y.: St. Vladimir's Seminary Press, 1988), p. 15. (복 있는 사람, 출간 예정)
7. Kenneth Leech, *Experiencing God: Theology as Spirituality*(San Francisco: Harper & Row, 1985), p. 54.
8. 다음 글을 참조하라. Carl Armerding, "When the Spirit Came Mightily: The Spirituality of Israel's Charismatic Leaders," in James Packer and Loren Wilkinson 편집, *Alive to God: Studies in Spirituality*(Downers Grove, Ill.: InterVarsity Press, 1985), p. 17.
9. 다음 글을 참조하라. David Baker, "Piety in the Pentateuch," in Packer, Wilkinson 편집, *Alive to God*, p. 34 이하.
10. Dietrich Bonhoeffer, *Life Together*, John W. Doberstein 번역(New York: Harper & Row, 1954), p. 44. (「신도의 공동생활」 대한기독교서회)

11. John Calvin, in Ford Lewis Battles, *The Piety of John Calvin*(Grand Rapids: Baker Books, 1978), pp. 27-28. 다음 책에 인용된 글. Don Postema, *Space for God: The Study and Practice of Prayer and Spirituality*(Grand Rapids: Bible Way, 1983), pp. 114-115.
12. Dallas Willard, *The Divine Conspiracy: Rediscovering Our Hidden Life in God*(San Francisco: HarperSanFrancisco, 1998), p. xvii. (「하나님의 모략」복 있는 사람)
13. Thomas F. Torrance, *Trinitarian Perspective: Toward Doctrinal Agreement* (Edinburgh: T. & T. Clark, 1994), p. 1.
14. Waltke는 야곱의 씨름이 하나님을 앎에 관하여 우리에게 가르쳐 주는 교훈을 이렇게 정리한다. (1)그것은 모호할 수 있다. (2)그것으로 갈등이 걷히는 것은 아니다. (3)그것은 인간의 이해를 벗어난다. (4)하나님이 겸손히 인간에게 자신을 내어주신다. (5) "하나님과의 씨름을 그치고 그분께 매달리기 시작할 때, 그들은 그분이 자기들의 유익과 복을 위해 거기 계셨음을 깨닫게 된다." Bruce K. Waltke, *Genesis*(Grand Rapids: Zondervan, 2001), p. 448.

1. 아바의 예배자들

* 이번 장은 내 친구이자 이전 동료 교수인 캐논 데이빗 프라이어의 통찰에 힘입었다.
1. Felix Minucius, *Octavius*, 10. 이 말과 그 밖의 인용구들은 다음 책에서 왔다. *The Ante Nicene Fathers*, Roberts and Donaldson 편집(Grand Rapids: Eerdmans, 1985).
2. Eusebius, *History of the Church*, 3.31, H. J. Lawlor and J. E. L. Oulton 번역 (London: SPCK, 1928).
3. Joachim Jeremias, *The Central Message of the New Testament*(London: SCM Press, 1965), p. 10.

2. 예수의 제자들

1. Dallas Willard, *The Spirit of the Disciplines: Understanding How God Changes Lives*(New York: Harper & Row, 1988), p. xii. (「영성 훈련」은성)
2. John Calvin, *Institutes of the Christian Religion*, John T. McNeill 편집, Ford Lewis Battles 번역(Philadelphia: Westminster Press, 1960), 2:1063. (「기독교 강요」)

3. 다음 책에 풀어쓴 표현. Roland Bainton, *Here I Stand: A Life of Martin Luther*(Nashville: Abingdon, 1978), p. 156. (「마르틴 루터의 생애」 생명의 말씀사)
4. John Calvin, *Commentary on a Harmony of the Evangelists, Matthew, Mark, and Luke*, William Pringle 번역(Grand Rapids: Eerdmans, 1956), 1:244.
5. Dietrich Bonhoeffer, *The Cost of Discipleship*(London: SCM Press, 1959), p. 79. (「나를 따르라」 대한기독교서회)
6. Thomas à Kempis, *The Imitation of Christ*(London: J. M Dent & Sons, 1947), p. 1. (「그리스도를 본받아」)
7. David McLean, 미간행 원고, Montreal, PQ, 1962년 7월.
8. Thomas à Kempis, p. 85.
9. Dr. H. Waters의 미간행 설교에 인용된 내용, McMaster University, Hamilton, Ontario, 1959.
10. Bonhoeffer, *The Cost of Discipleship*, pp. 35-36.

3. 성령의 전

1. R. H. Charles 번역, *Apocrypha and Pseudepigrapha of the Old Testament*, vol. 2 (Oxford: Oxford University Press, 1913), 13:7.

4. 믿음의 순례자들

1. Ray S. Anderson, *The Shape of Practical Theology: Empowering Ministry with Theological Praxis* (Downers Grove, Ill.: InterVarsity Press, 2001), p. 11. 어떤 의미에서 모세는 최초의 공식 신학자인 반면(칼 바르트의 구분법을 빌자면) 아브라함과 이삭과 야곱은 하나님과의 실제적 만남에서 계시를 끌어낸 최초의 비공식 신학자들이다. 장 칼뱅이 공식 신학자이고 마르틴 루터가 비공식 신학자인 것과 같다.
2. 아브라함을 향한 하나님의 약속의 진전과 확장은 다음과 같다. 아브라함은 큰 민족을 이룰 것이다(12:2). 아브라함은 복을 받을 것이다(12:2). 지상 모든 족속이 그를 통해 복을 받을 것이다(12:3). 아브라함은 자기 씨로 큰 집을 이룰 것이다(15:4). 아브라함은 땅을 얻을 것이다(15:7).
3. E. F. Kevan, "Genesis," in F. Davidson 외 편집, *The New Bible Commentary* (London: Inter-Varsity Fellowship, 1961), p. 88.

4. 본문은 "여호와께서 아브라함에게 나타나시니라"(18:1)는 말로 시작된다. "여호와의 천사"라는 말이 명시적으로 언급되지는 않지만 대변자의 말투와 거동은 "정확히 '천사'의 그것이다. 다른 경우들에는 천사라고 명시된다. 10, 13, 14, 17-22절의 언어와 23-33절의 위대한 중보는 19:1에 사용된 '천사들'이라는 말과 한데 어우러져, 지금 우리가 '여호와의 천사'를 대하고 있다는 암시를 확증해준다.······이 천사는 삼위일체의 제2위로 볼 수도 있다." Kevan, "Genesis," p. 91.
5. Avivah Gottlieb Zornberg, *The Beginning of Desire: Reflections on Genesis* (New York: Doubleday, 1995), p. 113.
6. 대하 20:7; 약 2:23.
7. Alexander Whyte, *Bible Characters: Adam to Achan* (Edinburgh: Oliphants, Ltd., 연도 미상), p. 151.
8. Whyte, *Bible Characters*, p. 158.
9. Bar-Efrat는 히브리 내러티브의 극적 아이러니의 기능을 이렇게 설명한다. "극적 아이러니는 비판의 표현, 충격적 사건의 부각, 기구한 처지의 강조 등 그 기능이 다양하다.······극적 아이러니는, 해당 인물의 시각과는 달리, 만인이 정당한 상벌을 받는다는 시각의 도구로 쓰이기도 한다." Simon Bar-Efrat, "Narrative Art in the Bible," *Journal for the Study of the Old Testament*, Supplement Series 70, Bible and Literatures Series 17 (Sheffield: The Almond Press, 1989), p. 125.
10. Bruce K. Waltke, "Reflections on the Life on Isaac and Retirement," *Crux* 32, no. 4(1996년 12월): 13.
11. 야곱에 대한 이런 생각들의 일부는 *Disciplines of the Hungry Heart*(Wheaton: Harold Shaw, 1993), pp. 43-46에 처음 실렸고, *Down-to-Earth Spirituality: Encountering God in the Ordinary, Boring Stuff of Life*(Downers Grove, Ill.: InterVarsity Press, 2003)에 더 자세히 설명되었다.
12. 이 이름은 "하나님이 내 발꿈치를 따라온다" 또는 "하나님은 내 뒤를 지키는 자"라는 뜻도 될 수 있다. 출생의 우연한 사건을 계기로 무심코 지은 이름이지만 야곱은 제 이름의 의미 중 나쁜 쪽대로 살기로 한 것이 분명하다.
13. Avivah Zornberg, *The Beginning of Desire*, p. 97.
14. Mike Mason, *The Gospel According to Job*(Wheaton: Crossway Books, 1994), pp. 133-134.
15. 왕상 10:1; 대하 9:1; 단 1:12, 14에서 시험이 그렇게 사용되었다.
16. 이 이야기에 대한 Waltke의 신학적 고찰은 다음과 같다. 이삭과 아브라함의 순종은 진정한 고난의 종이신 성자 하나님의 모형이다. 이삭처럼 그리스도도 도살장으로 끌려가는 어린양이지만 입을 열지 않으신다. 그리고 이삭이 제단에 쓸 나무를 직접 지고 가파른 산

을 오른 것처럼 그리스도도 친히 나무 십자가를 지고 골고다로 향하신다(요 19:17 참조). 아브라함이 희생적 순종으로 이삭을 제단 위에 놓은 것처럼(창 22:9) 그리스도도 희생적 순종으로 아버지 뜻에 따르신다(롬 8:32; 빌 2:6-8; 벧전 2:21-24). 아브라함의 헌신 ("네가 네 아들 네 독자라도 내게 아끼지 아니하였으니")은 그리스도 안에서 우리를 향한 하나님의 사랑에 비견되며, 그 사랑이 표현된 요한복음 3:16과 로마서 8:32은 창세기의 이 구절을 암시한 것일 수 있다. 상징적으로 아브라함은 이삭을 죽은 자 가운데서 도로 받는데(히 11:19) 이는 십자가의 죽음을 이기신 그리스도의 부활의 모형이다. 아브라함을 복 주시고 그를 통하여 천하 만민을 복 주시겠다는 맹세에서 하나님은 아브라함의 후손에게도 약속을 보장하신다(창 22:15-18). 아브라함의 순종은 그리스도의 자발적 순종의 모형이며, 그분은 아브라함의 무수히 많은 후손에게 언약의 복을 보증하신다. Bruce Waltke, *Genesis: A Commentary*(Grand Rapids: Zondervan, 2001), p. 311.

17. David Atkinson, *To Have and to Hold: The Marriage Covenant and the Discipline of Divorce*(Grand Rapids: Eerdmans, 1979), p. 70.
18. Chaim Potok, *Wanderings: Chaim Potok's History of the Jews*(New York: Fawcett Crest, 1978), p. 111.
19. Martin Luther, "Treatise on Good Works," W. A. Lambert 번역, James Atkinson 편집, *Luther's Works*, vol. 44(Philadelphia: Fortress Press, 1966), pp. 26-27.
20. Waltke, *Genesis*, p. 600.
21. 이 멋진 말은 신학자 칼 바르트에게서 온 것이다.
22. Calvin Seerveld, *Take Hold of God and Pull*(Carlisle, Cumbria: Paternoster, 1999), p. 218.
23. Lesslie Newbigin, *The Gospel in a Pluralist Society*(Grand Rapids: Eerdmans, 1989), p. 99. Newbigin은 성경이 우리에게 "타당성 구조"를 준다고 주장한다.(「다원주의 사회에서의 복음」 한국기독학생회 출판부)

5. 불타는 심장을 지닌 사람들

1. Frederick Buechner, *Wishful Thinking: A Seeker's ABC*(San Francisco: HarperSanFrancisco, 1993), p. 398.(「통쾌한 희망사전」 복 있는 사람)
2. Abraham J. Heschel, *The Prophets*(New York: Harper & Row, 1962), I, p. xii.(「예언자들」 삼인)
3. Sven Soderlund가 2001년 2월 5일 리젠트 칼리지에서 강의한 "The Spirituality of the Prophets"에 이런 분석이 일부 소개되었다.

4. 신명기 18:22, 이사야 41:22, 43:9에 나타난 것처럼 예언이 예언자 직무의 필수 성분이기는 하지만, 본질적으로 예언자들은 지금 여기를 위해 하나님 말씀을 대변했고 미래에 대한 예언도 현재에 대한 하나님의 시각을 보이기 위한 것이었다.
5. Heschel, *The Prophets*, I, p. 22.
6. P. T. Forsyth, *The Soul of Prayer*(London: Independent Press, 1984), pp. 86-88.(「영혼의 기도」복 있는 사람)
7. Heschel, *The Prophets*, I, p. 24.
8. "파토스"(pathos)라는 단어의 역사와, 불행히도 그 말이 괴로운 감정이나 연민의 뜻으로 변한 경위에 대해 헤셸의 연구를 참조하기 바란다. 헤셸은 이 단어를 하나님의 감정과의 정서적 연대감의 의미로 사용한다. *The Prophets*, II, pp. 269-272.
9. Heschel, *The Prophets*, I, p. 210.
10. Heschel, *The Prophets*, I, p. 48.
11. Heschel, *The Prophets*, I, p. 57.
12. Heschel, *The Prophets*, I, p. 166.
13. 에스겔서 전반부는 예루살렘 함락 전에 쓰여졌으며 "파괴하시는 하나님"으로 후반부는 "재건하시는 하나님"으로 압축될 수 있다.
14. Heschel, *The Prophets*, II, pp. 263-264.
15. Heschel, *The Prophets*, I, p. 215.
16. Heschel, *The Prophets*, I, p. 218.
17. M. Robert Mulhulland, *Shaped by the Word: The Power of Scripture in Spiritual Formation*(Nashville: The Upper Room, 1985), p. 90.
18. Richard Bolles, *How to Find Your Mission in Life*(Berkeley: Ten Speed Press, 1991), pp. 13-14.

6. 지혜의 길

1. 히브리 성경의 성문서 '케투빔'(*Kethubim*)로 알려진 부분에는 다니엘의 예언, 역사서인 역대기와 에스라와 느헤미야, 욥의 시, 시편, 잠언, 그리고 소위 "5경"이라 하여 공공 절기에 낭송되는 아가, 룻기, 예레미야 애가, 전도서, 에스더가 들어간다. 아가는 유월절에, 예레미야 애가는 성전이 함락된 날에, 전도서는 초막절에, 에스더는 유대 민족이 인종 학살의 위기에서 벗어난 것을 기념하는 부림절에 낭송된다.
2. 시편의 지혜시는 본 장에서 다루지 않았다.
3. Derek Kidner, *The Wisdom of Proverbs, Job & Ecclesiastes*(Downers Grove, Ill.:

InterVarsity Press, 1985), p. 116.
4. G. S. Henry, "Ecclesiastes," in F. Davidson, A. M. Stibbs, and E. F. Kevan 편집, *The New Bible Commentary*(London: Inter-Varsity Fellowship, 1961), p. 545.
5. 잠언에 명시된 다른 저자로는 "지혜 있는 자", "히스기야의 신하들", "야게의 아들 아굴", "르무엘 왕의 어머니"가 있다.
6. Jones와 Walls는 상석을 찾는 사람들(잠 25:6-7), 지혜로운 자와 어리석은 자가 지은 집의 비유(잠 14:11), 어리석은 부자(잠 27:1), 지혜는 그 자녀들로 인하여 옳다 함을 얻는다는 예수의 발언(마 11:9) 등 복음서에 울리는 잠언의 메아리에 주목했다. W. A. Rees Jones and Andrew F. Walls, "The Proverbs," in F. Davidson, A. M. Stibbs, and E. F. Kevan 편집, *The New Bible Commentary*(London: Inter-Varsity Fellowship, 1961), p. 517.
7. Kidner, *Wisdom*, p. 31.
8. 잠언 31:10-31은 각 절이 순서대로 히브리어 알파벳의 자모(子母)로 시작되는 이합체(acrostic) 형태로 되어 있다. "어머니의 훈계"이기도 한 이 아름다운 시는 잠언에 나오는 간부와 창녀와 나란히 대비되어 여성성의 품위를 예찬하고 있다.
9. Jones and Walls, "The Proverbs," pp. 528-529.
10. James Houston, *I Believe in the Creator*(Grand Rapids: Eerdmans, 1980), p. 189.
11. W. J. Cameron, "The Song of Solomon," in F. Davidson, A. M. Stibbs, and E. F. Kevan 편집, *The New Bible Commentary*(London: Inter-Varsity Fellowship, 1961), p. 518.
12. Kidner, *Wisdom*, p. 23.
13. 이중 의미의 다른 예로는 아가서에 언급된 일부 실과를 들 수 있다. "사과"(2:5)와 "합환채"(7:13)는 일반적으로 최음제로 통했다. 한편 "발"(5:3)과 "손" 즉 문틈으로 들이민 손(5:4)은 남자의 성기를 상징한다.
14. 참조. 창 38:8, 16; 겔 23:44.
15. 이런 구조를 교차대칭(chiastic)이라 하며, 이는 절정으로 올라갔다가 내려오는 형태를 이룬다.
16. 히브리어로 111행 가운데 80행이 여자의 말이다. Lloyd Carr의 말처럼 "이것은 그녀의 책이다." G. Lloyd Carr, *The Song of Solomon*, Tyndale Commentaries(Leicester, England: Inter-Varsity Press, 1984), p. 130.
17. Carr, *The Song*, p. 114.
18. W. J. Cameron, "The Song of Solomon," in F. Davidson, A. M. Stibbs, and E. F. Kevan 편집, *The New Bible Commentary*에 우화적 해석의 예들이 소개되어 있다. "나의 사랑하는 자야, 우리가 함께 들로 가서 동네에서 유숙하자"는 내용의 7:11을 예로 들

수 있다. "이 청유의 말은 잃어버린 자를 찾아 구원하러 오신 인자와 더불어 자기를 부인하고 잃어버린 자를 찾아 큰길과 산울가로 나가고 싶어하는 교회의 열망"으로 우화적으로 해석되었다(p. 554).
19. 아가서의 여자를 참된 예배자들이 마땅히 예배해야 하는 동정녀 마리아로 본 것이 중세기의 보편적 해석이며, "나의 사랑 너는 순전히 어여뻐서 아무 흠이 없구나"(4:7)라는 말은 동정녀 마리아의 무염시태(원죄 없는 잉태) 교리를 뒷받침해 주는 것으로 보았다. Carr, *The Song*, p. 26.
20. Cameron, "The Song of Solomon," p. 554.
21. 아가서가 어떻게 해석되어 왔는가에 대한 탁월한 요약이 Carr, *The Song*, pp. 21-36에 나와 있다.
22. Carr, *The Song*, p. 34.
23. Carr, *The Song*, p. 20을 보라
24. 솔로몬의 이름은 1:1, 5, 3:9, 11, 8:7, 12에 나온다. Carr는 아가서의 등장인물이 둘—솔로몬과 여자—뿐이라고 가정한다면 반드시 짚고 넘어갈 기본 질문이 있다고 지적했다. "솔로몬처럼 호색가로 악명 높은 사람이 어찌하여 순전하고 거룩한 사랑의 작품, 그게 아니면 하다못해 남녀 간의 순결한 성적 사랑의 작품에 등장해야 하는가?"(p. 109)
25. Seeveld, Edwald를 비롯하여 이런 해석의 입장을 취하는 사람들을 따르면 아가서의 단락은 다음과 같이 구분된다.
1:1-2:7 여자는 솔로몬이 자기를 보석으로 꾸며주겠다고 약속한 궁에서 자기의 사랑하는 남자를 생각한다.
2:8-3:5 여자는 자기의 사랑하는 남자가 자기를 한번 찾아왔던 일과 그 뒤에 꾸었던 꿈을 회상한다.
3:6-4:7 솔로몬이 다시 여자를 찾아와 칭찬을 늘어놓는다.
4:8-5:1 그에 아랑곳없이 여자는 자기의 사랑하는 남자의 말을 떠올리며 둘의 혼례의 날을 고대한다.
5:2-6:3 여자가 꿈 이야기를 하며 자기의 사랑하는 남자를 묘사한다.
6:4-7:9 솔로몬이 다시 여자를 찾아와 그녀의 애정을 얻으려 재차 시도한다.
7:10-8:3 여자는 눈앞에 없는 자기의 사랑하는 남자에게 절개를 지키며 그와의 재회를 그리워한다.
8:4-14 여자는 자기의 사랑하는 남자와 함께 집으로 돌아가며 정절을 갈망한다 (Cameron, "The Song of Solomon," p. 547).
26. 8:11-12의 번역은 Seerveld의 것이다. Calvin Seerveld, *The Greatest Song: In Critique of Solomon* (Toronto: Pennyasheet Press, 1963/67), p. 63.
27. 영혼에는 사랑하는 사람을 향한 욕망(창 34:2-4), 사모하는 음식(미 7:1)이나 물질(신

14:26)에 대한 욕망이 들어가며 언제나 선택과 의지가 개입된다(신 21:14; 렘 34:16).
28. Carr는 "사랑"에 해당되는 히브리어 단어 '아하브'(*hb*)가 헬라어 칠십인역에 '아가페' (*agape*)로 번역된 것에 주목했다. "요컨대 '아가페'는, 적어도 구약에서는, 자기를 내주는 비(非)관능적인 '사랑'으로 국한되지 않는다. 이 단어에는 다른 사람에 대한 열정·성적 매력·우정·순종·충절·본분·헌신 등의 히브리 개념들이 모두 충만하게 들어있다. 아가페 사랑은 냉혈의 '성인들'만 하는 것이 아니다. 그것은 우리의 충만한 인간성과 온전함의 표현이다." p. 63.
29. Seerveld, *The Greatest Song*, p. 76.
30. Richard Rohr, "An Appetite for Wholeness," *Sojourners*, 1982년 11월, pp. 30-32.
31. R. Wild, *Frontiers of the Spirit: A Christian View of Spirituality*(Toronto: Anglican Books Centre, 1981), p. 23.
32. G. S. Hendry, "Ecclesiastes," in F. Davidson, A. M. Stibbs, and E. F. Kevan 편집, *The New Bible Commentary*(London: Inter-Varsity Fellowship, 1961), p. 543.
33. Derek Kidner와 G. S. Hendry가 이런 후자 입장을 취하는데, '코헬렛'(*Qoheleth*) 즉 "전도자"(Ecclesiastes는 여기에 상응하는 헬라어 단어다)라는 단어의 뜻이 그것을 뒷받침해준다. 이 말은 대중 집회를 뜻하는 *qahal*에서 왔다. 그렇다면 전도서는 화자가 바깥뜰 집회에 모인 사람들에게 전한 특별한 지혜—"오직 비밀한 가운데 있는 하나님의 지혜를 말하는 것이니 곧 감취었던 것인데 하나님이 우리의 영광을 위하사 만세 전에 미리 정하신 것이라"(고전 2:7)—일 수 있다. 솔로몬의 이름이 이 책과 연관되어 있으나 이는 유명인의 이름을 저자로 암시하는 관행이거나 아니면 Jacques Ellul의 말처럼 솔로몬에 대한 비판으로 보인다(아가서와 같은 맥락에서). "전도자가 솔로몬을 언급하는 것은 주로 그에게 도전을 가하기 위함이다. 솔로몬의 호화찬란한 통치? 헛된 것, 안개, 바람을 잡으려는 것이다. 현왕(賢王) 솔로몬은 지혜를 추구했으나 그 역시 모자람을 드러냈다. 그가 여자의 덫에 빠진 것은 여태 자신이 얻은 것이 아무것도 없음을 입증한 꼴이다. 이 본문 전체[7:26-28]는 솔로몬이 진정 지혜로웠다면 했을 법한 말이다. 그러나 정확히 그가 이런 말을 할 수 없었기에 우리가 그를 대신하여 말하는 것이다. 이 사상이 전도자의 말의 근간을 이룬다." Jacques Ellul, *Reason for Being: A Meditation on Ecclesiastes*, Joyce Main Hanks 번역(Grand Rapids: Eerdmans, 1990), p. 202. (「존재의 이유」 규장)
34. Derek Kidner, *A Time to Mourn, and a Time to Dance: Ecclesiastes and the Way of the World*(Leicester, U.K.: Inter-Varsity Press, 1976), p. 31.
35. Kidner, *A Time to Mourn*, p. 98.
36. 아가서와는 대조적으로 전도서에는 하나님의 이름이 도처에 등장한다. 인생들에게 노고를 주시는 분은 하나님이다(1:13, 3:10). 만족은 하나님의 손에서 온다(2:24). 하나님은 지혜와 지식과 희락을 주신다(2:26). 그것은 하나님의 선물이다(3:13, 5:19). 하나님은

심판하신다(3:17, 12:14). 하나님은 사람들을 시험하신다(3:18). 하나님은 하늘에 계신다(5:2). 하나님은 생명을 주신다(5:18). 하나님은 마음의 즐거움으로 우리를 채우신다(5:20). 하나님은 사람을 정직하게 지으셨다(7:29). 하나님은 우리에게 살아갈 날들을 주신다(8:15). 우리의 존재와 행위는 하나님의 손안에 있다(9:1). 하나님은 우리의 하는 일을 기뻐하신다(9:7). 하나님은 만사를 성취하시는 분이요(11:5) 창조자다(12:1). 인간의 혼은 그 지으신 하나님께로 돌아간다(12:7).

7. 교제의 동지들

1. Tertullian, *Apology*, 39.
2. Tertullian, *Apology*, 39.
3. 그리스도인의 교제에 관한 보다 유용한 연구서로는 다음과 같은 책들이 있다. A. R. George, *Communion with God in the New Testament*(London: Epworth, 1953). David Prior, *The Church in the Home*(London: Marshall, Morgan & Scott, 1983). Edwin Judge, *The Social Pattern of the Christian Groups in the First Century*(London: Inter-Varsity Press, 1960). Robert Banks, *Paul s Idea of Community*(London: Paternoster, 1980).(「바울의 그리스도인 공동체 사상」여수룬)

8. 기도의 사람들

1. Karl Barth, *The Christian Life Dogmatics IV, 4 Lecture Fragments*(Grand Rapids: Eerdmans, 1981), p. 79. (「교회 교의학」)
2. "Experiencing the Trinity" (미간행 강의, Regent College, Vancouver, B.C.).
3. Peter T. Forsyth, *The Soul of Prayer*(London: Independence Press, 1954), p. 15, 강조 추가.
4. John Baggley, *Doors of Perception: Icons and Their Spiritual Significance* (Crestwood, N.Y.: St. Vladimir's Seminary Press, 1988), p. 136, 강조 추가.
5. Forsyth, *The Soul*, p. 29.
6. A. B. Bruce, *The Training of the Twelve: Passages Out of the Gospels*(New York: A. C. Armstrong & Son, 1902), pp. 54-55.
7. 다음 책에 인용된 말. Leon Morris, *The Gospel According to John*, NICNT(Grand Rapids: Eerdmans, 1971), p. 716.

8. Tomas Spidlik, *The Spirituality of the Christian East: A Systematic Handbook* (Kalamazoo, Mich.: Cistercian Publications, 1986), p. 45.
9. Cheryl Forbes, *Imagination: Embracing a Theology of Wonder*(Portland: Multnomah Press, 1986), p. 46.
10. S. S. Fiorenza, *Invitation to the Book of Revelation* (Garden City, N.Y.: Doubleday & Co., 1981), p. 46.
11. James Houston, *Transforming Friendship: A Guide to Prayer*(Oxford: Lion Books, 1989), pp. 195-196.(「기도, 하나님과의 우정」한국기독학생회 출판부)

9. 성례에 헌신된 삶

1. *Didache*, 7.1.
2. Joachim Jeremias, *The Eucharistic Words of Jesus*(London: SCM Press, 1970).

10. 고난을 아는 삶

1. Hedrikus Berkhof, *Christ and the Powers*, John Howard Yoder 번역(Kitchener, Ont.: Herald Press, 1962/77), p. 29.
2. Berkhof, *Christ and the Powers*, p. 39.
3. Markus Barth, *Ephesians*, The Anchor Bible(Garden City, N.Y.: Doubleday and Co., 1974), vol. I, p. 365.
4. James Stewart, *A Faith to Proclaim*(London: Hodder and Stoughton, 1953), p. 77.
5. Gordon D. Fee, "The Spirit Against the Flesh: Another Look at Pauline Ethics"(미간행 강의, New Orleans Baptist Theological Seminary, 1991년 11월 7일), p. 17.
6. 익명, "The War Within: An Anatomy of Lust," *Leadership*(1982년 가을): 43.
7. 다음 기사에 인용된 말. 익명, "The War Within," p. 43.
8. John R. Stott, *The Message of Galatians*(London: Inter-Varsity Press, 1968), pp. 150-51.
9. Stott, *The Message*, pp. 152-53.
10. Stewart, *A Faith*, pp. 76-77.
11. Lewis Smedes, "Forgiveness: The Power to Change the Past," *Christianity Today* 27, no I(1983년 1월 7일), p. 26.

12. 다음 책에 인용된 말. Kenneth Leech, *The Prayer: An Invitation to Christian Spirituality*(San Francisco: Harper & Row, 1980), p. 68.
13. Blaise Pascal, *Pensées*(New York: The Modern Library, 1941), p. 166. (「팡세」)
14. 다음 책에 인용된 말. Eugene Peterson, *Reversed Thunder: The Revelation of John and the Praying Imagination*(San Francisco: Harper & Row, 1988), p. 87. (「응답하는 기도」 한국기독학생회 출판부)
15. James Houston, "Lead Us through the Temptation: A Meditation on the Lord's Prayer"(Ministry and Spirituality course의 미간행 노트, Regent College, Vancouver, B.C., 1990).

11. 치유와 축사

1. John Wimber, *Power Evangelism*(London: Hodder and Stoughton, 1985); John Woolmer, *Healing and Deliverance*(London: Monarch, 1999). (「능력 전도」 나단)
2. Francis MacNutt, *Healing*(London: Hodder and Stoughton, 1989), 18장 "Eleven Reasons Why People Are Not Healed."
3. John Wimber, *Power Healing*(London: Hodder and Stoughton, 1986), 8장 "Not everyone is healed."(「능력 치유」 나단)
4. Michael Green, *I Believe in Satan's Downfall*(London: Hodder and Stoughton, 1988).
5. Justin Martyr, *2 Apol.* 6.

12. 소망의 자녀들

1. 이 명언은 마르틴 루터의 말로 알려져 있으나 출처가 불분명하다. 프러시아의 프리드리히 2세의 한 척탄병의 말일 수도 있다. 다음 책에 인용된 말. Markus Barth, *Ephesians, Translation and Commentary on Chapters 4-6*, vol. 34A, The Anchor Bible(Garden City, N.Y.: Doubleday, 1981), p. 517.
2. Jürgen Moltmann, *Theology of Hope: On the Ground and the Implication of a Christian Eschatology*, James W. Leitch 번역(New York: Harper & Row, 1967), p. 31. (「희망의 신학」 대한기독교서회)
3. Oscar Cullmann, *Christ and Time: The Primitive Christian Conception of Time*

and History, F. V. Filson 번역(London: SCM Press, 1951), p. 84. (「그리스도와 시간」 나단)
4. Lesslie Newbigin, *Honest Religion for Secular Man*(Philadelphia: Westminster Press, 1966), p. 46.
5. Eugene Peterson, "The Apocalyptic Pastor," *The Reformed Journal* 38, no. 2(1988년 5월): 17.
6. John Baggley, *Doors of Perception: Icons and Their Spiritual Significance* (Crestwood, N.Y.: Vladimir's Seminary Press, 1988), p. 52.
7. John Swete, *Revelation*, New Testament Commentaries(Philadelphia: Trinity Press International, 1990), p. 40.
8. J. Ryan, *Irish Monasticism*(London, 1931), p. 197.
9. Eugene Peterson, *Reversed Thunder: The Revelation of John and the Praying Imagination*(San Francisco: Harper & Row, 1988), p. 112.
10. Peterson, *Reversed Thunder*, p. 60

13. 사랑의 사신들

1. Jerome, *Commentary on Galatians*, 3.6.10.
2. Plato, *Phaedrus*, 24c.
3. "무례히 행하다"에 해당하는 원어 *aschemonei*가 그런 뜻일 수 있다.
4. John Wesley, "A Plain Account of Christian Perfection," *Works* 11.374(London: Epworth Press, 1968).
5. *I Clement*, 49-50.
6. Ignatius, *Ephesians*, 14.
7. Ignatius, *Ephesians*, 14.
8. Tertullian, *Apology*, 39.
9. Eusebius, *History of the Church*, 9.8.